누군가 움직이면 세상은 변한다.
그 한걸음이 누군가를 바꾼다.

상품 선정, 상품 소싱, 브랜딩, 마케팅, 프라이싱, 세일즈, 매니지먼트까지
브랜드 창업을 위해 개인 셀러가 알아야 할 모든 정보

브랜드 창업 마스터

이중구 지음

개인셀러가 해외소싱한 상품으로
나만의 브랜드를 런칭하는 방법

Masterclass

Introduction

개인 셀러가 브랜드가 되는 길

우리는 지금부터 자본과 네트워크가 부족한 개인 셀러가 어떻게 하면 온라인 커머스에서 브랜드로 자리잡을 수 있는지에 대한 멋진 이야기를 해 볼 것이다.

그렇다. 브랜드가 된다는 것은 장사하는 사람이라면 모두가 꿈꾸는 멋진 일이다. 특별한 광고 없이도 고객들이 알아서 찾아와 상품을 구매해 주고, 플랫폼에 입점할 때도 낮은 판매 수수료를 지불하며 더 좋은 위치에 상품이 노출된다. 그리고 무엇보다 중요한 건 유사 상품들과의 지긋지긋한 가격 경쟁으로부터 자유로워진다는 점이다. 여기에 한가지 덧붙이자면, 많은 사람들이 내 브랜드를 알아봐 줄 때 느껴지는 자부심, 좀 더 과장하자면 스스로 남들이 부러워하는 뭔가 멋진 일을 하고 있다는 직업적 성취감 혹은 우월감을 얻게 해준다.

그래서 브랜드는 힘이자 권력이자 자유이다.

장사의 세계에서 힘있는 브랜드를 소유하고 있다는 사실은 경쟁자들 위에 군림할 수 있는 힘을 가지게 해 주고, 이는 곧 우리의 비즈니스 행보가 자유로워진다는 의미이다. 힘있는 브랜드는 시간이 갈수록 점점 더 성장할 수 있는 자산가치로 인정받게 되고, 이 자산가치를 레버리지로 우리는 더 큰 그림을 그릴 수 있게 된다. 이렇듯 비즈니스적 선순환의 핵심적 트리거 역할을 하는 것이 바로 브랜드이다.

그래서 모두가 브랜드가 되기를 꿈꾸지만, 불행히도 우리들 대부분은 정작 어떻게 해야 브랜드가 되는지에 대해선 잘 모르고 있다. 브랜드처럼 보이기 위한 흉내는 낼 순 있지만, 브랜드 연기를 잘 한다고 해서 브랜드가 될 순 없다. 잠시나마 소비자들의 눈을 속일 순 있겠지만 결국 본질은 곧 드러나기 때문이다.

브랜드 이야기를 할 때 내가 좋아하는 멋진 비유가 하나 있다. 다들 잘 알고 있는 연못 위를 우아하게 미끄러지듯 헤엄치는 백조의 이야기이다. 오늘날 많은 온라인 커머스 셀러들이 브랜드가 되기 위해 다양한 노력들을 하고 있지만, 대부분 그것은 우아한 백조의 겉모습을 흉내내는 것에 불과하다. 우리가 진정 따라해야 하는 것은 눈에 보이는 백조의 멋들어진 겉모습이 아닌, 수면 아래에서 쉴 새 없이 물질하고 있는 백조의 발동작이다.

특히 지금 막 시장에 진입하려 하는 신규 셀러들이 더 관심있게 봐야 할 모습은 이미 연못 한가운데에 이르러 여유롭게 물살을 가르고 있는 백조의 모습이 아닌, 연못 가장자리에서 최초로 물살을 박차고 나올 때의, 그 집중된 순간에만 관찰될 수 있는 백조의 특별한 모습이다. 그 최초의 순간은 매우 짧은 찰나의 모습이지만, 그 치열한 순간을 반드시 거쳐야만 지금 관찰하고 있는 우아한 백조의 모습이 가능하다는 사실을 알아야 한다. 즉 신규 셀러들은 눈에 보이는 브랜드의 멋진 모습보단 그들이 처음 시장에 진입했을 때의 모습에 더 집중해야 한다는 이야기이다.

한가지 더 중요한 사실은 아무리 백조의 행동을 빠짐없이 관찰하고 그대로 따라 한다 한들, 오리는 절대 백조가 될 수 없다는 것이다. 이것은 다름 아닌 상품에 관한 이야기이다. 누군가 애초부터 브랜드가 될 수 없는 상품을 팔고 있다면, 브랜드가 되기 위한 이후의 노력은 헛수고일 뿐이다. 물론 브랜드가 되기 불리한 조건을 가진 상품을 엄청난 브랜딩 작업을 통해 브랜드로 만들 순 있다. 하지만 이것은 자본이 넘쳐나는 기업들에만 해당되는 이야기일 뿐이다. 그렇기 때문에 자본과 마케팅 경험이 부족한 개인 셀러라면, 평범해 보이는 제품을 브랜드로 만들려고 애쓰기 이전에 애초부터 브랜드가 되기 유리한 조건을 가진 상품을 선정하는 것이 중요하다.

지금껏 우리가 책이나 강의에서 접할 수 있던 브랜드에 관한 대부분의 정보들은 이미 판매되고 있는 상품이 정해져 있는 상태에서, 어떻게 하면 기존 상품을 보다 더 브랜드스럽게 포장할 수 있는 지에 대한 방법을 다루는 내용이었다. 아이폰은 핸드폰이 아니라 혁신을 팔고, 롤렉스는 시계가 아닌 사회적 신분을 팔고, 테슬라는 자동차가 아닌 미래를 판다는 종류의 이야기들이 이런 것들이다. 이런 내용은 광고대행사나 큰 기업에서 브랜드 마케팅을 담당하는 직원들에게나 적합한 것이지, 비록 그 규모는 작을 순 있지만 사업 전체를 기획하고 책임져야 하는 개인 셀러들에게는 적합하지 않은 내용이다. 우리의 목표가 성공적인 브랜드를 런칭하는 것이라면 우리는 판매할 상품을 선정하는 단계부터 마케팅, 브랜딩, 판매까지, 장사의 모든 영역에 걸쳐 브랜드가 되기 위한 '전면적인' 작전을 실행해야 하는 것이다.

이탈리아에는 소위 '사르토리아'라고 불리며 대물림해 내려오는 장인들이 만든 수제 명품 양복 브랜드들이 있다. 이런 명품 양복 브랜드들은 본인들의 제품을 여타 중저가 기성 제품들과 차별화하기 위한 표식으로 양복 상의의 소매 버튼을 동물의 뿔을 사용해, 열었다 잠궜다 할 수 있는 오픈 버튼 방식으로 제작했었다. 그래서 소비자들은 특정 양복이 사르토리아에서 만든 명품 제품인지 아닌지를 소매에 달린 버튼의 소재와 모양을 보고 쉽게 구분할 수 있었다. 그런데 그 시대에는 사회적으로 엄격한 신분제도라는 것이 존재했고, 이 신분제도는 비단 사람뿐 아니라 상품에도 엄격히 적용되었다. 그렇기 때문에 당시에는 사르토리아에서 만들어진 양복이 아닌 경우엔 아무도 감히 자신의 제품 양복 소매에 오픈 버튼을 달 생각을 하지 못했다.

하지만 세월이 흘러 평등이란 개념이 사회 곳곳에 스며들기 시작하면서, 기성 양복 브랜드들 중 한 곳이 자신의 제품 소매에 동물 뿔로 만든 오픈 버튼을 달고, 사르토리아 양복 브랜드들이 그랬던 것처럼 소매 귀퉁이에 브랜드 로고를 자수로 새기기 시작했다. 그리고 이런 제품들을 번듯한 인테리어를 해 놓은 매장에서 사르토리아 제품보다 합리적인 가격으로 팔기 시작하자 소비자들 사이에서 엄청난 인기를 얻게 되었다. 이것이 바로 지금 흔히 알고 있는 유수의 이탈리아 양복 브랜드들이 탄생하게 된 배경이다.

이 이야기를 통해 얻을 수 있는 중요한 교훈은, 브랜드란 소비자들 머리 속에 이미 자리잡고 있는 기존 브랜드 제품에 대한 선입견을 이용하는 프레이밍(FRAMING) 작업이라는 것이다. 즉 브랜드가 되기 위해선 기존에 브랜드로 인식되고 있는 제품들이 가지고 있는 특징을 잘 포착해, 그것을 따라하는 일종의 연기(ACTING)활동을 해야 한다는 것이다. 엄밀히 말하자면 이것은 사르토리아가 아닌 기성 제품이 사르토리아 브랜드처럼 연기를 해서 소비자들의 눈을 속인 일종의 기만 행위라고도 볼 수 있다. 하지만 중요한 점은 해당 행위가 당시 그 어떤 법률도 위반하지 않았고, 무엇보다 그 시대의 소비자들이 어느 정도 눈감아 줄 수 있는 수준 안에서 일어난 것이었다는 점이다. 마치 요즘 소비자들이 쿠팡 상품에 달린 리뷰 글들이 대부분 실제 구매자들이 남긴 글이 아니라는 사실을 알면서도 이왕이면 리뷰가 하나도 없는 상품보다는 리뷰 글 숫자가 많은 상품을 선택하는 심리처럼, 당시 소비자들이 알면서도 속아줄 수 있는 범위 내에서, 그들의 선입견을 이용한 일종의 기만 행위, 즉 연기를 한 것이다.

이처럼 브랜드의 연기는 로고 플레이나 매장 인테리어 같은 마케팅 영역 뿐 아니라 상품 영역에서까지 벌어져야 한다. 평범한 양복상 중 하나가 소매에 사르토리아 제품에서만 사용하던 동물 뼈로 만든 오픈 버튼을 부착하는 의사결정을 내린 것처럼, 오늘날 브랜드를 만들고 싶어하는 개인 셀러들은 본인이 팔려고 하는 상품이 유사 제품들과 비교해서 무엇이 어떻게 달라야 하는지 고민을 해야 한다. 그리고 이 '다름'은 반드시 소비자들이 필요로 하는 용도를 만족시켜 주는 것이라야만 한다.

소비자들이 쇼핑을 통해 채우고 싶어하는 용도는 다양하다. 그 중에서 누구나 떠올릴 법한 가장 흔한 용도가 바로 가성비이다. 그래서 좋은 제품을 소싱해서 남보다 싸게 팔면 당장의 매출을 발생시킬 수 있지만, 불행히도 소비자들은 싸게 산 제품은 브랜드로 인정해 주지 않는다. 이런 상품은 매출은 비록 발생했지만 브랜드가 될 수 없기에 앞서 언급한, 브랜드만이 가질 수 있는 여러가지 힘과 특혜를 누릴 수 없게 되는 것이다. 물론 판매에 있어서 가격은 중요한 변수이지만 브랜드가 될 수 있는 상품은 반드시 가격 외의 용도를 만족시키는 상품이라야만 한다. 그것은 새롭고 신선한 기능을 가진 상품을 구매하고 싶은 소비자들에겐 '신박함'이 될 수도 있고, 특별한 직업이나 취미를 가지고 있는 소비자들이나 특정한 상황 또는 환경에 처해 있는 소비자들에겐 '특별함'이 될 수도 있으며, 또 다른 누군가에겐 특정 상품을 구매했을 때 얻을 수 있는 '사회적 소속감' 또는 '우월감'일 수도 있다. 소매에 동물뼈로 만든 오픈 버튼이 달린 양복은 그 제품을 구매한 소비자들로 하여금 '나도 부자들만 입을 수 있는 사르토리아 양복을 입었다'라는 기분을 들게 해줘서 그들이 가지고 있던 신분 상승에 대한 내면적 욕구를 만족시켜 줄 수 있었던 것이었다.

메이커, 스몰브랜드, 브랜드

많은 사람들이 브랜드를 복잡하게 설명하려 들지만 브랜드가 되는 원리는 의외로 단순하다. 그것은 바로 명확한 용도를 가진 상품을 소비자들의 선입견을 이용해 포장하는 것이다. 나는 이 짧은 문장 하나에 이제껏 우리가 접해왔던 수많은 마케팅, 브랜딩에 대한 내용들이 모두 담겨있다고 생각한다.

현재 온라인 커머스 플랫폼은 과거 어느 때와 비교할 수 없을 만큼 브랜드처럼 보이는 상품들로 넘쳐나고 있다. 하지만 그 중에는 브랜드가 가져야 할 조건을 제대로 갖춘 진짜 브랜드와 브랜드처럼 연기만 하는 가짜 브랜드가 섞여 있다. 가짜 브랜드 중에서도 초반에 높은 매출을 내는 상품도 있지만, 이런 종류의 상품들은 대부분 많은 광고비 투자와 낮은 가격으로 초반 매출이 견인되었을 뿐, 조금만 마케팅 예산을 줄여 노출 위치가 안 좋아지거나 가격 경쟁력을 잃게 되면 매출은 바로 곤두박질치게 된다. 나는 이런 상품들을 이 책에서 이야기하고자 하는 정상적인 브랜드와 구분하기 위해 편의상 '메이커'(MAKER)라고 부를 것이다. 최근 유튜브나 SNS 인플루언서들의 피드에 자주 등장하는 협찬 제품들이나 어뷰징 작업을 통해 네이버, 쿠팡 키워드 상단에 위치해 있는, 얼핏 보면 브랜드처럼 보이는 제품들도 실상 알고 보면 '메이커'인 경우가 많다.

한편 브랜드로서 갖춰야 할 속성은 가지고 있지만 장기적으로 성장하지 못하고 반짝 히트로 그 수명을 다하는 브랜드들도 있다. 최근 젊은 셀러들 사이에서 유행처럼 번지고 있는 '스몰브랜드'가 이런 경우이다. 이런 상품들은 대부분 온라인 펀딩 플랫폼인 와디즈나 인스타그램을 활용한 소수의 팬덤 마케팅을 기반으로 성장하는 경우가 많은데, 안타깝게도 이들 대부분이 지나칠 정도로 좁은 용도 (Unique Selling Proposition)의 고객 니즈를 충족시키거나, 구조적으로 상품소싱 원가가 높아, 일반 소비자들이 쉽게 접할 수 없는 수준으로 가격이 높게 형성되어 있는 경우가 많다. 또한 최초 히트 제품의 뒤를 이어 지속적으로 매출을 견인할만한 후속 제품 출시에 곤란을 겪는 경우도 많다. 이런 유형의 스몰브랜드들 역시 이 책에서 말하고자 하는 브랜드와는 거리가 먼 사례이다. 우리가 앞으로 이 책에서 다룰 브랜드의 모습은 지속적으로 높은 매출을 기대할 수 있으면서 동시에 브랜드스러운 조건을 갖춘, 그 결과 브랜드가 누릴 수 있는 다양한 혜택을 누릴 수 있는 종류의 것이다.

어찌 보면 브랜드는 브랜드가 되기 위한 조건을 제대로 갖춘 상품을 시장에 선보였을 때, 소비자들이 해당 제품에 붙여주는 '타이틀'이라고도 할 수 있다. 이런 조건을 갖추지 못한 상품에 붙어 있는 브랜드는 겉보기엔 그럴듯 해도, 그것은 브랜드가 아니라 상품을 구분하기 위한 용도로 쓰이는 한낱 '식별표'에 불과한 것이다.

자, 이제 다소 복잡해진 머리를 잠시 비우고 최대한 소비자의 입장에서 지극히 상식적인 관점으로, 어떻게 하면 개인 셀러가 제대로 된 브랜드를 런칭할 수 있는지에 대해 자세히 알아보기로 하자. 아마도 이 책을 끝까지 다 읽어갈 즈음이면 여러분들의 마음 속엔 나도 브랜드를 성공적으로 런칭할 수 있다는 희망의 불씨가 활활 타오르게 될 것이다.

CHAPTER

INTRODUCITON

개인 셀러가 브랜드가 되는 길 6

메이커, 스몰브랜드, 브랜드 11

1. WHY BRAND

1 개인 셀러들은 브랜드가 없으면 시장에서 살아 남지 못하는가? 22
- 국내 온라인 커머스 개인 셀러의 역사
- 1688 상품의 위기와 중국 공장 소싱의 시대
- 쿠팡, 네이버의 정책 변화 - 최저가 상품의 수난시대

2 브랜드의 종류 33
- 보따리(BTR), 메이커(MAKER), 브랜드(BRAND)
- 브랜드 믹스
- 스몰 브랜드의 함정

3 개인 셀러들이 도전해야 하는 브랜드 제품이란 무엇인가? 45
- 소비자들의 브랜드 감별 테스트
- 감별 테스트를 통과할 수 있는 브랜드의 모습

4 브랜드 제품이 소비자들에게 브랜드로 인정받는 과정 50
- 브랜드 인식의 4단계

5 브랜드의 혜택, 브랜드가 되면 무엇이 달라지는가? 55
- 브랜드가 되면 얻게 되는, 눈에 보이는 혜택
- 브랜드가 되면 얻게 되는, 눈에 보이지 않는 혜택

2. PRODUCT

1 브랜드가 될 수 있는 상품 66
- 소비자들이 브랜드에 기대하는 것
- 예쁘거나, 특별하거나, 신박하거나, 부티나거나
- NEEDS 상품의 특징

2 브랜드가 될 수 있는 상품을 찾는 방법 77
- 타임머신
- 공장 소싱이 가능한 해외 시장 상품
- 브랜드가 될 상품을 고르는 능력을 키우는 방법

3 브랜드 제품의 고객은 누구인가? 86
- 신규 브랜드 제품을 구매하는 고객의 특징
- 상품 확산의 법칙
- 가장 중요한 세가지 질문

4 브랜드가 될 수 없는 상품 93
- 브랜드 DNA가 없는 상품
- 매출 POTENTIAL이 낮은 상품

5 브랜드 상품 4단계 선정 방법 99
- 4가지 조건을 충족시켜주는 교집합
- 지구상에 이미 존재하는 상품인가? - 해외 시장 조사
- 내가 살 수 있는 상품인가? - 소싱처 조사
- 내가 잘 팔 수 있는 상품인가? - 나의 역량 조사
- 국내 시장에서 경쟁력 있는 상품인가? - 국내 시장 조사

6 브랜드 상품만이 답이 아니다 112
- 내가 남보다 잘 할 수 있는 일을 선택해야 한다

3. PRICE

1 브랜드가 되기 위한 가격 118
- 소비자는 싸게 산 상품에 정을 주지 않는다
- 소비자들로부터 브랜드로 인정받는 가격
- 가격 인하는 언제 하는가?

4. PLACE

1 브랜드가 팔리는 장소 132
- 브랜드 제품은 어디에서부터 팔아야 하는가?
- 인스타그램 + 자사몰
- 쿠팡, 네이버 사전 리뷰 작업
- 다른 플랫폼으로 확산하는 시점
- 매출이 급하면 수면 아래에서 팔아라
- 와디즈, 텀블벅
- 해외 수출

5. PROMOTION

1 브랜딩 152
- 브랜딩과 프레이밍 작업
- 셀러의 인격 설정과 연기
- 브랜드 포지셔닝
- 브랜드 빙의 작업에 음악을 사용하는 방법
- 인격 세팅 - 의외성
- 인격 세팅 - 근본 있어 보이는 모습
- 브랜드명과 파동

2 마케팅 171
- 프레마케팅 (Pre-Marketing)

- 인플루언서 마케팅
- 커뮤니티 마케팅
- 블로그 마케팅
- 리텐션 마케팅 (Retention Marketing)
- 시즌 마케팅
- CS 마케팅
- 오프라인 마케팅

6. OPERATION

1 브랜드의 종류 188
- 샵 브랜드 VS 상품 브랜드
- 이성적 브랜드 VS 감성적 브랜드

2 브랜드의 운영 195
- 브랜드 라이프 사이클
- 내 목소리와 남의 목소리
- 수면 위 세일즈 VS 수면 아래 세일즈
- 상품 브랜드는 어느 시점에선 반드시 샵 브랜드화 시켜야 한다
- 샵 브랜드는 반드시 상품 브랜드를 만들어야 한다
- 참아야 한다, 하지만 버릴 땐 빠르고 과감해야 한다
- 재정적 안정 확보
- 브랜드는 망해도 셀러는 망하지 않는다

7. EXECUTION

1 브랜드가 되는 ACTION PLAN 220
- 셀러에 따라, 상품에 따라 브랜드가 되는 방법이 다르다
- 감성적 상품으로 브랜드를 런칭하는 법
- 이성적 상품으로 브랜드를 런칭하는 법
- 광고비 집행 비율

8. SUPPLEMENT

1 브랜드가 성장하지 못하는 이유, 브랜드가 맛이 가는 이유 234
- 브랜드가 맛이 가는 9가지 이유
- 후속 상품 출시가 더딘 경우
- 기존의 브랜드 방향성과 무관한 후속 제품들이 출시되는 경우
- 브랜딩 차원에서 초기에 세팅했던 브랜드의 인격이 시간이 갈수록 점점 평범해지는 경우
- 납득할만한 이유 없이 가격을 인하하는 경우
- 무분별하게 플랫폼을 확장하는 경우
- 매출 위주로 평가되는 인센티브로 인해 조직 경쟁력을 상실하는 경우
- 브랜드 오너가 사회적인 물의를 일으켜 해당 브랜드 가치가 폭락하는 경우
- 무분별한 외부 투자로 현금 유동성에 문제가 생기는 경우
- 적을 만드는 경우

2 셀러 MBTI 250
- 장사 MBTI의 정확성
- 개인 셀러가 선택할 수 있는 장사의 종류
- B 냐 R 이냐?
- P 냐 G 이냐?
- A 냐 E 이냐?
- Y 냐 O 이냐?

3 12가지 비즈니스 인사이트 270
- 장사의 숨은 지혜
- 장사는 불공평한 게임이다
- 장사는 까다로운 사람이 성공한다
- 진입장벽이 있는 상품을 팔아야 한다
- 극과 극의 법칙

- 일을 잘하는 방법
- 환경을 이용하는 방법
- 낚시대의 원리
- 1.2.3.4의 법칙
- 소소대대의 법칙
- 거츠(GUTS)
- 장사하는데 적정한 나이란?
- 하루라도 빨리 자녀들에게 장사를 가르쳐라

EPILOGUE

- 관점이 결과를 바꾼다
- 개인 셀러가 적은 자본으로 온라인커머스에서 성공할 수 있는 날은 앞으로 과연 얼마나 남았을까?

브랜드 창업 마스터

WHY BRAND

1) 개인 셀러들은 브랜드가 없으면 시장에서 살아 남지 못하는가?

국내 온라인 커머스 개인 셀러의 역사

과거에 브랜드는 제품을 직접 생산하는 제조사들만의 고유 영역이었다. 당시에 소비자들이 시장에서 볼 수 있었던 브랜드 제품은 국내 제조사들이 자체 공장이나 해외 공장에서 OEM으로 만든 제품이거나 수입 유통업체들이 외국에서 수입해 온 해외 유명 브랜드 제품이 전부였다. 이런 브랜드 제품들을 제외하고 당시 시장에서 팔리고 있던 나머지 상품들은 로고가 붙어 있지 않은 무명 상품들이거나 로고가 붙어 있더라도 로고의 기능이 제품에 특별한 가치를 주기보단 단순 식별 기능에 불과한 것들이 대부분이었다. 이런 상품들은 브랜드 제품들에 비해 디자인이 촌스럽거나 성능이 떨어지는 경우가 많았기 때문에 시장에선 낮은 가격으로 팔렸다. 2000년대에 들어서면서 일부 유통업체들이 외주 공장을 통해 생산한 제품에 자체 로고를 붙인, PB(Private Brand)라고 불리는 브랜드 제품을 선보였지만, 이것은 자본과 유통 인프라가 있는 대기업들에만 해당되는 경우였지 개인 셀러들이 자신만의 브랜드 제품을 시장에 런칭하는 사례는 찾아보기 어려웠다.

물론 당시에도 유통 시장에서 활동하는 개인 셀러들의 수는 많았지만 제조 기반이 없었던 이들이 할 수 있었던 일이란, 영업력이 약한 지방의 소규모 공장들로부터 공급받은 무명 제품들이나 중국 도매시장에서 소량씩 구입해 온 싸구려 제품들을 저가 시장에 유통시키는, 소위 보따리 장사를 하는 것이 전부였다.

그러던 것이 2000년대 중반에 이르러 온라인 커머스 시장이 급속도로 커지면서, 발 빠르게 플랫폼의 변화에 적응한 일부 개인 셀러들을 중심으로 눈에 띄는 성공을 거두는 사례들이 속속 등장하기 시작했다. 하지만 이때만 해도 온라인 커머스에서 잘 팔리는 대부분의 제품들은 국내 대형 제조사에서 만든 유명 브랜드 제품이거나 해외에서 수입된 유명 브랜드 제품들이었기 때문에, 보따리식 장사를 하고 있던 개인 셀러들의 성장은 한계가 있을 수 밖에 없었다. 당시 개인 셀러들이 팔고 있던 무명 상품들은 메이저 쇼핑몰의 문턱을 넘기 어려웠기 때문에 대부분 오픈마켓 위주로 판매될 수 밖에 없었고, 개중 힘들게 메이저 쇼핑몰의 입점 승인을 받은 상품들 역시, 많은 광고비를 태우지 않는 이상 좋은 노출 기회를 얻기 힘들었다.

이때 시장에 큰 변화를 일으킨 사건이 하나 있었는데 그것이 바로 티몬, 위메프, 쿠팡을 위시한 소셜커머스 플랫폼들의 등장이었다. 당시 소셜커머스 업체들이 기존의 전통적인 온라인 커머스 업체들과 경쟁하기 위해 공통적으로 선택한 전략 중 하나가 바로 다른 곳에선 팔지 않는, 소위 차별화된 상품의 숫자를 늘리는 것이었다. 그러기 위해선 기존의 유명 제조사 브랜드 제품이나 대형 유통업체들이 팔고 있는 해외 유명 브랜드 제품이 아닌 뭔가 새로운 상품들이 필요했는데, 해외 유학파 출신이 대부분이었던 소셜커머스 3사의 대표들이 기대했던 것과는 달리 그 시절 우리나라 시장에는 외국처럼 작고 반짝이는 개인 브랜드 제품들이 거의 없었다. 이때 소셜커머스 업체들의 눈에 들어 온 상품이 마침 당시 개인 셀러들이 팔고 있었던 국내 소형 제조 공장에서 만든 무명 브랜드 제품들과 중국 도매시장에서 사온 저가 제품들이었다. 하지만 문제는 이런 제품들은 특별한 로고도 없는 상품들이 대부분이었고 개중 나름 브랜드의 형식을 갖춘 제품들이 있다고 한들, 상품 이미지 사진이나 상세페이지의 퀄리티가 브랜드라고 보기엔 현저히 낮은 수준이었다.

이때 소셜커머스 업체들은 상당히 혁신적인 의사결정을 내리게 되는데, 회사 내부에 포토 스튜디오를 만들어서 개인 셀러들이 소싱한 제품들의 상품 사진을 대신 찍어 주고, 관련 전공자들을 채용해 카피라이팅(COPY WRITING)과 디자인 팀을 만들어 상세페이지 내용을 브랜드 수준으로 만들어 주고, 필요에 따라선 모델 에이전시와 연간 계약을 맺어 개인 셀러들에게 싼 가격에 모델 촬영을 지원해 주는 등, 개인 셀러들이 소싱 해 온 무명 제품을 브랜드처럼 보이게 만들어 주는 일종의 인 하우스 브랜드 인큐베이팅 작업을 시작했던 것이다. 가장 결정적인 건 이렇게 자체적으로 인큐베이팅 된 브랜드 제품을 당사에 독점으로 판매한다는 조건 하에 각 상품 카테고리 페이지의 최상단에 노출을 일정 기간 동안 고정시켜 준 것이다. 즉 소셜커머스에서 인큐베이팅한, 난생 처음 보는 개인 브랜드 제품들이 유수의 유명 브랜드 제품들보다 더 좋은 자리에 노출되는 일이 발생한 것이다. 그리고 그 결과는 여러분들이 이미 경험한 그대로였다. 마녀공장, 플랙진, 몽두두, AHC 같은 난생 처음 보는 개인 브랜드 제품들의 매출이 전국구 유명 브랜드의 매출을 넘어서는, 기존의 유통 질서가 흔들리는 사건들이 속속 생겨나기 시작한 것이다. 이처럼 개인 셀러들이 중국 도매 시장과 유통력이 부족한 국내 제조 공장들의 제품을 소싱해서 만든 브랜드 제품들의 성공 사례들은 업계에 속속 알려지게 되고, 이는 점점 더 많은 개인 셀러들이 온라인 커머스에 진출하게 되는 계기가 되었다.

　이렇게 불이 붙은 개인 셀러들의 온라인 커머스 진입 열풍에 기름을 붓는 또 하나의 사건이 발생하는데 그것이 바로 중국 도매 온라인 플랫폼 1688의 등장이다. 1688 이전에도 '알리바바'라는 중국 온라인 소싱 플랫폼이 존재했지만, 알리바바는 리스팅 된 소싱처들이 대량 주문 거래만 가능한 제조 공장들이 대다수를 차지하고 있는 곳이기 때문에, 자본력이 부족한 개인 셀러 입장에선 쉽게 접근하기 힘든 곳이었다. 반면 1688은 구매, 배송 대행업체만 거치면 누구라도 상품을 도매 가격으로 소량 구매할 수 있는 곳이었기 때문에, 당시 많은 개인 셀러들이 1688을 통해 소싱한 제품들로 소셜 커머스를 비롯한 여러 온라인 플랫폼에서 활발하게 판매를 하기 시작했다.

　대형 제조사나 유통 회사들은 큰 조직을 운영해야 하기 때문에 구조적으로 고정 비용이 높고, 대리점이나 중간 벤더를 통해 상품을 판매하는 경우가 많아 일정 배수 이상의 상품 마진을 고수해야 하지만, 개인 셀러들은 고정 비용이 높지 않기 때문에 자신들의 상품 마진을 최대한 줄여 기성 브랜드 제품들보다 훨씬 낮은 가격으로 시장을 공략하기 시작했다. 그리고 무엇보다 이들은 의사 결정이 빨라 시시각각으로 변하는 시장 경쟁 상황에 맞게 가격, 썸네일 이미지, 헤드 카피 문구 등을 상시로 변경하고, 젊고 감각적인 상품 촬영 이미지와 상세 페이지 디자인을 무기로 유명 브랜드 제품들에 비해 다소 떨어져 보일 수 있는 제품 퀄리티를 충분히 극복해 낼 수 있었다.

1688 상품의 위기와 중국 공장 소싱의 시대

하지만 제조사들과 대형 유통 회사들은 개인 셀러들의 이런 성공을 오래 두고 보지 않았다. 개인 셀러들에게 상품을 공급해 주고 판매를 위탁했던 제조사들은 자신들의 물건이 시장에서 잘 팔리는 모습을 목격하자, 회사 내부에 온라인 판매 전담 직원을 채용해 자신들이 직접 상품을 판매하기 시작했다. 개인 셀러들이 시장을 어느 정도 키워 놓았다 싶으면, 상품 공급을 돌연 중단하고 본인들이 직접 소매 유통업에 뛰어들기 시작한 것이다. 플랫폼 입장에서도 영세한 개인 셀러들보단 규모 있는 제조사와 직접 거래하기를 선호하기 때문에 개인 셀러들은 점차 시장에서 도태되기 시작했다. 한편 대형 유통 회사들은 개인 셀러들의 메인 소싱처였던 1688 소싱에도 본격적으로 뛰어 들기 시작했다. 1688은 구조적으로 누구나 상품을 쉽게 검색하고 주문할 수 있는 온라인 도매몰이기 때문에, 개인 셀러가 특정 상품을 발굴해서 시장을 키워 놓으면, 자본이 많은 유통회사는 바로 해당 상품의 소싱처를 찾아내 개인 셀러보다 더 많은 수량의 제품을 더 낮은 가격으로 주문한 후, 개인 셀러들이 파는 가격보다 더 싼 가격에 판매하는 방식으로 개인 셀러들을 시장에서 점차 몰아내기 시작한 것이다.

이처럼 국내 제조사를 통한 상품 소싱과 1688소싱의 구조적 한계를 체감한 개인 셀러들은 비로소 큰 교훈을 한 가지 얻게 되는데, 그것은 바로 장사에서 성공하기 위해선 시장에서 나 혼자만 팔 수 있는, '나만의 상품'이 반드시 필요하다는 것이었다. 나아가 이들은 여러 시행착오 끝에 나만의 상품을 소싱 할 수 있는 방법은 두가지 밖에 없다는 사실을 알게 된다.

첫째, 국내 제조사가 만든 제품을 그대로 소싱하는 것이 아니라 제조사에게 디자인을 주고 외주 생산을 의뢰하는 것이다. 단, 이 선택은 개인 셀러가 일정 수준 이상의 상품 기획 능력과 디자인 능력을 가지고 있어야 하고, 상품 제조 단가가 경쟁 제품들, 특히 중국에서 수입된 제품들과 비교해서 경쟁력을 가질 수 있는 경우에만 해당되는 이야기였다.

이런 조건을 충족시키지 못하는 개인 셀러가 선택할 수 있는 두번째 옵션은 해외 공장을 통해 상품을 소싱하는 것이었다. 해외 공장들은 대부분 바이어가 주문한 상품에 대해선 해당 국가에 한해 그 주문자에게만 상품을 공급하는 관행이 있어 해외 공장을 통해 소싱한 상품은 국내 시장에서 '독점성'을 가지게 되기 때문이다. 이렇듯 해외 공장을 통하면 나만 팔 수 있는 상품을 경쟁력있는 가격으로 소싱할 수 있다는 사실을 알게 된 당시의 많은 개인 셀러들은 중국 곳곳에서 열리는 여러 무역 박람회에 방문하게 되는데, 이 과정에서 예기치 못했던 여러 문제점들과 마주치게 된다.

첫째, 당시 중국 공장은 가격은 싸지만 막상 경쟁력 있는 물건, 세련된 상품은 쉽게 찾기 어려웠다는 점이고, 둘째는 개중 경쟁력 있는 상품, 세련된 물건을 만드는 공장들은 대부분 무역박람회에 잘 나오지도 않을뿐더러, 수소문해서 원하는 조건을 갖춘 공장을 찾는다 해도 대부분 터무니

없이 높은 최소 주문 수량을 요구하며 영세한 개인 셀러들과는 거래를 꺼린다는 점이며, 셋째는 당시만 해도 큰 기업들을 제외하곤 개인 셀러가 도매 시장이 아닌 중국 공장을 통해 직접 해외 소싱을 해 본 사례가 드물어, 개인 셀러 입장에서 해외 상품 소싱에 관련된 제반 업무 내용을 배울 곳이 전무했다는 점이었다.

이와 같은 이유들로 인해 많은 개인 셀러들이 해외소싱의 문턱을 쉽게 넘지 못하고 있던 참에, 해외소싱 환경에 큰 지각 변동을 일으키는 예기치 못했던 사건이 하나 발생하게 되는데, 그것이 바로 코로나(COVID-19)이다. 당시 중국의 많은 공장들은 코로나 시대를 겪으며 기존에 거래하던 바이어들의 주문이 끊기자 심각한 자금 압박을 받게 되고, 궁지에 몰린 이들은 신규 바이어를 유치하기 위해 MOQ(최소 주문 수량)를 대폭 줄이고, OEM(주문자 맞춤)생산을 확대하는 등 기존의 콧대 높았던 거래의 문턱을 대폭 낮추게 된다. 주로 해외의 유명 브랜드들과 거래하며 추가적인 영업 활동이 필요없었던 대형 공장들도 주로 중 소형 공장들이 참가하던 무역 박람회에 부스를 얻어 나가게 되고, 대형 공장들의 재하청을 받고 있던 영세 공장들 역시 하청 물량이 줄어들자, 자기들도 살아 남기 위해 모공장의 눈치를 보지 않고 무역 박람회에 부스를 얻고 직접 고객들을 만나 영업을 하게 되었다. 이로 인해 바야흐로 자본이 적은 개인 셀러들에게도 높은 수준의 중국 공장들을 통해 비교적 낮은 주문 수량으로 경쟁력 높은 상품들을 소싱할 수 있는 시대가 열리게 된 것이다. 또한 당시 국내에서도 해외소싱에 관한 정보를 알려주는 책이나 강의들이 속속 생겨나기 시작했고, 상품 보관, 재고 관리, 송장 출력, 상품 배송업무까지 모든 물류 업무를 대행해주는 3자 물류업체들의 숫자가 급속도로 늘어나면서 개인 셀러가 적은 자본으로도 해외소싱에 본격적으로 뛰어들 수 있는 환경이 국내외 안팎으로 자리 잡게 된 것이다.

중국 공장 소싱의 가장 큰 매력은 가격이다. 중국 공장을 통해 국내 제조 상품이나 1688 상품들보다 월등히 낮은 가격으로 좋은 품질의 상품을 소싱할 수 있게 된 개인 셀러들은, 수면 위 아래를 가리지 않는 그들 특유의 게릴라스러운 마케팅 능력을 한껏 발휘하며 여러 상품 카테고리에서 키워드 상위 노출 위치를 확보했고, 개중 자본적 여유가 생긴 일부 개인 셀러들은 주요 포털 사이트 전면에 자신들의 상품을 광고하는 등의 과감하고 공격적인 마케팅을 앞세워 기성 브랜드들을 위협하는 시장의 강자들로 떠오르기 시작했다.

쿠팡, 네이버의 정책 변화 - 최저가 상품의 수난시대

하지만 늘 상황은 변한다. 온라인 커머스에서 최저가 상품이 가진 엄청난 매출 위력을 체감한 쿠팡과 네이버는 서로 간의 플랫폼 경쟁 싸움에서 이기기 위해 자사 플랫폼의 노출 로직을 전면적으로 최저가 상품 위주로 개편하기 시작했다. 플랫폼에는 항시 MD라는 직책을 가진 직원들이 있어서 자신들이 판매하고 있는 제품들을 상품 각각의 고유한 패러다임을 감안해 브랜드 상품, 신규 상품, MD 추천상품 등으로 노출 구좌를 결정했는데, 당시 시장이 최저가 상품에 열광적인 반응을 보이자, 쿠팡과 네이버를 필두로 상품 노출 결정 과정에 MD가 개입하는 부분을 최소화하고, 대신

인공지능 AI가 주도적으로 최저가 상품을 우선적으로 좋은 자리에 알아서 노출하는 방식으로 시스템을 전면 개편한 것이다. 그리고 여기에서 한 단계 더 나아가, 모양이 다른 상품이라도 AI가 해당 상품이 특정 다른 상품과 유사하다고 판단을 내리면 해당 상품을 다른 상품들과 한 그룹으로 묶어서, 그 중 최저가 상품만 노출이 되는 극단적인 시스템까지 도입되었다. 그 결과 동일 상품이 아니라도, 흡사 유사해 보이는 상품들과 견주어 최저가를 맞추지 않으면 상위 노출이 불가능한 시대가 도래하게 된 것이다.

해외소싱 상품을 팔던 개인 셀러들이 지금까지 쿠팡, 네이버같은 키워드 검색 기반 커머스 시장에서 선전할 수 있었던 가장 큰 이유는 기성 브랜드 제품들보다 낮은 가격 때문이었는데, 어느 시점부터 시장에 해외 공장 소싱을 하는 개인 셀러들의 숫자가 급속도로 늘어나고, 이로 인해 서로 낮은 가격을 앞세워 제품을 판매하고 있는 개인 셀러들 간의 내부 전쟁이 일어나게 되자, 개인 셀러 입장에선 이젠 기성 브랜드 제품과의 싸움이 아닌 개인 셀러들 간의 치열한 가격 전쟁이 더 큰 생존의 문제로 다가 오게 된 것이다. 결과적으로 개인 셀러들은 이제 더 이상 낮은 가격만으론 시장에서 살아 남기 어려운 상황에 직면하게 되었다.

자고로 유사한 상품 카테고리 내에서 플레이어들끼리 가격을 무기로 서로 싸우게 되면 결국 공멸할 수 밖에 없게 된다. 경쟁이 치열하지 않던 시절엔 당장은 본인 마진이 줄어 들더라도 제품 가격을 낮춰 경쟁자만 일단 퇴출시키고 나면 시장에서 살아남을 수 있었지만, 이처럼 해외소싱이 보편화 된 상황하엔 새로운 경쟁자들이 시장에 끝없이 등장하기 때문에, 가격을 일정 수준 이하로 낮춰 판매하는 행위는 결과적으로 해당 상품 카테고리의 생태계 전체를 파괴하는 결과를 낳게 된다. 불행히도 당시 장사 경험이 많지 않았던 개인 셀러들은 이같은 치킨게임으로 스스로를 몰고 가는 경우가 많았고, 그 결과 매출이 많아도 실제론 남는 게 없는 헛 장사를 하고 있는 개인 셀러들의 숫자가 점점 늘어나게 된 것이다. 설상가상으로 최근 알리익스프레스, 1688같은 중국 플랫폼들이 국내에 직진출을 선언하면서, 이미 싼 가격에 길들여진 국내 소비자들을 공략할 수 있는 카드는 더 이상 개인 셀러들에겐 남아있지 않게 되었다. 이처럼 최저가 싸움이란 진흙탕에 빠져 있던 개인 셀러들은 최근 들어 자신들에게 대안이 될 만한 새로운 유형의 상품에 눈을 뜨게 되는데, 그것이 바로 지금 이야기하려는 개인 셀러들이 런칭한 브랜드 상품이다.

브랜드 상품의 가장 큰 특징은 가격이 싸지 않아도 팔린다는 점이다. 대부분의 브랜드 상품의 경우, 제품 가격이 상품 카테고리 내에서 최저가가 아닌 탓에 키워드 검색 결과상으론 해당 상품이 상위에 노출되진 않지만, 놀랍게도 소비자들이 브랜드 제품들을 구매하는 경로가 검색창에 상품 카테고리 키워드를 입력하는 게 아니라, 상품 브랜드 명을 직접 입력한다는 점이다. 즉 일단 브랜드가 되면 키워드 검색을 통해 제품이 노출되었을 때 겪게 되는 유사 상품들과의 가격 경쟁으로부터 자유로워지게 되는 것이다. 또한 브랜드 제품은 쿠팡, 네이버는 물론 종합몰, 마트몰, 소위 버티컬이라 불리는 카테고리 전문몰, 개성있는 상품들만 편집해서 파는 29cm같은 라이프스타일 쇼핑몰, 심지어는 판매 수수료 없이 브랜드가 직접 운영하는 자사몰에서까지 판매가 가능해지며, 이에 더해 최근 높은 매출을 내고 있는 카페 공동구매, SNS 인플루언서 공동구매 같은, 기존의 저가 상품들이 쉽게 진입하지 못했던 다양한 플랫폼에서도, 그것도 낮은 수수료를 지불하며 활발히 판매될 수 있게 된다.

그 결과 최근엔 장사를 하는 사람이라면 누구라도 의례 브랜드를 머리 속에 떠올리게 되었다. 브랜드가 좋아서 브랜드를 하는 게 아니라 브랜드가 되지 못하면 더 이상 시장에서 살아 남지 못하기 때문에 브랜드를 해야 하는 시대가 온 것이다. 하지만 불행히도 누구나 원한다고 브랜드가 될 수는 없다. 브랜드가 되기 위해선 브랜드가 될 수 있는 조건을 가진 상품을 소싱해야 하고, 그 상품을 브랜드처럼 보이게 꾸며야 하고, 브랜드처럼 팔아야 하기 때문이다. 장사를 쉽게만 생각해 왔던 일부 셀러들에겐 다소 어렵게 들릴 수 있겠지만, 이 길만이 오늘날 온라인 커머스에서 활동하고 있는 개인 셀러들에게 남아 있는 유일한 동아줄이 된 것이다.

2) 브랜드의 종류

보따리(BTR), 메이커(MAKER), 브랜드(BRAND)

　불과 몇 년 전 까지만 해도 소비자들은 브랜드 제품과 그렇지 않은 제품을 쉽게 구분할 수 있었다. 그런데 어느 시점부터 시장에서 팔리고 있는 거의 모든 상품들이 브랜드처럼 보이는 그럴듯한 로고를 달고, 브랜드스러운 상세페이지와 마케팅 커뮤니케이션으로 스스로를 포장하자 고객들은 헷갈리기 시작했다. 하지만 소비자들은 곧 변화된 시장에 적응하기 시작했고, 브랜드처럼 보이는 수많은 상품들 사이에서 무엇이 비싼 값을 지불하고도 구매할 가치가 있는 브랜드 제품인지, 무엇이 그렇지 않은 제품인지를 나름의 잣대를 가지고 구분해내기 시작했다. 그렇기 때문에 고객들의 머리 속에 기억되고 가격 경쟁에서 자유로운 브랜드 런칭을 계획하고 있는 셀러라면 요즘 소비자들은 어떤 기준으로 브랜드 상품을 구분해내며, 그 기준에 맞는 제품에는 어떤 것들이 있는지 알아야 한다.

　소비자들은 모든 상품을 세가지 타입으로 분류해 내는데, 그 첫번째 유형은 소위 보따리(BTR)제품이라고 불리는 무명 제품들이다. 주로 개인 셀러들이 중국의 소형 공장이나 1688, 이우시장같은 저가 도매 상가에서 구매한 상품을 낮은 가격으로 판매하는 경우다. 이런 유형의 상품들은 대부분 쿠팡, 네이버 같은 플랫폼에서 최저가 검색을 기반으로 판매가 일어나고, 대부분의 소비자들은 가성비를 이유로 이런 상품을 구매하기 때문에 해당 상품에 붙어있는 로고 따위엔 전혀 눈길을 주지 않는다. 현재 온라인 커머스에 진입한 개인 셀러들이 팔고 있는 대부분의 상품들이 이런 유형의 보따리(BTR) 상품들이며, 보따리 상품은 싸야만 팔리기 때문에 셀러 입장에선 가성비를 맞추기 위해 자신의 마진을 줄여야 하는 부담이 있고, 누구나 쉽게 따라 팔 수 있는 상품들이 대부분이라 특정 상품이 잘 팔린다는 소문이 조금이라도 퍼지면 비슷한 상품을 파는 셀러들이 금세 늘어나 시장 가격이 빠르게 무너진다는 단점이 있다. 대신 보따리 장사의 장점은 비어 있는 시장을 제 때 포착해 남보다 빨리 상품을 판매할 수만 있다면, 비록 짧은 기간 일지라도 규모 있는 매출을 일으켜 단기간 내에 재고를 소진시키고 경쟁에서 빠져 나올 수 있다는 데에 있다.

두번째 유형은 메이커(MAKER) 제품이다. 메이커는 보따리 제품과 마찬가지로 가성비를 이유로 매출이 발생하는 상품이지만, 보따리 제품과는 달리 해당 제품에 붙은 브랜드 이름이 소비자들의 구매 의사 결정 과정에서 나름 유의미한 역할을 한다. 핸드폰 케이스의 경우 '신지모루'같은 제품의 경우가 겉으론 브랜드처럼 보이지만 실상은 메이커 제품인 좋은 예시이다. 메이커 제품 역시 보따리(BTR) 제품처럼 상품 카테고리 키워드 검색을 기반으로 매출이 발생된다. 예를 들어 소비자가 '핸드폰 케이스'란 키워드로 검색을 하게 되면 비슷한 모양과 비슷한 가격대의 수많은 상품들을 검색 결과로 볼 수 있게 되는데, 이때 소비자들은 검색된 비슷 비슷한 조건을 가진 상품들 중에서 이왕이면 본인이 알고 있는 브랜드이거나, 혹은 어디선가 한 번 본 듯한 느낌을 주는 브랜드의 제품을 구매하려는 경향이 있다. 이런 제품이 바로 메이커이다. 여기서 중요한 것은 메이커의 경우 소비자의 구매 의사 결정 과정에서 가격이 중요하게 개입된다는 점이다. 비록 소비자가 특정 브랜드 제품을 선호해서 해당 상품을 선택했지만, 이 결정은 해당 제품의 가격이 다른 유사 제품들의 가격보다 같거나 싸다는 조건 하에서만 일어난다. 그렇기 때문에 메이커와 브랜드를 구분 짓는 가장 큰 요소는 바로 가격이다. 즉 비싸도 팔려야 브랜드가 될 수 있는 것이고, 비싸서 안 팔리는 제품은 비록 그 제품이 소비자들 사이에서 잘 알려진 브랜드라 하더라도 결국 메이커에 불과한 것이다.

메이커는 비싸면 안 팔린다는 치명적인 약점을 가지고 있기 때문에 셀러 입장에선 안정된 마진을 유지할 수 없다. 제품 런칭 초기에는 적정 마진을 남길 수 있는 경우도 있지만, 런칭 이후 어느 정도 시간이 흐르면 곧 메이커 제품과 유사한 보따리 제품들이 시장에 속속 등장하기 시작한다. 그 결과 메이커 제품을 판매하는 셀러는 경쟁에서 이기기 위해 가격을 점점 더 낮춰서 판매해야만 한다. 메이커 세품이 제 아무리 높은 상품성을 갖췄다 하더라도, 최근 변화된 소싱 환경을 놓고 볼 때 해외 소싱을 시작한 보따리 셀러들에겐 그와 비슷한 유사 상품을 소싱하는 것은 그닥 큰 문제가 아니다. 시간이 얼마나 걸리는 지가 문제일 뿐, 유사 상품은 얼마든지 해외 무역박람회에서 쉽게 구할 수 있기 때문이다.

메이커 제품이 안고 있는 또 하나의 문제점은 소비자들은 싼 가격으로 산 제품을 결코 좋은 브랜드로 인정하려 들지 않는다는 점이다. 시장에서 싼 가격에 팔리고 있는 제품은 상품성이나 브랜드의 유명세와는 무관하게 다른 사람들에게 자신있게 드러 내어 보이기도 싫고, 제품에 대한 애착감도 떨어지기 마련이다. 즉 메이커 만으로는 지금 우리가 꿈꾸고 있는, 브랜드가 되었을 때 얻게 되는 여러가지 혜택들을 제대로 누릴 수 없게 되는 것이다.

물론 메이커만의 장점도 있다. 메이커 제품은 일정 수준 이상 노출이 확보되고 소비자들 사이에서 브랜드 인지도만 쌓이게 되면, 그리 대단한 상품성을 가진 제품이 아니더라도 일정 규모 이상의 큰 매출을 낼 수 있기 때문이다. 또한 메이커 수준의 상품성을 가진 제품들은 해외 무역 박람회에 가면 얼마든지 쉽게 소싱할 수 있기 때문에 셀러 입장에선 상품 소싱에 앞서 시장 조사나 상품 기획에 큰 노력을 들이지 않아도 된다는 장점이 있다. 단 메이커는 확실한 노출과 브랜드 인지도가 필수적이기 때문에, 메이커 장사는 규모 있고 효율 높은 노출 광고와 어뷰징 작업이 가능한 자본력과 마케팅 역량을 가지고 있는 셀러에게 유리한 영역이다.

최근 국내에 런칭된 많은 메이커 제품들을 보면 셀러가 메이커의 장단점을 제대로 이해하지 못해 불필요한 시간과 비용을 낭비하고 있는 경우가 많다. 실상은 메이커인 제품을 런칭해 놓고 그것을 억지로 브랜드로 만들기 위해 무의미한 마케팅, 브랜딩 작업에 너무나 많은 시간과 노력을 쏟아 붓는다. 이런 셀러들은 무엇보다 먼저 자신의 제품이 비싸게 팔아도 매출이 일어날 수 있는 제품인지를 고민해 봐야 한다. 만일 그렇지 않다면 무모한 브랜드의 꿈은 과감하게 버린 후 노출 광고, 리뷰 작업같이, 메이커로서 최대한 매출 효율을 올릴 수 있는 장사에 더 집중하는 것이 좋다.

세번째 유형의 제품은 바로 브랜드이다. 브랜드는 비싸도 팔리는 제품이다. 브랜드를 꿈꾸는 모든 셀러들이 반드시 기억해야 할 브랜드의 절대 조건이 바로 이것이다. 싸게 팔면 결코 브랜드가 될 수 없다. 오직 비싼 가격에도 팔릴 수 있는 상품만이 브랜드가 될 수 있다.

브랜드는 해당 상품이 소비자에게 주는 가치의 크기에 따라 명품 브랜드, 좋은 브랜드, 괜찮은 브랜드, 나쁘지 않은 브랜드 등으로 나눠 볼 수도 있고, 브랜드가 소비자에게 주는 가치의 종류에 따라 소위 '러브마크'라고 불리는 정서적인 유대감이 강하게 형성된 브랜드, 특별한 유대감까지는 안 가더라도 정이 가는 브랜드, 또는 신박한 브랜드, 특별한 용도에 전문화된 브랜드 등의 유형으로도 구분해 볼 수 있다. 따라서 브랜드를 꿈꾸는 개인 셀러들은 이런 여러가지 브랜드의 유형들 중, 자신의 자본 상황이나 개인 역량, 네트워크, 주변 환경 등을 고려해 본인이 충분히 도전해 볼 수 있는 종류의 브랜드를 최종 목표로 삼고, 소싱부터 판매 단계까지 해당 브랜드가 되는 과정을 차근 차근 밟아가야 할 것이다.

브랜드 믹스

지금까지 우리는 시장에서 팔리고 있는 제품들을 BTR(보따리), MAKER(메이커), BRAND(브랜드)제품으로 나누어 각각의 특징과 장단점을 살펴보았다. 여기서 주의할 점은 셀러는 결코 브랜드만을 장사의 최우선으로 생각하고 메이커와 보따리를 마치 그보다 열등한 것으로 여겨서는 안 된다는 점이다. 세 종류의 상품 모두 각각의 장단점을 가지고 있기 때문에, 셀러는 필요에 따라서 이 세 가지 종류의 상품을 동시에 운영할 수도 있다. 예를 들면 한 쪽에선 장기적인 관점에서 제대로 된 브랜드를 천천히 키워가는 한 편, 또 한 쪽에선 손쉽게 소싱할 수 있는 BTR이나 MAKER 상품으로 빠른 현금 흐름을 만들 수 있는 것이다. 이경우 해당 셀러는 브랜드라는 든든한 미래 자산이 있기 때문에 보따리 장사를 더욱 보따리답게 전개할 수 있게 된다.

특수한 기능을 가진 조명 제품을 한 예로 들어 보자면, 셀러는 브랜드를 목표로 고가 시장을 공략하기 위한 고급 조명 제품과 저가 시장을 공략하기 위한 보따리 조명 제품을 동시에 런칭할 수 있다. 단 이 두 조명 제품은 서로 다른 브랜드 이름으로 런칭되어야 소비자들로 하여금 같은 회사가 서로 다른 가격 대의 조명 제품을 판매한다는 사실을 모르게 할 수 있다. 이 경우에 셀러는 향후 고급 브랜드로 성장시킬 고가의 조명 제품을 운영하고 있기 때문에 저가 조명 제품은 부담 없이 단기적인 매출만을 목표로 최저가로 판매해 저가 시장을 공략할 수 있게 되고, 이렇게 발생된 안정된 현금 흐름으로 고가 조명 브랜드 제품을 장기적인 관점에서 보다 여유 있고 품격 있게 전개할 수 있게 된다.

이처럼 브랜드 제품을 전개하는 셀러가 BTR, MAKER 장사를 동시에 하게 되면 BTR, MAKER 장사에 대한 장기적인 의존도가 없어지기 때문에 이전보다 훨씬 더 가벼운 마음으로 BTR, MAKER 장사에 접근할 수 있게 된다. 해당 제품이 시장에서 매출의 고점을 찍었다고 판단되면 경쟁이 치열해지기 직전 해당 상품을 원가로 판매해서 빠르게 손절하고 또다른 BTR, MAKER 상품을 런칭하는 방법을 취해도 좋을 것이다. 물론 이렇게 치고 빠지는 BTR, MAKER 상품 역시 나름의 로고가 필요하다. 요즘 시대엔 로고가 없는 상품은 아예 팔리지 않기 때문에 BTR, MAKER 상품도 나름 브랜드스러운 로고와 그에 걸맞은 상세페이지, 마케팅, 커뮤니케이션 작업이 필요하다. 이렇게 단기간 운영하고 쓸모를 다하는 시점에서 바로 폐기해 버리는 용도로 사용하는 브랜드를 '버츄얼 브랜드'(Virtual Brand)라고 하며 이런 종류의 브랜드 운영 방식을 '버츄얼 브랜딩'이라고 한다. 요즘처럼 상품 라이프 사이클이 짧은 시대에는 오래 가는 브랜드를 만들려고 억지로 애쓰기 보단, 짧고 굵게 쓰다 버리는 버츄얼 브랜드 전략이 더 효과적인 경우도 많다.

단, BTR, MAKER 장사를 너무 쉽게 생각해서는 안 된다. 물론 BTR, MAKER 장사가 브랜드에 비해 상품 소싱 측면이나 마케팅적 측면에서 덜 수고롭긴 하지만, 제대로 된 현금 흐름을 만들기 위해선 많은 자본과 전문화된 마케팅 능력이 투입돼야 한다. 특히 광고비 측면에선 오히려 브랜드 제품보다 더 많은 예산이 단기적으로 투입되어야 한다. 단언컨대 오늘날 BTR, MAKER 제품이 만들어 내는 매출은 결코 작지 않다. BTR, MAKER 제품은 단기적 매출만 보았을 땐 어설픈 브랜드들, 특히 신규 브랜드들의 초기 매출과는 비교가 되지 않을 정도로 높은 매출을 낼 수 있다는 사실을 알아야 한다.

소싱 진입장벽이 낮은 1688, 이우시장에서 사온 상품들로는 현재 시장 경쟁 상황을 놓고 볼 때 의미있는 매출을 발생시키기 쉽지 않다. 큰 매출이 발생되지 않는 장사는 그 과정에서 제대로 된 학습효과조차 얻을 수 없다. 그래서 장사에 큰 자본을 투자하기 어려운 셀러는 BTR이나 MAKER 보단 오히려 브랜드 런칭이 더 적합한 비즈니스 모델이 될 수 있다. 오늘날 BTR, MAKER 제품으로 유의미한 매출을 내기 위해선 남보다 더 큰 공장을 찾아, 더 싼 가격으로 상품을 대량으로 유통시켜야만 한다. 노출 광고도 공격적으로 집행해야 하고, 리뷰도 더 많이 쌓아야 하고, 상위 노출을 위한 온갖 최신 어뷰징 방법도 가리지 않고 공격적으로 집행해야 한다. 그래야 단기간 내 승부를 본 후 서둘러 시장에서 빠져 나올 수 있고, 또 다른 상품을 빠르게 런칭할 수 있게 된다. 이 모든 것이 많은 자본과 과감한 결단력을 필요로 하는 것이다. 그렇기 때문에 우리는 각자의 자본력, 역량, 환경, 그리고 더 나아가 인생 철학에 맞는 본인의 비즈니스 모델을 정하고, 때론 그것들을 혼합해 가며 본인에게 최적화된 비즈니스 모델을 만들어 가야 한다.

성공한 기업들도 대외적으론 그럴듯한 브랜드들을 운영하고 있는듯 해 보이지만, 내부를 들여다 보면 나름의 BTR, MAKER 상품들, 혹은 이와 유사한 유형의 비즈니스 모델을 통해 그 때 그 때 필요한 현금 흐름을 확보하고 있다. 사업의 본질은 사업의 크기와 상관없이 동일하다. 이것이 서문에서 언급한 백조의 양면적인 모습이고, 이와 같은 비즈니스 내면에 숨은 원리를 이해하는 셀러들만이 시장에서 살아 남아 장기적으로 성장할 수 있게 되는 것이다.

스몰 브랜드의 함정

여기서 주의 깊게 고민해 봐야 하는 유형의 브랜드가 하나 있는데, 그것은 바로 요즘 젊은 창업가들 사이에서 유행처럼 번지고 있는 스몰 브랜드이다. 최근 문토, 트레바리, 넷플연가같은 소모임이나, 트위터, 스레드같은 SNS 공간에서 젊은 창업자들을 대상으로 개최되는 브랜드 강의들을 통해 흔히 접할 수 있는 브랜드의 유형이 바로 스몰 브랜드이다. 이들이 이야기하는 스몰 브랜드의 핵심 요소는 바이럴과 재구매가 일어날 수 있는 특별한 상품 선정 (Unique Selling Proposition), 팬덤을 만들 수 있는 브랜딩, 소규모 예산에 맞는 효율적인 마케팅이다. 이처럼 겉으로 보기에 스몰 브랜드는 이 책에서 추구하고자 하는 브랜드의 모습과 크게 달라 보이지 않는다.

하지만 한가지 눈여겨 봐야 할 점은 이런 강의들에서 자주 언급되는 성공한 스몰 브랜드 사례의 대부분이 과거형이란 점이다. 바꿔 말하면 시장에서 중장기적으로 지속 성장하는 스몰 브랜드의 숫자가 실제론 그리 많지 않다는 점이다. 그 이유는 대부분의 스몰 브랜드들이 상품 소싱 측면에서 치명적인 문제를 가지고 있기 때문이다. 자체적으로 바이럴이 발생하고, 재구매가 가능한 USP(Unique Selling Proposition)를 가진 상품, 즉 포지셔닝이 명확한 상품이 있어야 한다는 것은 백번 맞는 이야기이지만, 스몰 브랜드를 추구하는 셀러들의 대부분이 장사 경험과 자본이 부족한 개인 셀러 혹은 마케터 출신들이기 때문에, 상품을 어디서 어떻게 구할 수 있는지에 대한 구체적인 지식이나 정보가 부족하다. 그러다보니 이들의 유일한 대안은 국내 소형 제조사를 찾아 OEM 형식으로 상품을 제조하는 것인데, OEM 형식으로 상품을 국내에서 제조하게 되면 금형비, 샘플비, 원자재 비용이 높아지게 되고, 결과적으로 제조원가가 높아져 가격 경쟁력을 갖추기 어렵게 된다.

그러다 보니 해당 제품이 팔릴 수 있는 플랫폼은 와디즈나 29cm같이 특정 소비 계층을 타겟으로 하는 곳으로 한정될 수 밖에 없다. 특히 이런 플랫폼들을 주로 이용하는 소비자들은 매번 새로운 상품을 찾아 관심이 빠르게 변하는 특징을 가지고 있기 때문에, 자본이 많지 않은 개인 셀러들은 빠르게 변하는 소비자들의 관심을 제 때 따라 잡을 수 있는 새로운 후속 상품들을 지속적으로 런칭하는 것이 현실적으로 어려울 수 밖에 없다. 즉 시장 진입 초반에는 어렵사리 제조한, 용도가 뾰족한 상품으로 단기적인 매출을 올릴 순 있겠지만, 그 상품의 뒤를 잇는 2차, 3차 후속 상품의 런칭이 어려워지면서 지속적인 매출을 기대하기 어렵게 되고, 부족한 매출을 메꾸기 위해 새로운 고객을 찾아 저가 시장으로 진출하기엔 상품 제조원가가 너무 높아 수많은 저가 중국산 제품들 사이에서 소비자들의 선택을 받지 못하게 되는 것이다.

국내 OEM 생산에 의존하는 개인 셀러들이 안고 있는 또 한가지 문제점은 수 년 전부터 시장에 퍼진 저가 중국 제품들로 인해 국내 제조사들의 대부분이 가격 경쟁력을 잃어 이미 규모를 대폭 축소하거나 폐업을 한 상황이고, 그나마 기술력이나 가격 경쟁력이 있어 살아남은 곳들도 대부분 상당히 한정된 상품 카테고리에만 국한되어 있다는 점이다. 결과적으로 국내 제조사 생산을 통해 개인 셀러가 경쟁력을 가지고 진입할 수 있는 상품 카테고리는 문구, 식품, 뷰티, 실리콘, 의류 제품 등으로 한정되게 되었다. 그러다 보니 제한된 소수의 상품 카테고리에 많은 스몰 브랜드들이 집중되고, 그 결과 좁은 시장 안에서 스몰 브랜드들끼리 치고 받는 치열한 경쟁을 피할 수 없게 된 것이다. 그렇기 때문에 개인 셀러가 보다 큰 시장에서 유의미한 매출을 낼 수 있는 브랜드를 런칭하기 위해선 좁은 국내 시장에서 벗어나 더 넓은 해외 제조 시장을 바라봐야 한다. 오늘날 좁은 니치 시장이 아닌 메인 시장에서 규모 있는 브랜드로 자리잡고 있는 제품들 대부분이 현재 어디에서 만들어지고 있는지를 알아야 하는 것이다. 물론 대형 기업들은 아직도 국내 공장을 통해 상품을 제작하는 경우도 있지만, 이런 대형 기업들의 틈바구니 사이에서 유의미한 매출을 만들어 내고 있는 유수의 중소 브랜드들은 현재 중국, 인도, 터키같이 제조 원가가 싼 공장으로부터 국내 시장보다 소비 수준이 높은 선진국 시장에 OEM 방식으로 납품하고 있는 상품들을, 때론 공장에서 파는 그대로, 때론 컬러나 모양을 큰 비용이 들지 않는 범위 내에서 살짝 변형하고 자신들의 로고를 박아 국내 시장에 브랜드 상품으로 소싱해와 판매하고 있다는 사실을 알아야 한다.

　스몰 브랜드가 가지고 있는 두번째 문제점은 현재 그들이 진행하고 있는 브랜딩의 방향성에 있다. 스몰 브랜드들은 고객들 사이에서 자연적 바이럴 형식으로 발생하는 '팬덤 형성'을 지상 과제로 여긴다. 문제는 팬덤을 만들기 위한 그들의 방법론과 메시지가 더 이상 지금 시대의 소비자들의 마음을 사로 잡기 어렵다는 점이다. 불과 얼마 전 까지만 해도, 시장에 브랜드처럼 연기하는 상품들의 숫자가 적었던 시절에는 소비자들을 팬으로 만드는 작업이 그렇게 어려운 일이 아니었다. 특히 스몰 브랜드는 비교적 나이대가 젊고 세련된 감각이 살아 있는 젊은 셀러들이 만든 경우가 대부분이었기 때문에, 이들은 올드해 보이는 기성 브랜드 제품들 사이에서 큰 노력 없이도 자신의 브랜드스러움을 드러낼 수 있었고, 세련된 로고와 상품 이미지, 상세페이지, 친근한 말투 등을 내세워 팬덤을 형성할 수 있었다. 하지만 어느 시점부터 갑자기 스몰 브랜드들이 시장에 넘쳐나기 시작하면서 소비자들은 더이상 이런 종류의 감성적 메시지로 포장된 마케팅 활동에 대해 신선함을 느끼지 못하게 되었다. 한 번 홈페이지에 방문하면 이 후 방문하는 사이트마다 해당 상품의 광고가 따라 다니고, 쉴 새 없이 날아오는 카톡 메시지와 뉴스레터, 설문조사, 각종 이벤트 참여를 독려하는 이메일들에 대해 소비자들은 서서히 피로감을 느끼기 시작했다. 이런 이유에서 대부분의 스몰 브랜드들이 지속적으로 성장하지 못하고, 그 성장이 찻잔 속의 회오리에 그치는 경우가 많은 것이다.

3) 개인 셀러들이 도전해야 하는 브랜드 제품이란 무엇인가?

소비자들의 브랜드 감별 테스트

　브랜드 제품을 정의하는 방법은 여러 가지가 있을 수 있겠지만, 그중 가장 상식적인 접근은 상품을 구매하는 소비자 관점에서 브랜드 제품과 그렇지 않은 제품을 구분해 보는 것이다.

　여러분이 지금 헤어 드라이기 제품을 사기 위해 핸드폰을 열고 온라인 쇼핑몰을 검색한다고 가정해 보자. 물론 개인별 경제적 상황이나 소비 성향에 따라 이 후 상품 구매 패턴은 달라질 수 있겠시만, 여기선 그 상황에서 일어날 수 있는 모든 가능성을 열어 놓고 소비자들이 어떤 경로를 통해 최종적으로 상품을 구매하는지 그 과정을 상상해 보기로 하자.

　첫째, 본인이 사전에 구매를 고려하고 있던 제품 브랜드 이름을 직접 쇼핑몰 검색창에 입력하는 경우이다. 이런 제품들은 대부분 대중들에게 잘 알려진 소위 유명 브랜드인 경우이거나, 혹은 지인이나 뉴스, SNS같은 매체 등을 통해 해당 제품의 이름을 접하고, 그 제품에 대해 더 자세한 정보를 찾아 볼만한 가치가 있다고 판단한 경우라고 할 수 있다. 이렇게 소비자들이 처음부터 제품 이름을 검색창에 직접 입력할 정도로 잘 알려진 제품은 누가 뭐라고 해도 브랜드 제품이라고 인정해도 좋을 것이다.

　우리가 관심있게 봐야 할 것은 두번째인데, 검색창에 특정 제품의 이름을 입력하지 않고, 해당 제품의 상품 카테고리 즉 '헤어드라이기'라는 검색어를 입력한 후, 검색된 상품들을 둘러 보며 구매할 상품을 결정하는 경우이다. '헤어 드라이기'란 키워드로 검색된 상품 중에는 '다이슨'같은 고가 브랜드 제품도 있을 것이고, 그 보다는 다소 저렴하지만 나름 가격대가 있는 파나소닉, 필립스 같은 중가 브랜드들도 있을 것이다. 중요한 것은 이 다음부터인데, 중가 브랜드의 뒤를 이어 JMW, 유닉스, 파테크, 예스뷰티, 디베아처럼 어디선가 한 번 들어 본 것 같기도 하고 처음 보는 것 같기도 한 애매모호한 상표가 붙은 제품들이 대거 등장하면서부터 소비자들의 머리 속은 복잡해지기 시작한다.

물론 무조건 본인이 이미 알고 있는 브랜드 제품만 구매하려는 소비 성향을 가진 일부 소비자들은 이런 낯선 브랜드들에겐 눈길도 주지 않겠지만, 최근 대다수의 소비자들은 '더 함' TV나 '풀리오' 안마기같이 요즘 뜨고 있는 브랜드, 혹은 전문가들 사이에서만 사용되는 브랜드들처럼 대중들에겐 잘 알려지지 않은 브랜드들 중에서도 얼마든지 살만한 상품들이 많다는 사실을 과거의 경험을 통해 알고 있기 때문에, 검색된 수많은 낯선 브랜드 제품들 중에서 어떤 제품이 살만한 브랜드이고, 어떤 제품이 그렇지 않은 지를 각자 과거의 쇼핑 경험을 통해 쌓은 '쇼핑 감각'을 총동원해 판별하려고 한다. 즉 합리적 소비 성향을 가진 소비자들의 자체 '브랜드 감별 테스트'가 시작되는 것이다.

감별 테스트를 통과할 수 있는 브랜드의 모습

그렇다면 소비자들의 감별 테스트를 통과한, 가격대가 있더라도 구매해 볼 가치가 있다고 판단되는 낯선 브랜드 제품들은 어떤 특징을 가지고 있을까?

잠시 기억을 과거 연애를 하던 시절로 되돌려 보면, 처음 보는 브랜드를 대상으로 구매 결정을 고민하는 소비자의 심리 상태는 마치 낯선 이성으로부터 데이트 신청을 받았을 때 머리 속에서 일어나는 의사 결정의 매커니즘과 흡사 유사하다는 것을 알 수 있다. 그리고 한가지 더 흥미로운 점은 이 의사 결정 과정에 결정적인 영향을 주는 대상의 조건이 시대마다 달라진다는 사실이다. 과거에는 잘 생기고, 옷 잘 입고, 매너가 좋으면 데이트 신청이 쉬웠지만, 오늘날엔 그런 조건을 갖춘 이성들이 주변에 넘쳐나기 때문에 단지 겉으로 보이는 정보에만 의존해 데이트 신청에 쉽게 응하는 사람은 많지 않을 것이다. 지금 시대에 외모나 매너는 기본적인 조건에 불과하고 만일 더 깊이 있는 관계가 요구되는 상황이라면 본인이 내린 결정이 합리적이었다는 스스로의 명분을 얻기 위해서라도 상대에 관한 추가적인 정보를 필요로 하게 된다. 이 모습은 과연 무엇일까?

그것은 바로 '근본있는 사람'처럼 보이는 것이다. 이것이 오늘날 모든 브랜딩에 요구되는 핵심 키워드이자, 우리가 추구하고자 하는, '가격이 싸지 않음에도 불구하고 팔릴 수 있는 낯선 브랜드 제품'이 반드시 갖춰야 할 모습이다. 오늘날 소비자들은 싼 가격을 이유로 상품을 구매할 땐 겉으로 보이는 정보만 가지고도 충분히 의사 결정을 하지만, 해당 상품의 가격이 유사 상품들과 비교해 높은 경우라면 이야기가 달라진다. 소비자들은 이 제품이 과연 그만큼의 비용을 지불할만한 가치가 있는 브랜드 제품인지를 감별하려 드는데, 이때 요구되는 브랜드 제품의 모습은 지금껏 우리가 브랜드가 갖춰야 하는 모습이라고 배워왔던, 세련되고 친근하고 의외성 있는 모습은 기본이고, 여기에 더해 근본있어 보이는 모습까지 추가적으로 갖춰져야만 한다는 것이다.

  그렇다면 오늘날 브랜드가 갖춰야 할 근본있어 보이는 모습의 실체는 무엇일까? 자고로 장사와 연애의 메커니즘이 많은 부분에서 유사성을 공유하듯이 이 답변 역시 연애의 경우와 별반 다르지 않다. 연애를 할 때 상대방에게 스스로를 근본있는 사람처럼 보이기 위해 필요한 조건들은 누구나 쉽게 머리 속에 떠올릴 수 있는 것들, 예를 들면 집안, 돈, 학벌, 안정적인 직업, 특별한 기술, 훌륭한 인맥 같은 것들이다. 즉 멋진 제품 로고, 세련된 상세페이지와 사진들, 고객 커뮤니케이션 과정에서 느껴지는 셀러의 친근한 인격 같은 요소들은 이제 어느 상품들에서도 볼 수 있는 흔한 모습에 불과한 것이며, 우리는 여기에 더해 상품적인 차원에선, 상품 제조에 사용된 특별한 기술이나 사용된 원료, 재질, 각종 시험 성적표, 디자인이나 제조 과정에 참여한 전문 인력 정보처럼 해당 상품이 다른 유사 상품들과 근본적으로 차별되는 모습이 강조돼야 하며, 셀러 차원에선 어느 셀러들과는 근본적으로 달라 보이는 전문성, 예를 들면 해당 셀러로 하여금 해당 제품을 런칭할 수밖에 없게 만든 과거에 경험한 특별한 사건이나 인맥, 주변 환경, 그리고 무엇보다 자본적으로 넘쳐 보이는 여유스러운 모습이 어필되어야 한다. 이런 근본있어 보이는 모습이 해당 제품의 용도적 소구 포인트에 추가적으로 덧입혀질 때 비로소 비싼 가격에도 팔릴 수 있는 브랜드가 탄생하게 되는 것이다.

　이미 판매되고 있는 제품의 브랜딩 업무를 맡고 있는 대행사의 경우엔 상품 자체를 건드릴 수 없다. 단지 본인들에게 주어진 상품이 소비자들에게 브랜드처럼 보일 수 있도록 연기 활동에 최선을 다하는 것이 그들이 할 수 있는 일의 전부이다. 하지만 개인 셀러는 애초부터 판매할 상품을 스스로 결정할 수 있는 자유를 가지고 있기 때문에 처음부터 소비자들에게 근본있는 브랜드처럼 보일 수 있는 제품을 골라서 소싱할 수 있다. 이런 점에서 볼 때 개인 셀러들은 대형 업체들과 비교할 수 없을 정도로 탄력적이고 자유로운 의사 결정을 내릴 수 있다. 이 자유로움이 마케팅의 영역은 물론 상품 소싱의 영역에서까지 한껏 발휘될 때, 비로소 개인 셀러들은 대형 업체들과의 경쟁에서 이길 수 있는 강력한 힘을 가지게 되는 것이다.

4) 브랜드 제품이 소비자들에게 브랜드로 인정받는 과정

브랜드 인식의 4단계

　난생 처음 보는 신규 브랜드 제품의 경우, 소비자들의 구매 의사 결정은 해당 상품과 관련되어 머리 속에 입력된 여러 정보들이 한데 혼합되고, 그것들이 과거 소비 경험을 통해 형성된 선입견들과 서로 영향을 주고 받으면서 이루어진다. 이 과정은 관심 유발, 용도 발견, 브랜드 점검, 대세감 확인의 네가지 프로세스를 거쳐 이루어지는데, 이 과정은 개인에 따라 순서가 바뀌기도 하고, 또는 동시 다발적으로 일어나기도 한다.

　첫번째, 브랜드가 되기 위한 상품은 우선 소비자의 관심을 유발해야 한다. 이것은 단지 해당 상품이 소비자들의 눈에 잘 띄는 곳에 더 자주 노출되어야 한다는 것을 뜻하는 것만이 아니다. 물론 그렇다면 더욱 좋겠지만, 그보다 더 중요한 건 해당 상품이 다른 유사 상품들과 비교해서 한 눈에 뭔가 달라 보여야 한다는 것이다. 만일 피사의 사탑이 기울지 않았다면 아무도 그 탑에 대해 관심을 가지지 않았을 것이다. 기울었다는 점을 제외하곤 여느 탑들과 다른 점이 없는 평범한 피사의 사탑이 소위 유명한 글로벌 브랜드가 될 수 있었던 가장 큰 이유는 첫 모습부터 남들과 달라 보였다는 사실이다. 그렇기 때문에 특정 상품이 브랜드가 되기 위해선 해당 상품은 무조건 기존 상품들과는 남달라 보여야 한다. 제품의 겉모습, 브랜드 명, 모델 명, 헤드카피, 서브카피, 제품 사진의 퀄리티, 구도, 채도, 상세페이지 디자인, 폰트, 상품이 노출된 플랫폼, 높은 가격, 그 어떤 것이든 간에, 난생 처음 보는 브랜드가 수많은 상품들 사이에서 소비자들의 눈에 띄기 위해선 남다르게 보일 수 있는 요소, 소비자들로부터 "어, 얘는 뭐지? 라는 호기심을 이끌어 낼 수 있는 포인트가 반드시 있어야만 한다.

두번째, 일단 상품에 관심을 가진 소비자는 빠른 속도로 해당 상품이 구매할 '용도'가 명확한 상품인지 아닌지를 체크한다. 만일 구매 용도가 있다고 판단된다면 본인이 알고 있는 그와 유사한 용도를 채워 주는 기존 상품들 중 해당 상품의 구매 순위를 정한다. 그리고 소비자들은 대부분 이 시점에서 가격 정보도 동시에 체크하게 되는데, 만일 해당 상품의 가격이 유사 상품들보다 월등히 싸서 가성비가 좋다고 판단되면, 용도적 측면에서 구매 우선 순위가 높지 않더라도 해당 제품에 대해선 긍정적인 구매 의사결정을 하게 된다. 하지만 이렇게 가성비를 주된 이유로 판매되는 상품은 소비자들로부터 브랜드로 인정받지 못하고 MAKER나 BTR제품으로 취급받게 된다. 반면 해당 제품이 가격은 다소 비싸다고 여겨지지만 용도 순위가 높다는 판단을 내리게 되면, 소비자들은 이제 이 제품이 그만큼의 비용을 지불하고도 살만한 브랜드 제품인지 아닌지가 궁금해진다. 소비자의 과거 소비 활동을 통해 쌓인 경험을 기반으로 하는 브랜드 검증 테스트가 시작되는 것이다.

세번째, 본격적인 브랜드 검증 테스트가 시작된다. 가장 먼저 해당 상품이 브랜드 제품으로서 결격 사유가 있는지를 체크하는 작업이 시작된다. 어떤 상품 카테고리든 간에 소비자들의 머리 속엔 과거에 긍정적으로 경험했던 브랜드 제품들의 모습이 선입견으로 남아 있기 때문에 소비자들은 해당 제품의 로고, 상품 사진, 상세페이지 디자인 퀄리티, 브랜드 인격 등의 정보들을 수집하며 해당 제품이 브랜드 제품인지 아닌지를 체크하고 걸러내는 작업을 한다. 불과 몇 년 전만해도 이 첫번째 검증 과정을 통과하는 제품들이 많지 않았지만, 셀러들 사이에 브랜딩이란 개념이 보편화된 지금은 시장에 있는 거의 모든 제품들이 일정 수준 이상의 브랜딩 작업을 갖추고 있기 때문에 오늘날 소비자들은 여기서 한 단계 더 심화된 버전의 브랜드 검증 테스트를 거치게 된다. 이것이 바로 앞서 언급한 해당 제품이 근본이 있는 브랜드인지를 체크하는 것이다.

이 과정에서 중요하게 작용하는 정보는 일반적인 상품들은 쉽게 따라하지 못하는 해당 브랜드만이 보유한 진입장벽들의 내용과 해당 브랜드를 런칭한 셀러만이 가지고 있는 준거성, 즉 해당 제품과 관련된 셀러의 '자격'과 관련된 내용이다. 특별한 기술이나 제조 방식, 사용된 원료, 재질, 각종 시험 성적표, 디자인이나 제조 과정에 참여한 인물들의 정보, 혹은 해당 상품 카테고리와 관련된 셀러의 경험, 해당 브랜드를 런칭할 수 밖에 없게 만든 셀러의 특별한 환경, 인맥, 그리고 무엇보다 자본이 넘쳐 보이는 여유스러운 모습 등이 주로 소비자들로 하여금 해당 브랜드가 급조된 것이 아닌 근본 있어 보이는 브랜드처럼 보이는데 도움이 되는 중요한 요소들이다.

네번째, 앞서 언급한 검증 과정을 거쳐 해당 상품이 다소 가격대가 나가더라도 충분히 구매할 가치가 있는 브랜드 상품이라는 판단에 이른 소비자는 마지막으로 해당 상품을 구매하려고 하는 본인의 판단이 혼자만의 착각이 아니라 다른 사람들도 해당 상품에 대해 본인과 유사한 판단을 내리고 있는지를 확인하고 싶어진다. 소위 대세감이 있는 상품인지를 확인해서 본인의 소비 결정에 대한 확신을 얻고 싶어 하는 것이다. 이때 가장 흔하게 확인하는 정보가 해당 상품에 붙은 구매평, 네이버 블로그나 인스타 같은 SNS 상에 있는 해당 상품과 관련된 리뷰 글들이다. 이 과정을 통해 본인의 기대치를 만족시키는 긍정적인 결과물을 확인한 소비자는 비로소 길고 긴 브랜드 검증 테스트를 통과한 해당 상품에 최종적으로 구매 승인 싸인을 하게 된다.

과정 하나 하나를 자세히 설명하다 보니 검증 과정이 다소 복잡하게 느껴질 수 있겠지만, 요즘 소비자들은 쇼핑 과정에서 브랜드 심증 테스트기 일상화되어 있기 때문에 이 복잡해 보이는 과정을 순식간에 해치운다. 특히 해당 카테고리에 대해 쇼핑 경험이 많은 소비자들일수록 이 과정에 익숙하고 진행 속도도 빠르다. 바로 이런 이유에서 브랜드 런칭을 위해 상품을 선정할 때, 그 상품 카테고리는 반드시 본인이 평소에 쇼핑을 자주 하는, 즉 본인 스스로의 브랜드 검증 테스트 능력이 일정 수준 이상 쌓여 있는 상품 카테고리라야만 하는 것이다. 이런 검증 테스트 능력은 열심히 노력한다고 해서 하루 아침에 그 실력이 쌓이는 성질의 것이 아니라, 오랜 세월동안 다양한 플랫폼에서 유사한 상품들을 구매해가며 경험한 수많은 성공과 실패 끝에 얻어진 나름의 '짬'이 필요한 영역이기 때문이다.

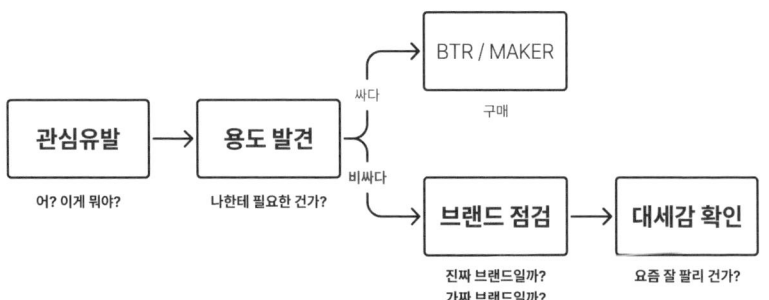

5) 브랜드의 혜택, 브랜드가 되면 무엇이 달라지는가?

브랜드가 되면 얻게 되는, 눈에 보이는 혜택

특정 상품이 소비자들로부터 브랜드로 인정 받을 경우 누릴 수 있는 혜택이 무엇인지를 제대로 이해하는 것은 브랜드를 준비하는 셀러들에게도 동기부여 차원에서 의미가 있겠지만, 이미 브랜드를 운영하고 있는 셀러들에게도 본인이 런칭한 브랜드가 제대로 된 브랜드의 길을 가고 있는지 아닌지를 중간 중간 점검할 수 있는 체크리스트 역할을 할 수 있다는 점에서 중요하다.

브랜드가 되었을 때 누릴 수 있는 첫번째 혜택은 해당 상품이 비싼 가격으로 팔릴 수 있다는 점이다. 물론 무조건 비싸게 판다고만 해서 해당 제품이 소비자들 사이에서 브랜드로 인정받는 것은 아니지만, 일단 브랜드로 인정받은 상품은 그렇지 못한 상품들과 비교해서 품질이 비슷한 경우라도 더 비싼 가격에 팔릴 수 있다. 상품 가격과 브랜드 가치는 정확히 비례하기 때문이다. 즉 해당 제품의 가격을 얼마나 비싸게 받을 수 있는지는 그 브랜드가 고객들에게 줄 수 있는 가치의 크기와 비례하는 것이다.

둘째, 브랜드가 되면 판매처가 늘어나고 플랫폼의 대우가 달라진다. 판매처가 늘어난다는 것은 상품을 판매할 수 있는 플랫폼의 숫자가 늘어난다는 의미 뿐 아니라 동일 플랫폼 내에서도 상품이 판매될 수 있는 공간이 늘어난다는 뜻이기도 하다. 대부분의 개인 셀러들은 쿠팡, 네이버만을 주요 시장으로 보고 있지만 전체 온라인 커머스에는 쿠팡, 네이버 외에도 수많은 플랫폼들이 존재하며, 그 매출 또한 결코 무시할 수 없다. 해당 제품이 일정 수준 이상의 인지도와 가치를 가진 브랜드가 되면 시장에 존재하는 모든 플랫폼에 입점 할 수 있는 프리패스가 주어 진다고 봐도 무방하다. 또한 대부분의 플랫폼은 고객 검색량을 기반으로 상품의 위치가 자동으로 노출되는 영역과 MD들이 수동으로 노출을 지정하는 영역을 분리해서 운영하고 있는데, 브랜드가 되면 이 모든 영역에 상품을 중복적으로 노출할 수 있게 된다. 그리고 브랜드 가치에 따라 브랜드가 아닌 상품들에 비해 훨씬 낮은 수수료를 플랫폼에 지불하며, 때에 따라선 빠른 정산까지 요구할 수 있게 된다. 그리고 무엇보다 가장 큰 변화는 외부 플랫폼 뿐 아닌 자사몰에서도 자연 매출(Organic Sales)이 발생한다는 점이다. 자사몰에 고객이 유입되고 매출이 발생한다는 것은 셀러 입장에서 큰 변화를 의미한다. 플랫폼의 오랜 정산 주기와 정산 리스크, 높은 수수료로부터 해방되는 것은 물론이고, 무엇보다 고객들의 DB를 확보할 수 있게 되어 회원들을 대상으로 소위 '몰아 놓고 때리는' 리마케팅(Re-Marketing)이 가능해지기 때문이다. 리마케팅이 가능해지면 마케팅 비용 대비 구매 전환률이 높아지고 결과적으로 적은 마케팅 비용으로도 큰 매출을 기대할 수 있게 된다.

셋째, ROI가 높아진다. 브랜드 인지도가 높아지면 자연스럽게 CPC(Cost Per Click), CPA(Cost Per Action)가 모두 높아진다. 즉 브랜드가 되기 전보다 같은 비용의 광고를 집행했을 때 소비자들이 해당 광고를 클릭하는 비율도 높아지고 그것이 구체적인 구매 액션으로 이어질 확률도 높아지게 된다. 브랜드가 더 유명해지게 되면 아무런 광고 없이도 자사몰에 고객 유입이 가능해지는 때가 오는데, 이때가 외부 플랫폼 검색창에 해당 브랜드명을 직접 입력하는 고객들의 숫자가 늘어나는 시점이기도 하다.

넷째, 후속 상품의 성공 가능성이 높아진다. 한 번 좋은 기억으로 고객들의 머리 속에 남은 브랜드는 향후 새로운 상품이 출시될 때, 소비자들은 난생 처음 보는 브랜드 제품들에 비해 훨씬 우호적인 태도로 해당 브랜드의 후속 제품을 대하게 된다. 즉 브랜드가 되면 처음 브랜드를 런칭했을 당시 필요로 했던 노력과 비용과는 비교할 수 없을 정도의 적은 투자만으로도 후속 상품에 대해 높은 매출을 기대할 수 있게 되는 것이다.

다섯째, 실수를 하더라도 소비자들이 기다려 준다. 설사 새로 출시된 제품이 고객을 실망시키더라도, 그 브랜드가 과거에 좋은 이미지로 기억된 경우라면 소비자들은 바로 등을 돌리지 않고 해당 브랜드가 다시 예전의 모습을 찾을 때까지 기다려 준다. 브랜드가 아닌 상품들은 매번 상품을 출시 할 때마다 상품성과 가격만으로 소비자들의 선택을 받아야 하지만, 한 번 소비자들의 마음을 산 브랜드는 일종의 '우리 편' 대우를 받기 때문에, 설령 후속 상품이 상품성 측면에서 실망스러운 경우라도 일말의 유예기간을 얻게 된다. 즉 브랜드가 된 셀러는 후속 상품이 한 두 번 실패하더라도 이 유예기간 동안 다음 상품을 준비해 시장에서 다시 재기할 수 있는 기회를 가질 수 있게 된다.

여섯째, 소싱처로부터의 대우가 달라진다. 국내 시장에서 인지도 있는 브랜드가 되면 셀러는 국내 영업은 물론 해외 공장에서 상품을 소싱을 할 때도 큰 협상력을 발휘할 수 있게 된다. 특히 최근 국제적으로 한국 브랜드의 위상이 높아졌기 때문에 해외 공장 입장에서도 자신들이 한국 브랜드 상품을 생산한다는 사실은 직접적인 거래를 통해 얻게 되는 이윤 이외에도 대외적인 공장 이미지 차원에서도 긍정적인 효과를 기대할 수 있게 된다. 그렇기 때문에 브랜드가 되면 가격, MOQ(최소주문수량) 조정은 물론, 기존 재료나 모양을 변형하고 샘플을 제작하는, 공장 입장에서 귀찮은 일들에 대해서도 전보다 높은 협조 결과를 기대할 수 있게 된다.

일곱째, 해외 수출이 수월해진다. 최근 한국의 국가 브랜드 가치가 국제적으로 높아짐에 따라 해외 소비자들 사이에서 한국 브랜드에 대한 전반적인 호감도가 높아졌기 때문이다. 실제로도 최근 들어 해외 시장에서 한국 브랜드 제품 매출이 급등하고 있으며 해당 제품의 생산지가 비단 중국일지라도 한국에서 유통되고 있는 한국 브랜드의 경우라면 생산지는 큰 문제가 되지 않는다. 특히 과거 한국 셀러들이 주로 해외에 제품을 수출하는 플랫폼은 쇼피나 아마존이 대부분이었는데, 쇼피와 아마존은 현지에선 주로 저가 상품들이 판매되는 플랫폼들이기 때문에 가격대가 있는 한국 브랜드 제품들의 경우엔 큰 매출을 기대하기 어려웠다. 이런 이유로 과거에 해외에 상품을 수출하는 개인 셀러들은 중국에서 소싱한 값싼 물건들을 위주로 키워드 틈새 시장을 공략하는 경우가 대부분이었는데, 최근 중국 셀러들이 쇼피, 아마존 시장에 대거 직진출하기 시작하면서 한국 셀러들이 팔던 상품들은 가격 경쟁력을 잃게 되었다. 하지만 최근 들어 상황이 많이 달라졌다. 지금은 쇼피나 아마존 뿐만 아니라 세계 곳곳의 메이저 쇼핑몰 바이어들이 직접 한국의 여러 쇼핑몰들을 검색해서 자국 시장에서 팔릴 만한 한국 브랜드 제품들을 서칭하기 시작했고, 수입 벤더를 통해 한국 브랜드를 컨택해서 입점을 의뢰하는 사례가 늘어나고 있다. 그 결과 오늘날 한국 시장에서 어느 정도 인지도가 있는 브랜드들은 거의 대부분 해외 수출을 의뢰받고 있다 해도 무방하다. 특히 최근에는 일본 바이어들로부터 한국 브랜드에 대한 수출 의뢰가 많이 들어 오고 있는데, 일단 브랜드가 일본 시장에 성공적으로 진출하게 되면 차후 태국, 싱가폴, 인도네시아, 말레이시아 등 여러 아시아 국가들에 수출이 손쉽게 진행되는 경우가 많다. 하지만 중요한 것은 해당 상품이 일본 시장에 수출되기 위해선 반드시 일정 수준 이상의 브랜드의 조건을 갖춘 양질의 상품이라야만 한다는 점이다. 그렇기 때문에 해외 수출까지 생각하고 있는 셀러라면 이왕이면 더 좋은 품질과 더 좋은 디자인력을 갖춘 브랜드 상품을 런칭하는 것을 고려해 볼 필요가 있다.

브랜드가 되면 얻게 되는, 눈에 보이지 않는 혜택

지금까지는 브랜드가 되었을때 영업적 차원에서 브랜드가 얻게 되는 직접적인 혜택들을 언급했지만, 브랜드가 되었을 때 영업 외적으로 얻게 되는 다양한 혜택들 또한 결코 무시할 수 없다.

우선 채용이 유리해진다. 사업 초반엔 아웃 소싱 방식만으로도 충분한 인력 운영이 가능하지만 매출이 어느 정도 규모를 넘어서게 되면 필연적으로 직원을 직접 채용해야 하는 시점이 온다. 이때 해당 회사가 브랜드인지 아닌지에 따라 셀러가 채용 과정에서 겪게 되는 경험은 완전히 달라진다. 브랜드가 아닌 회사의 경우엔 구직자에게 금전적인 부분 이외의 다른 동기부여를 줄 수 없기 때문이다. 반면 좋은 브랜드는 구인 공고를 따로 하지 않아도 평소 구직자들의 자발적인 취업 문의가 발생하게 된다. 그래서 브랜드가 되면 오히려 좋은 스팩을 가진 직원을 적은 비용을 주고 부릴 수 있게 되고 이직률도 낮아지며 향후 임금 협상 시에도 회사가 주도권을 가질 수 있게 된다.

무엇보다 브랜드가 되었을 때 셀러가 체감할 수 있는 가장 중요한 변화는 이전과는 달라진 본인의 사회적 신분일 것이다. 아무리 쿠팡에서 보따리 상품으로 연간 수 십억원 이상의 매출을 기록하고 있는 파워 셀러라도 주변에서 본인의 직업을 물을 때, 온라인 셀러 혹은 자영업자란 단어 말곤 특별하게 자신의 직업을 표현할만한 마땅한 단어를 떠올리기 어렵지만, 셀러가 일단 어느 정도 알려진 브랜드를 운영하게 되면 OO브랜드의 '파운더'라는 그럴듯한 사회적 타이틀이 생기기 때문이다.

또한 브랜드를 운영하게 되면 필연적으로 해당 상품이 어떤 형태로든 시장의 비어 있는 용도를 채워 주는 나름 의미있는 역할을 담당하게 되기 때문에, 단순히 돈만 벌기 위한 장사를 하는 장사치와는 달리 자신이 사회적으로 나름 의미 있는 장사를 하고 있다는 일종의 보람, 더 나아가 책임감까지 가질 수 있게 된다. 또한 소비자들은 브랜드 제품을 단지 이성적인 조건만으로 구매하기 보단 일종의 개인적 애착을 가지고 팬심으로 구매하기 때문에 이러한 팬덤을 보유한 브랜드 파운더는 어떤 면에선 대중적 영향력을 행사하는 일종의 '셀럽' 역할을 하게 된다. 이를 통해 얻게 되는 즐거움, 보람, 성취감, 그리고 여기에 더해 부가적인 금전적 수익까지 얻을 수 있다는 점은 우리로 하여금 브랜드 런칭을 포기할 수 없게 만드는 큰 원인이 되지 않을까 생각된다.

한편 브랜드를 통해 얻게 되는 화려한 외적 효과들에만 마음을 빼앗긴 채 정작 매출이나 매익같은 장사의 기본을 제대로 챙기지 못하는 셀러들도 간혹 있다. 대중들에게 잘 알려진 유명 브랜드들이 하는 마케팅 활동들을 쫓아 특이한 소재의 광고를 집행하거나, 세간의 주목을 끄는 팝업 매장을 운영하고, 다른 브랜드들과의 코프로모션 (Co-Promotion)같은 대중들의 눈길을 사로잡는 마케팅 활동에만 치중하는 경우이다. 이런 부류의 셀러들은 마치 브랜드가 눈에 띄는 프로모션 활동을 통해 만들어진다고 착각하고 있는 경우가 많은데, 이런 종류의 브랜딩 활동은 먼저 안정적인 수익을 내는 브랜드가 된 이후에나 그 효과를 기대할 수 있다. 시장에서 인지도 있는 브랜드는 어떤 행동을 해도 칭찬을 받는다. 튀는 행동을 해도 소비자들은 그 행위에 특별한 의미를 부여하고, 그 이상함의 정도가 심할 수록 그만큼 더 앞서가는 브랜드로 인정받는다. 하지만 잘 알려지지도 않은 브랜드가, 혹은 BTR이나 MAKER 수준의 제품을 팔고 있는 브랜드가 이런 튀는 마케팅 활동에만 치중한다면, 소비자들로부터 비웃음 이외엔 별 다른 반응을 기대하기 어려울 것이다.

브랜드만이 누릴 수 있는 또 한가지 중요한 혜택은 외부 투자와 매각이 가능해진다는 사실이다. 외부 투자와 매각을 같은 개념으로 이해해선 안

된다. 투자자들에게 해당 회사의 일부 지분을 양도하는 것이 외부 투자이고, 지분 전체를 양도하는 것이 매각이다. 공통적으로 이런 종류의 외부 투자는 수치화가 가능한 유형의 자산 가치를 기준으로 성사 여부가 결정되고 거래 가격이 정해진다. 그렇기 때문에 전통적으로 외부 투자는 주로 투자 대상 회사의 부동산이나 공장 시설 혹은 특정 기술이나 특허의 유무에 따라 결정되었고 오프라인 매장이 유통 시장의 중심이던 시절엔 좋은 상권에 위치한 매장의 영업권 또한 협상의 범위로 인정되었다. 그러던 것이 최근 들어 브랜드가 영업에 미치는 영향력이 높아지면서 브랜드 가치 역시 금전적으로 수치화되어 측정할 수 있게 되었다. 즉 브랜드 자체가 투자 대상 상품이 된 것이다.

브랜드에 대한 외부 투자나 매각이 처음 시장에 등장했을 때만해도 거래의 대상이 되는 브랜드들은 대부분 모두가 다 알만한 유명 브랜드들로 국한됐었다. 하지만 수 년 전부터 미국의 아마존같은 오픈 마켓에서 활동하는 개인 셀러들이 만든 브랜드들의 매출이 어마어마하게 커지자, 규모 있는 아마존 개인 셀러 브랜드들을 대상으로 하는 제도권의 투자가 본격적으로 시작되었다. 특히 최근 들어선 비록 가시적인 매출을 내기 전 단계이지만 미래 성장 가능성이 높아 보이는 소규모 개인 셀러들이 만든 작은 브랜드들을 발굴해서 그들에게 선 투자를 한 후, 막강한 자금력을 바탕으로 회사의 매출 규모와 브랜드 벨류를 키운 후 다시 다른 투자자에게 브랜드를 되팔아 차익을 남기는, 처음부터 엑싯(EXIT)을 목표로 하는 투자 회사들도 늘어나고 있으며, 한국에도 이런 형태의 중 소형 브랜드들을 주요 투자 타겟으로 삼고 있는 벤처 캐피탈, 투자 부티크들이 속속 등장하고 있다. 브랜드가 이처럼 외부 투자를 유치하게 되면 향후 정부지원금을 신청하거나 정책 자금, 기관 대출을 받을 때도 높은 가산점을 받을 수 있게 된다.

주변에서 장사로 큰 돈을 번 셀러를 만나 뒷이야기를 들어보면 의외로 장사보다 장사 외적인 부분에서 더 많은 돈을 벌었다는 얘기를 심심찮게 듣는다. 매출로 발생한 현금은 대부분 후속 상품 구입 비용으로 재투자되기 마련이고, 그 결과 회사의 몸집은 늘어나겠지만 몸집이 커진다고 사장이 손에 쥘 수 있는 돈의 양이 많아지는 것은 아니기 때문이다. 그래서 흔히들 말하길, 장사하는 사람이 큰 돈을 버는 길은 사업하는 과정에서 취득한 부동산을 매각할 때와 본인의 사업을 매각할 때 밖에 없다는 말이 나오게 된 것인지도 모른다.

브랜드 창업 마스터
PRODUCT

2

1) 브랜드가 될 수 있는 상품

소비자들이 브랜드에 기대하는 것

모든 상품이 브랜드가 될 순 있다. 하지만 개중에는 소비자들로부터 브랜드로 인정받기 유리한 상품이 있고, 그렇지 못한 상품이 있다. 또한 브랜드로 인정받기 유리한 상품들 중에서도, 자본이 부족한 개인 셀러 입장에서 상품 소싱과 향후 상품 전개 과정에 있어 유리한 상품이 있고 그렇지 못한 상품이 있다. 이것은 국가별, 시대별 시장 상황에 따라 달라지기 때문에 우리는 현재 시점, 혹은 살짝 앞선 미래를 내다 보고 어떤 상품이 본인의 브랜드 런칭에 유리할 것인지 고민해 봐야 한다.

어떤 상품이 브랜드 전개에 유리한지 알아 보기 위해선, 소비자들이 자신의 어떤 욕구를 충족시키기 위해 상품을 구매하는지를 먼저 살펴볼 필요가 있다. 상품을 구매한다는 것은 결국 소비자들이 가지고 있는 고민을 해결하기 위하거나 특정 욕구를 채우기 위한 행동이기 때문이다.

인간은 본인이 의식을 하든 안 하든 간에 늘 두가지 근본적인 고민을 안고 살아간다. 그것은 바로 건강과 외로움이다. 모든 인간은 결국은 외롭게 병들어 죽어갈 수 밖에 없다는 실존적 현실에서 벗어날 수 없기 때문에, 우리 모두는 본능적으로 아프지 않고 외롭지 않은 채로 여러 사람들과 어울리며 오래 오래 즐겁게 살고 싶어한다. 금전적으로 여유로워지고 싶은 이유도 사실 알고 보면 돈이 있어야 아프지 않고, 주변 사람들을 챙길 수 있으며 그 결과 더 많은 사람들로부터 칭찬과 인정, 더 나아가 관심과 사랑을 받을 수 있을 것이란 기대감이 존재하기 때문이다. 우리가 상상하는 행복의 실체 역시 본인의 건강과 아름다움 그리고 안정적인 사회적 관계성에 기반하고 있다. 즉 인간은 본인의 본질적인 욕구를 충족시키고 근본적인 욕구를 위협하는 요소들을 제거하기 위해 상품과 서비스를 구매하는 것이고, 다른 부차적인 욕구를 충족시키는 상품이나 서비스를 구매할 때보다 이런 근원적 욕구를 충족시켜 주는 상품에 상대적으로 더 큰 돈을 지불하게 된다.

이런 차원에서 우리는 세상에 존재하는 모든 상품들을 건강과 외로움 같은 인간의 '근원적인 욕구'를 해결해 주는 상품과 일상 생활을 좀 더 편리하게 해 주는 것과 같은 '부차적인 욕구'를 해결해 주는 상품으로 나눠 볼 수 있다. 대부분의 소비자들은 근원적인 욕구를 채워 주는 상품에 더 큰 애착을 가지게 되고, 이런 경우엔 가격이 다소 비싸게 느껴지더라도 큰 고민 없이 해당 상품을 구매하려는 경향이 있다. 반면 부차적인 욕구를 채워주는 상품의 경우엔 가격, 성능 등을 다른 상품들과 꼼꼼히 비교 검토하며 보다 이성적이고 합리적인 구매 의사 결정을 내리려는 경향이 있다. 다만 이런 부차적 욕구를 충족시켜 주는 상품의 경우도 그것이 시장에 독보적으로 존재하는 상품이거나 제품성이 월등히 뛰어나 생활에 큰 변화를 일으킬 정도의 혁신적인 상품이라면 다른 상품들에 비해 비싼 가격에도 팔릴 수 있다.

즉 브랜드가 되기 유리한 상품을 정리해 보면, 이는 첫번째로 수면, 위생, 면역, 예방, 노화, 각종 증후군, 호르몬, 질병 등과 같이 인간이 보다 건강하고자 하는 욕구들을 해결해 주는 상품들과, 호감 가는 외모, 높은 사회적 신분, 안정된 소속감 등 타인으로부터 긍정적 관심을 끌고 싶은 욕구를 해결해 주는 상품들처럼 소비자들의 근원적인 욕구를 채워주는 상품들이며, 두번째로 일상 생활에 필요한 부차적인 욕구를 채워 주는 상품들 중엔, 지금껏 다른 어떤 상품들도 채워주지 못했던 욕구를 해결해 주는 상품이나 성능적인 면이 다른 상품들과 비교했을 때 압도적으로 뛰어난 상품들이다.

이와 같은 조건들을 충족시켜 주는 상품은 공통적으로 몇 가지 특징을 가지고 있는데, 그것은 해당 상품이 여타 상품들에 비해 유독 예쁘거나, 신박하거나, 특별하거나, 부티난다는 것으로 요약해 볼 수 있다. 이 네가지 특징이 특정 상품이 소비자들로부터 브랜드로 인식되기 유리하기 위해 가져야 하는 가장 중요한 요소들인 것이다.

예쁘거나, 특별하거나, 신박하거나, 부티나거나

'상품이 예쁘다'라는 개념은 각 개인이 속해 있는 사회적 환경 내에서 상대적으로 정의되어야 한다. 물론 개중에는 귀족적 취향이라 불리는, 전통적으로 대다수의 사람들로부터 예쁘다고 여겨지는 절대적인 형태의 모습도 존재하지만, 한편으론 취향적 측면에서 대중들의 인정을 받고 부러움을 사고 있는 유명인들, 셀럽들, 부자들, 혹은 선진국 소비자들이 주로 사용하고 선호하는 스타일 역시 예쁜 상품의 중요한 부류로서 인정해야 한다. 그렇기에 현재 소비자들 사이에서 예쁘다고 판단되는 상품이 무엇인지를 알기 위해선 앞서 언급된 부류의 인물들이 최근 주로 어떤 상품들을 구매하고 있고, 이런 계층을 주 고객으로 하는 브랜드들은 주로 어떤 스타일의 상품들을 판매하고 있는지를 주의 깊게 관찰해 볼 필요가 있다.

'특별한 상품'이란 해당 상품이 여타 다른 상품들과 대체될 수 없는 특별한 소비 용도를 채워 주는 상품을 의미한다. 가장 대표적인 것이 특정 질환을 위해 만들어진 약이나 의료 기구, 보조 생활용품 같은 것들이다. 여기서 질환은 물리적인 병 이외에도 위생이나 면역에 있어 일반인들보다 더 예민하게 반응하는, 일종의 정신적 트라우마까지 포함하는 포괄적 개념을 뜻한다. 또한 특별한 상품은 특정 직업이나 특별한 취미를 가신 사람들이 그들의 직업 활동이나 취미 활동을 하는 데에 반드시 필요한 상품을 뜻하기도 하고, 애견, 육아, 실버용품처럼 상대적으로 특수한 상황에 놓여 있는 소비자들이 특별히 필요로 하는 상품을 뜻하기도 한다. 이 외에도 특수한 라이프스타일을 추구하는 성향을 가진 소비자들이 찾는 상품들, 예를 들면 개성있는 패션 장르를 추구하는 계층이 선호하는 독특한 스타일의 상품들 역시 특별한 상품의 부류 중 하나라고 볼 수 있다.

이런 특별한 상품들은 그 특수성이 강할수록 그만큼 수요가 대중적이지 않은 탓에 시장에서 구하기가 쉽지 않다. 그래서인지 현재 구매대행을 통해 잘 팔리고 있는 상품들의 대표적 유형 중 하나가 바로 이런 성격을 가진 특별한 상품들이다. 특별한 상품들은 해당 제품을 필요로 하는 소비자들의 구매 전환율이 상당히 높고, 해당 제품에 대한 충성심이 강하기 때문에 만일 해당 상품 카테고리의 시장 규모가 점점 커지는 추세인 경우라면 개인 셀러 입장에선 브랜드 전개에 있어 큰 의미를 가지고 있는 상품이라고 볼 수 있다.

'신박한 상품'은 상품이 가지고 있는 혁신성이 큰 상품이다. 그것은 기존 시장엔 없던 완전 새로운 상품일 수도 있고, 기존 상품에 새로운 기능이 추가되거나 성능이 압도적으로 개선된 것일 수도 있다. 다만 이런 상품이 브랜드 제품으로 소비자들에게 인식되기 위해선 유사 제품들에 비해 그 신박함의 크기가 고객들로 하여금 '고마움'을 느낄 정도로 커야만 한다.

'부티나는 상품'은 자칫 예쁜 상품과 혼동할 수 있는데, 부티나는 상품은 예쁜 것과는 무관하게 해당 상품을 사용했을 때 소비자들로 하여금 본인의 신분이 상승된 듯한 기분을 느낄 수 있게 해 주는 상품을 뜻한다. 이 또한 현재 시점에서 부자들의 소비 행태를 잘 파악하고 있어야 어떤 상품이 소비자들로부터 부티나는 상품으로 여겨질 수 있는 지를 알 수 있게 된다. 아직 대중적으로 보편화되지 않은, 부자들이나 선진국 국민들이 주로 애용하는 고급 식재료나 기호품, 예를 들면 트롤리나 일인용 라운지 체어 같은 특정 아이템, 또는 캐시미어나 비쿠냐 같은 고급 원재료를 사용한 제품 등이 여기에 속한다. 최근 젊은 층들 사이에서 자동차 문을 열고 차에서 내리는 순간 주변 사람들의 시선을 통해 느껴지는 감정을 '하차감'이라고 표현하는데, 자동차를 구매하는 의사 결정을 내릴 때 이 하차감은 상당히 중요한 요소로 작용한다. 이 '하차감' 역시 부티나는 상품이 가진 속성 중 하나이다.

또한 부티나는 상품은 부자들도 구매할 것 같다는 느낌이 드는 상품이다. 비록 해당 상품이 소재나 디자인, 성능, 완성도 면에서 그닥 고급스럽지 않은 조건을 가지고 있다 하더라도, 부자들도 구매할 것 같다는 사회적 공감대만 갖추고 있다면 해당 상품은 소비자들로부터 좋은 브랜드 이미지를 얻게 되어 높은 매출을 기대할 수 있다. 이런 대표적인 예가 기아 자동차의 '카니발'이며 '제네시스 G80' 역시 대기업 대표이사나 부자들도 티 내지 않고 무난하게 탈 수 있는 차라는 독특한 이미지를 가지고 있기 때문에, 굳이 비싼 벤츠 S 클래스나 BMW 7 시리즈를 무리해서 사는 대신 G80을 만만한 도피처로 선택하려는 중상위층 소비자들의 잠재 수요를 흡수할 수 있었던 것이다.

소비자들의 브랜드 제품 구매 의사 결정은 예, 특, 신, 부 중 어느 한 가지의 이유만으로 이루어지지는 않는다. 물론 상품에 따라서 예, 특, 신, 부 중 구매 의사 결정 과정에 있어서 상대적으로 더 크게 작용하는 요소가 있는 경우도 있지만, 결국 소비자들은 예, 특, 신, 부의 종합 점수가 더 높은 제품의 손을 들어 주기 마련이다. 따라서 브랜드가 되기 유리한 상품을 선택할 때는 어느 한 부분에만 치우친 장점을 가지고 있는 상품을 선택하기 보단, 네 가지 요소들의 종합 점수를 고려하여 그 점수가 다른 상품들에 비해 높은 상품을 우선적으로 선택해야 한다. 단, 해당 상품이 이 네 가지 요소들 중 유달리 부족한 부분이 있는 경우라면 소싱에 각별히 주의해야 한다. 특히 특별하거나 신박한 부분은 점수가 비록 낮더라도 소비자들의 구매 의사에 큰 마이너스 효과를 주지 않지만, 예쁘거나 부티나는 부분에서 부족한 면이 있는 상품은 해당 상품의 구매 의사에 치명적인 마이너스 효과를 주게 된다.

NEEDS 상품의 특징

예, 특, 신, 부의 조건을 충분히 만족시키는 제품이라도 그것이 단순 브랜드의 수준을 넘어 소비자들에게 사랑을 받고, 그들로 하여금 해당 상품의 존재 자체에 대해 고마운 마음까지 들게 해 주는 '좋은 브랜드'가 되기 위해선 갖춰야 할 조건이 하나 더 있다. 그것은 해당 제품이 충족시켜 주는 욕구가 소비자들이 이미 인지하고 있는 것이 아닌, 그들이 평소엔 깨닫지 못했던 의식의 수면 아래에 잠재되어 있는 욕구라야 한다는 것이다.

이처럼 이미 수면 위로 드러난 고객의 욕구를 만족시켜 주는 상품을 'WANTS 상품'이라고 하고, 고객이 미처 인지하지 못하고 있었던 잠재적 욕구를 만족시켜 주는 상품을 'NEEDS 상품'이라고 한다.

WANTS는 소비자들이 스스로 무엇이 필요한지를 이미 알고 있는 상태에서 그 욕구를 채워 줄 상품을 적극적으로 찾아 구매하는 경우이고, NEEDS는 분명 필요는 존재하지만, 그 필요가 소비자들의 의식 속에 아직 구체화되어 있지 않은 상태이기 때문에, 누군가가 그런 잠재된 필요를 채워 주는 상품을 보여줬을 때 그제서야 '아, 맞다, 이런 상품이 내게 필요했었네, 혹은 이런 상품이 있으면 좋겠네'라고 느끼며 해당 상품에 대한 구매 의지가 사후에 생겨나는 것을 뜻한다.

이 차이를 이해하는 것이 브랜드 런칭을 준비하는 개인 셀러들에게 특히 중요한 이유는 고객의 숨은 용도를 만족시켜주는 NEEDS 상품은 시장에서 좀처럼 찾아 보기 힘들기 때문이다. 즉, 모두가 인지하고 있는 고객의 용도(WANTS)는 누구라도 그 수요의 존재와 크기를 예측할 수 있어 그런 종류의 욕구를 충족시켜주는 WANTS 상품은 이미 시장에 흔하게 있기 마련이고, 결과적으로 유사 상품들 간의 치열한 경쟁을 통해 이미 가격이 무너져 있을 가능성이 크기 때문이다. 그렇기 때문에 자본과 경험, 네트워크가 부족한 개인 셀러는 아무리 해당 상품이 고객이 원하는 예, 특, 신 부의 욕구를 충족시켜 주는 상품일지라도 그 상품이 이미 드러난 고객의 욕구를 만족시키는 WANTS 상품인 경우라면 결국 가격 경쟁에서 살아남기 어렵게 된다. 즉, 브랜드를 생각하는 개인 셀러가 더 관심을 가지고 고민해 봐야 할 상품은 바로 NEEDS 상품인 것이다.

여기서 한가지 주의해야 할 점은 NEEDS 시장은 흔히들 얘기하는 '비어 있는 시장', 혹은 '블루오션'을 뜻하지 않는다는 점이다. 많은 경우 비어 있는 시장, 블루오션의 개념을 고객 수요는 존재하지만 경쟁은 없는 장소라고 정의한다. 하지만 이건 말장난에 불과하다. 그런 장소는 시장에 존재하지 않기 때문이다. 현대 시장에선 고객의 수요가 가시적으로 드러난 장소에는 예외 없이 이미 그런 물건을 파는 셀러들이 넘쳐 나기 때문에 비어 있는 시장, 블루오션을 쫓는 사람들의 대부분은 결국 잠재 수요도 없고 경쟁도 없는, 글자 그대로 황무지 시장으로 진입할 수 밖에 없게 되는 것이다.

이들이 지금 놓치고 있는 개념은 바로 '시간'이다. 즉 유의미한 시장을 공략하기 위해선, 현재는 비어 있는 것처럼 보이지만 가까운 미래에 고객 수요가 생겨날 시장이 어디인지를 찾아 내야 하고, 이런 가까운 미래에 대중적으로 생겨날 수요를 채워 주는 상품이 지금 강조해서 이야기 하고 있는 NEEDS 상품인 것이다. 비록 그것이 아무리 짧은 기간일지라도 시장의 미래를 예측할 수 있는 능력이 있어야만 지금은 비어 있지만 앞으로 성장할 시장인 블루오션의 개념을 제대로 이해한 것이다.

NEEDS 상품은 앞서 설명한 대로 지금은 없지만 앞으로 생겨날 수요를 만족시켜 주는 상품이다. 즉 지금은 잘 안 팔리지만 앞으로 '잘 팔릴 상품', 혹은 지금은 소수만 사용하는 제품이지만 앞으론 점점 대중적으로 유행하게 될 상품을 뜻한다. 사실 시중에 현재 잘 팔리고 있는 상품들 대부분은 과거에 이런 과정을 거쳐 현재의 모습으로 성장한 상품들이다. 이처럼 처음엔 일부 고객층만 구매하던 제품이 시간이 가면서 점차 대중화되는 것은 현 시점에서 보이는 모든 성공한 제품들이 과거에 겪었던 공통적인 과정인 것이다.

현재 시장에서 잘 팔리고 있는 상품들의 대부분은 해당 상품이 최초로 마트 매대에 진열되었을 당시엔 매대 구석의 좁은 공간에서 작은 SKU로 팔리기 시작하다 시간이 갈수록 점점 매대 중앙으로 이동하며 상품 진열 공간이 늘어나는 과정을 거쳤다는 사실을 기억해야 한다. 즉 최초에 해당 상품을 마트에 입점시키기로 결정한 MD가 어떤 이유에서 그 상품을 선정했는지 그 내용을 알아야 하는 것이다. 아마도 그 상품은 당시 시장에서 대중적으로 잘 팔리고 있는 다른 상품들에 비해 상대적으로 예쁘거나, 특별하거나, 신박하거나, 또는 그것을 구매하는 사람을 부자처럼 보이게 만들어 주는 용도를 채워주는 상품이었을 것이다. 그리고 여기에 더해 이런 특징을 가진 상품들이 당시 시장에는 흔치 않았기 때문에 많은 경쟁 상품들 속에서 해당 상품이 선택받게 되었을 것이다. 즉 담당 MD도 현재가 아닌 다가 올 미래에 늘어날 수요를 예측해서 당시엔 다소 낯설게 보이는 상품을 선택한 것이다.

그렇기 때문에 특정 상품이 향후 브랜드로 성장하기 위해선 해당 상품은 기본적으로 예, 특, 신, 부에 해당하는 조건을 갖춰야 하고, 여기에 추가적으로 그런 종류의 상품이 당시엔 시장에 존새하지 않거나 일부 고객들에 의해서만 소비되고 있는 경우, 그리고 향후 그 수요가 대중적으로 늘어날 것이라 예상되는 NEEDS 상품이라야만 하는 것이다.

사회의 경제적 수준이 높아질수록 NEEDS 상품이 대중들에게까지 확산되는 속도는 빨라진다. 한국 시장만 놓고 봐도 과거엔 소수 상류층에서만 소비되던 아이템들, 당시엔 흔치 않았던 취미 용품, 스포츠 용품, 전문가 용품들이 SNS 사용이 대중화되면서 현재는 일반 소비 시장에까지 빠르게 퍼져가는 것을 볼 수 있다. 그렇기 때문에 브랜드 상품은 지금 눈 앞의 시장만 보고 결정하는 게 아니라 근 미래의 시장을 한 발 앞서 예측하면서 결정해야 한다.

정리해 보자면, 소비자들의 WANTS를 충족시켜 주는 상품들 중, 현재 잘 팔리고 있는 상품들을 따라 팔며 가성비가 좋거나 노출이 잘 돼서 매출이 발생하는 상품은 BTR 상품이고, 이들 중 유사 제품들보다 브랜드 인지도가 있고, 상품성도 좋지만 반드시 가격 경쟁력을 갖춰야만 매출이 발생하는 상품이 MAKER 상품이며 예, 특, 신, 부의 특징을 가지면서도 소비자들의 WANTS가 아닌 NEEDS를 충족시켜 매출이 발생하는 상품이 브랜드 상품인 것이다. 그리고 브랜드 상품의 경우 가격은 소비자들의 해당 제품의 구매 의사 결정에 있어서 최우선 순위로 작용하지 않는다는 특징을 가지고 있다. 이 내용을 알기 쉽게 표로 설명해 보면 다음과 같다.

Wants	Needs
싸야 팔리는	비싸도 팔리는
BTR (노출)	BRAND (예, 특, 신, 부)
MAKER (노출 + 인지도 + 예, 특, 신, 부)	

2) 브랜드가 될 수 있는 상품을 찾는 방법

타임머신

그렇다면 예쁘거나 신박하거나 특수하거나 부티나는 상품들 중, 현재는 비어 있어 보이지만 가까운 미래에는 성장이 예상되는 NEEDS의 조건을 가진 상품은 도대체 무엇이고, 이런 상품은 어디서 찾을 수 있는 것일까?

만일 누군가 타임머신을 타고 지금으로부터 수 년이 흐른 미래의 모습을 보고 올 수 있다면, 현재는 비어 있어 보이지만 곧 성장할 시장이 어디인지, 그리고 그 때는 어떤 상품이 잘 팔릴 것인시를 알 수 있을 것이다. 그렇다면 타임머신을 대신해 가까운 미래 시장의 모습을 미리 볼 수 있는 방법은 무엇일까? 그것은 바로 서로 다른 지역 간에 존재하는 시장 수준의 차이를 이용하는 것이다.

이것은 과거 오프라인 시절, 매장을 운영하던 셀러들이 장사에 주로 사용하던 방법과 크게 다르지 않다. 즉 대도시에서 유행하기 시작한 물건을 발 빠르게 소싱해서 지방 도시에서 팔고, 지방 도시에서 유행하는 상품은 더 오지의 상권에다 파는, 지역 간에 존재하는 소비 수준의 차이를 이용하는 방법이었다. 하지만 온라인 시대로 접어든 오늘날에는 더 이상 지역 간의 소비 수준 차이를 이용하는 방법이 예전 만큼의 위력을 발휘하기 어렵게 되었고, 그 결과 오늘날 대부분의 오프라인 매장들이 경쟁력을 잃고 하나 둘씩 문을 닫게 된 것이다. 그렇다면 지역간 상권이 평준화된 현 시점에서 우리는 과연 **어떤** 방법을 사용할 수 있을까? 그것은 바로 동일 상품 배송이 가능한 **국내** 지역간 시장 수준 차이를 이용하는 것이 아닌, 바다 건너 국가 간의 시장 수준 차이를 이용하는 것이다.

　지금은 비어 있어 보이지만 앞으로 성장할 시장을 찾기 위한 가장 효과적인 **방법**은 해당 카테고리의 소비 수준이 국내 시장보다 항시 몇 년 앞서 있는 특정 나라의 현재 시장 상황을 보는 것이다. 즉, 특정 해외 시장에서 현재 잘 팔리고 있는 상품은 결국 국내 시장에선 근 미래에 성장 가능성이 높은, 유의미하게 비어 있는 NEEDS 상품이 될 가능성이 높은 것이다. 이 원리는 상품 카테고리 차원은 물론 단일 상품 단위 차원에서도 동일하게 적용된다.

　돌이켜보면, 과거에 우리 나라 시장에 처음 선보여 크게 성공한 상품들이나 브랜드들은 이처럼 해외에서 먼저 유행했던 상품이나 브랜드를 누군가 남보다 먼저 국내에 들여와 성공한 케이스가 대부분이었다는 것을 알 수 있다. 그런 상품들의 대부분은 런칭 초기에는 대중들에게 낯선 탓에, '저런 걸 누가 사겠어'라는 회의적인 반응을 얻었지만 시간이 지날수록 점점 대중들이 해당 브랜드나 상품에 익숙해져 가면서 시장이 점점 커져가는 과정을 우리는 흔히 목격해 왔다. 물론 모두가 성공한 건 아니었지만, 과거에 국내에서 성공한 신규 상품이나 브랜드 대부분은 이같은 국가 간의 소비 수준 차이를 이용한 방법으로 국내 시장에 진입했다는 사실을 알아야 한다.

대부분의 초보 셀러들은 비어 있는 잠재 시장을 찾아 내기 위해 국내 소비자 니즈를 조사하고 경쟁 상품을 분석해 본인들의 머리 속에서 뭔가 그럴듯한 상품 아이디어를 만들어 내보려고 노력하지만, 조금이라도 장사 경험이 어느 정도 있는 사람들은 시장에서 성공한 대부분의 상품들이 앞서 언급한 해외 시장 조사를 통해 런칭된 상품이란 사실을 잘 알고 있기 때문에, 모든 일에 앞서 해외 시장 조사를 우선적으로 하게 된다. 그렇기 때문에 해외 시장 조사야말로 브랜드 런칭을 마음에 두고 있는 개인 셀러들이 비어 있는 잠재시장, 잠재 수요가 있는 상품을 찾기 위해 무엇보다 앞서 해야 할 일인 것이다.

공장 소싱이 가능한 해외 시장 상품

한가지 희소식은 과거에는 선진국 시장에서 유통되고 있는 제품들의 상당수가 해당 국가에서 생산된 제품이었지만 현재는 원자재와 인건비 상승 때문에 아주 극 고가의 명품 제품을 제외하곤 대부분의 상품이 중국이나 인도같이 원가가 싼 나라에서 OEM 방식으로 생산되고 있다는 점이다. 그리고 이런 중국, 인도의 공장들이 최근 선진국들의 내수 경기 침체 여파로 인해 줄어든 생산 오더양을 메꾸기 위해 직접 해외 무역박람회에 나오게 되면서 바야흐로 개인 셀러들에게도 선진국에서 팔리고 있는, 우리 나라보다 앞선 수준의 상품들을 싼 가격에 소싱할 수 있는 기회가 주어지게 된 것이다.

단 이런 상품들은 우리가 선진국 시장 조사를 할 때, 고가 시장이 아닌 대중들을 상대로 한 중저가 시장을 조사해야만 발견할 수 있다. 고가 시장에서 팔리는 제품들의 대부분은 자국에서 생산된 것이거나 또다른 선진국들에서 수입된 유명 브랜드 제품들이기 때문에, 그런 고가 상품들의 소싱처는 찾기도 어렵고, 혹 힘들게 찾은들 제품 구매 단가 자체가 너무 높아서 국내 시장을 타겟으로 하는 개인 셀러에겐 아무런 매력이 없기 때문이다. 반면 아무리 선진국이라도 중저가 시장엔 가격에 민감한 중산층 소비자들, 특히 미국 시장의 경우엔 히스패닉이나 아시아인들 같은 이민자들을 수로 타겟으로 하는 셀러들이 많기 때문에 중국이나 인도같은 나라의 공장에서 생산된 제품들이 주로 판매되고 있다. 이런 상품들은 중국이나 인도에서 열리는 무역 박람회에 가면 쉽게 소싱처를 찾을 수 있고, 비록 지금 당장은 해당 상품의 제조 공장을 찾아 내지 못하더라도 몇 개월만 기다린다면 큰 어려움 없이 동일하거나 유사한 상품을 판매하는 공장을 찾을 수 있게 된다.

하지만 이처럼 NEEDS 상품을 쉽게 소싱할 수 있게 되었다 하더라도, NEEDS 상품은 그 특성상 아무래도 상품 런칭 초기에는 대중들에게 다소 낯선 상품으로 여겨질 수 밖에 없다. 그래서 NEEDS 상품은 런칭 초기엔 대다수가 아닌 소수의 계층을 대상으로 판매될 수 밖에 없다는 점을 알아야 한다. 그렇기 때문에 새롭게 런칭하는 브랜드 제품의 시장 진입 성공률을 높이기 위해서 무엇보다 중요한 것은, 브랜드 상품 런칭 초기에 해당 상품을 처음 구매해 줄 소수의 고객은 누구이며, 그들이 가진 특별한 성향은 무엇인지를 파악하는 것이다. 즉 우리는 이 소수의 계층이 망설임 없이 구매할 수 있는 상품을 소싱해야 하고, 어떻게 하면 그들에게 해당 상품을 더 효과적으로 노출할 수 있을지 고민해야 하며, 그들이 더 쉽게 구매 버튼을 누를 수 있는 방법으로 커뮤니케이션 전략을 디자인해서 그들을 확실한 초기 고객으로 만들어야만 한다.

브랜드가 될 상품을 고르는 능력을 키우는 방법

앞서 우리는 우리 나라보다 소비 수준이 통상 몇 년 앞서 있는 해외 시장 조사를 통해서 국내 소비자들의 잠재 수요가 있다고 판단되는 예, 특, 신, 부의 특징을 가진 소싱 후보 상품을 선정해야 한다는 사실을 배웠다. 하지만 만일 셀러 스스로가 예, 특, 신, 부 측면에서 타 셀러들에 비해 경쟁력이 떨어지는 경우라면, 아무리 해외 시장 조사를 열심히 한다 하더라도 원하는 수준의 결과를 얻기 어려울 것이다. 그렇다면 셀러는 어떻게 예, 특, 신, 부 적인 측면에서 본인의 부족한 경쟁력을 향상시킬 수 있을까?

예쁜 물건을 고르는 세련된 감각은 사실상 선천적으로 타고 나는 경우가 많다. 그래서 본인이 해당 분야에서 상대적으로 무감각한 셀러라고 생각된다면 솔직히 이런 특성을 가진 상품 카테고리는 처음부터 포기하는 것이 좋다. 다만 본인 스스로가 어느 정도 세련된 감각은 있지만 장사를 하기엔 다소 부족하다고 판단된다면, 후천적인 노력을 통해 본인의 부족한 세련된 감각을 향상시킬 순 있다. 이를 위한 가장 효과적인 방법은 세련된 상품들만 골라 놓은 매장에 방문하거나 그런 종류의 상품들만 전문적으로 취급하는 잡지들을 보면서 최대한 오래, 그리고 자주 본인을 세련된 상품들에 노출시키는 것이다. 세련된 상품들을 주로 취급하는 곳은 오프라인 편집샵들이다. 대부분의 편집샵들은 자신의 시장 경쟁력을 갖추기 위해서 비싸고 대중적으로 잘 알려진 명품 브랜드들보단 대중적으로는 잘 알려지지 않았지만 감각적으로 세련된 상품들을 주로 취급하게 된다. 잡지의 경우도 명품 브랜드들만 주로 취급하는 럭셔리, 노블레스같은 잡지보단 주로 일본에 흔히 볼 수 있는 앤프리미엄(&Premium), 브루투스같은 일본 라이프스타일 편집 잡지들에서 가격과 무관하게 세련된 감각을 가진 상품들을 많이 볼 수 있다.

쿠팡, 네이버 판매를 주로 하는 대부분의 셀러들은 늘상 비슷 비슷한 수준의 상품들에만 익숙해지기 쉽고, 본인의 장사와 직접적으로 관련 없어 보이는 오프라인 샵이나 잡지들은 접할 기회가 많지 않다. 그래서 만일 본인이 세련된 특징을 가진 상품으로 브랜드를 전개하고 싶다면 이런 장소, 이런 종류의 잡지들과 친해져야 한다. 세련된 장소와 세련된 잡지라는 두 마리 토끼를 한 번에 잡을 수 있는 가장 좋은 방법은 일본의 대도시를 방문하는 것이다. 전세계에서 가장 경쟁력있는 편집샵이 제일 많은 곳이 일본이고 다양한 분야에 걸쳐 전문적인 잡지가 가장 많은 곳 또한 일본이기 때문이다. 이와 더불어 일본에 가면 온라인에서 좀처럼 접하기 어려운, 좁고 진하고 경쟁력있는 개인 브랜드들을 많이 경험할 수 있다. 일본은 특히 제품 브랜딩 수준이 높아 캔톤페어같은 소싱처에서 누구라도 흔히 소싱할 수 있는 평범한 상품이 일본 특유의 멋진 패키지와 브랜딩 작업을 거쳐 비싼 가격에 팔리는 모습도 심심찮게 목격할 수 있다. 즉 브랜딩 벤치마킹 차원만으로도 방문할 가치가 충분한 곳이 일본이다. 일본에는 특히 '츠타야'라는, 상품, 책, 잡지를 라이프스타일별로 구획화 해서 판매하고 있는 멋진 책방이 있다. 장사하는 사람 입장에선 이 책방 한 곳을 구경하는 것만으로도 일본을 방문할 가치가 충분히 있다고 생각된다. 이런 여러가지 이유로 유통, 브랜드, 마케팅 업계에 종사하는 많은 사람들이 일본에 자주 방문하는 것이다.

중국이나 인도 등지의 공장에서 상품 소싱을 할때, 본인의 세련된 상품 감각을 키우기 위해 가장 효과적인 방법은 해당 상품 카테고리별로 유럽, 미국 등 선진국에서 개최되는 고급 무역박람회에 방문하는 것이다. 이런 박람회에선 주로 현지에서 활동하고 있는 브랜드들이나 수입 유통 업체들을 만날 수 있는데, 이들이 판매하는 대부분의 제품들은 자국민이 디자인한 제품을 중국이나 인도 등지의 공장을 통해 OEM 생산한 것들이다. 이런 제품들은 자국 시장을 타겟으로 판매되는 것이니만큼, 선진국에서 열리는 박람회들을 자주 다니다 보면 자연스럽게 상품을 보는 안목이 세련되지기 마련이고, 일정 시간이 지나고 나서 중국이나 인도 박람회에 가보면 직전 선진국 박람회에서 봤던 동일 제품들, 또는 그것과 유사한 카피 제품들을 다수 볼 수 있게 되기 때문에, 전에 보았던 오리지널 상품들의 기억이 상품 소싱 의사 결정을 할 때 중요한 레퍼런스의 역할을 하게 된다.

부티나 보이는 상품을 소싱하는 감각을 키우는 방법은 앞서 언급한 예쁜 물건을 고르는 세련된 감각을 키우는 것과는 다소 차이가 있다. 형편이 안 되어 명품을 구매하지 못하는 소비자들은 물론, 명품 브랜드 쇼핑을 기본적으로 선호하지 않는 소비자들 또한, 일반 브랜드 제품을 구매하면서도 부티나 보이는 상품성이 해당 제품의 중요한 구매 포인트가 되는 경우가 많다. 이처럼 부티나 보이는 상품성이 해당 제품의 셀링 포인트가 될 때, 그 부티남의 기준은 기존에 소비자들이 알고 있는 명품 브랜드 디자인과의 유사성에서 비롯되는 경우가 대부분이다. 비록 해당 제품엔 명품 브랜드의 로고는 없겠지만 해당 제품의 특정 디자인 요소나 전반적으로 풍기는 제품의 느낌이 마치 명품 브랜드의 것과 유사할 경우, 소비자들은 해당 제품을 부티가 난다고 인지한다. 그렇기 때문에 셀러 입장에서 소비자들에게 부티나 보인다는 느낌을 주는 디자인이나 느낌이 무엇인지 알기 위해선 현재 시장에서 대중적으로 잘 팔리고 있는 유명 명품 브랜드 제품들과 친숙해져야 한다. 명품 브랜드 제품들과 친숙해지기 위해선 세련된 감각을 키울 때처럼 굳이 비행기를 타고 외국을 갈 필요가 없다. 우리나라에도 명품 브랜드들은 충분히 많기 때문이다. 명품 브랜드를 취급하는 백화점도 많고 명품 브랜드만 전문적으로 다루는 잡지들도 넘쳐난다. 그래서 어찌 보면 셀러 입장에서 현재 우리 나라 환경에서 후천적으로 가장 키우기 쉬운 감각은 부티나는 상품을 고르는 감각일지도 모른다.

　신박한 제품을 잘 고르기 위해 셀러에게 요구되는 특별한 감각은 따로 없다. 이 분야는 감각의 영역이라기보단 정보의 영역이기 때문이다. 단, 상품을 소싱해서 장사를 하는 셀러 입장에선 아무리 그 아이디어가 신박한 것일지라도 해당 아이디어가 이미 양산화 된 제품으로 지구상에 존재하지 않는 경우라면 그 신박한 아이디어는 비즈니스 측면에선 아무런 쓸모가 없다. 대기업의 경우라면 해당 아이디어를 기반으로 샘플을 제작하고 양산 과정에 들어가는 어마어마한 비용과 시간을 감당할 수 있겠지만 개인 셀러가 이런 과정을 거친다는 것은 투자 대비 가치가 전혀 없는 의사결정이라는 것은 누구라도 알 수 있을 것이다. 그렇기 때문에 개인 셀러 입장에서 신박한 제품을 소싱하기 위해선 이미 지구상에 상품화 되어 있는 제품, 그것도 일반 대중들도 구매할 수 있을만한 가격으로 양산화 되어 있는 신박한 상품들을 자주 보고, 그런 상품을 남보다 싼 가격으로 소싱할 수 있는 해외 공장을 찾는 것 외엔 다른 방법이 없다. 이런 신박한 특성을 가진 상품들을 쉽게 볼 수 있는 곳이 핀터레스트(PINTEREST)이다. 최근에는 인스타그램에서도 외국 계정들을 검색하다 보면 개인 셀러가 신박한 특징을 가진 상품들을 광고하거나 리뷰하는 피드들을 자주 볼 수 있고, 뉴욕매거진 같이 해외에서 발간되는 라이프스타일 잡지 등에서도 신박한 특징을 가진 제품들을 정기적으로 소개하는 코너를 자주 접할 수 있다.

특별한 제품을 잘 고르는 것 역시 감각의 영역이라기 보단 정보의 영역이다. 특별한 제품은 특별한 기호, 성향, 취미를 가지고 있거나, 특별한 상황에 놓인 소비자들이 주로 구매하는 상품이기에 이런 특성을 가진 고객의 욕구를 알아 차리기 위해선, 셀러 스스로가 그들이 활동하는 공간에 직접 들어가서 그들의 이야기를 듣고, 그들과 대화하면서 그들화되어 가는 것 이상의 방법은 없다. 그래서 만일 소싱할 상품 카테고리가 어느 정도 좁혀진다면 본인이 마음에 두고 있는 상품 카테고리의 소비자들이 많이 모여 있는 커뮤니티, 온 오프라인 동호회, 카페 등에 가입하고 실제로 회원이 되어 그곳에서 일정 기간 이상 적극적인 활동을 하는 것이 좋다.

3) 브랜드 제품의 고객은 누구인가?

신규 브랜드 제품을 구매하는 고객의 특징

앞서 우리는 개인 셀러가 런칭해야 할 브랜드 제품은 소비자들의 잠재 수요를 공략해야 하며, 이런 종류의 NEEDS 상품은 런칭 초기엔 바로 대중적 구매로 연결되기 보단, NEEDS 상품에 적극적으로 반응하는 소수의 잠재 고객의 반응을 이끌어 내야 한다고 했다. 그렇다면 개인 셀러가 런칭한 신규 브랜드 제품을 처음 구매해 줄 소수의 잠재 고객은 누구이며 그들이 일반 소비자들과 달리 가지고 있는 특징들은 무엇일까?

첫째, 이들은 일반 소비자들보다 예쁜 상품을 더 잘 알아보는 사람들이다. 이들은 예쁜 상품을 선진국스러운 관점으로 정의하는 특징을 가지고 있으며, 안목이 세련되고 까다로운 사람들이다. 이들은 일반적인 대중들이 예쁘다고 하는 것과는 사뭇 다른 관점의 예쁜 상품에 대한 기준을 가지고 있는데, 직간접적인 선진국 경험이 많거나 아예 타고 나길 세련된 안목을 가지고 있는 경우도 많다. 주변에 보면 유독 다른 친구들보다 상품을 잘 고르는 친구들이 있다. 처음 보았을 때는 그렇게 예뻐 보이지 않았던 상품이라도 그 친구가 예쁘다고 하면 그 상품이 사뭇 예뻐 보이는 경험을 한 적이 있을 것이다. 바로 이런 부류의 고객들이 세련된 안목을 가지고 있는 사람들이다. 모두가 북유럽 스타일에 빠져있을 때 본인은 미드센트리 스타일 제품을 선호하는 경우처럼, 이런 사람은 본인의 안목이 한국보다 앞서 있는 나라의 수준에 맞춰져 있는 경우가 많다.

둘째, 상대적으로 특별한 직업, 취미, 종교, 기호를 가지고 있거나 특별한 트라우마나 질환을 가지고 있는 경우, 또는 채식주의자나 페미니즘 같은 특별한 그룹에 속한 경우, 혹은 쌍둥이를 키우거나 거동이 불편한 고령의 부모를 수발하는 것처럼 물리적 혹은 사회적으로 특수한 환경에 놓여 있어 해당 용도를 채워주는 상품을 일반 대중들보다 훨씬 더 간절하고 적극적으로 찾고 있는 사람들이다.

셋째, 늘 신박한 제품을 찾는 사람들이다. 신박한 제품을 보면 바로 구매 버튼을 누르는 소위 '어얼리어답터'라 불리는 부류가 여기에 해당된다. 이들은 뭔가를 남보다 앞서 구매하지 않으면 본인 스스로가 시대에 뒤처질 것 같다는 일종의 강박감을 가지고 있기 때문에, 기존에 없던 새로운 기능이나 용처를 가진 상품들을 발견하면 쉽게 구매 버튼을 누르는 성향을 가지고 있다.

넷째, 부티나는 제품에 유독 집착하지만 모든 제품을 명품으로 구매할 경제적 능력은 없는 사람들이다. 부티나는 제품을 마다하는 소비자는 아무도 없겠지만 특히 부티나는 스타일만을 고집해서, 마음은 늘 명품을 구매하고 싶지만 현실적인 조건이 그것을 따라가지 못하는 경우이다. 이런 소비자는 기존에 익숙한 명품 브랜드들과 흡사 유사한 느낌을 가지고 있지만 상대적으로 합리적인 가격의 신규 브랜드 제품들에 큰 호감을 보일 가능성이 높다.

다섯째, 앞서 언급한 특징들과는 무관하게 아예 돈이 많은 부자들, 또는 부자는 아닐지라도 평소에 습관처럼 쇼핑에 돈을 많이 쓰는 소위 쇼핑 중독자들이다. 아무리 예, 특, 신, 부의 특징을 가진 제품이라도 가격대가 있는 신규 브랜드 제품을 선뜻 구매할 수 있는 사람은 기본적으로 금전적 여유가 많은 부류일 수 밖에 없다. 돈이 일정 수준 이상 많게 되면 식당에서 식사를 주문할 때 메뉴판에 적힌 가격이 크게 문제가 되지 않는 것처럼 이런 사람들은 특정 제품이 본인이 가지고 있는 니즈를 확실히 충족시켜 주고 그것이 브랜드처럼만 보인다면 큰 고민 없이 해당 상품을 구매할 가능성이 높다.

상품 확산의 법칙

이같은 성향을 가진 소수의 집단이 런칭 초기에 구매한 브랜드 상품은 일정 시간이 흐르면 일반 소비자들도 구매하는 대중적인 상품으로 발전한다. 물론 상품에 따라 그 확장의 속도는 각기 다르겠지만, 현대 사회에선 이처럼 부자들이 사용하는 '예쁘고 부티나는 상품', 특별한 상황이나 취미, 취향을 가진 계층이 사용하는 '특별하고 신박한 상품'은 일정 시간이 흐르면 반드시 대중화되는 경향이 있다. 후진국일수록 대중들의 소비 성향이 편향되거나 정형화되어 있지만, 개인의 소득 수준이 올라가고 취미와 취향이 선진화될수록 소비 성향에 있어서 상향 평준화와 다양화 현상이 동시에 발생하기 때문이다. 과거에는 부자만 사용하던 상품들, 특정 직업을 가진 전문가들만 사용하던 특수한 상품들, 특정 질환을 가진 환자들만 사용하던 의료 제품들을 최근에는 평범한 일반인들도 사용하고 있는 것을 흔히 볼 수 있다. 그렇기 때문에 런칭 초기에는 제품의 수준이 다소 높거나 용도가 좁아 보이더라도, 해당 제품이 그 용도를 채워 주는 농도가 진하기만 하다면 곧 일반 대중들에게도 인정을 받아 시장이 확장되는 것을 기대할 수 있을 것이다. 이것을 높은 상품은 내려오고, 좁은 상품은 넓어진다고 해서 '상품 확산의 법칙'이라고 한다.

이처럼 런칭 초기에 브랜드 제품을 처음 구매하는 고객은 일반 대중이 아니라 소수의 특정 그룹이라는 점을 인지하고, 그들이 누구인지, 그들의 특징은 무엇인지를 아는 것은 상품 선정은 물론 향후 마케팅 작업시 타겟을 선정하고 마케팅 예산을 효과적으로 집행하는 데 큰 도움이 된다. 상품 런칭 초반에는 마케팅 예산을 해당 제품의 초기 구매 고객에만 집중하고, 점차 상품이 대중화 되어가는 시점에 예산 배정을 점차 다양한 타겟에 맞게 골고루 분배해서 집행해야 하기 때문이다.

또한 해당 상품의 초기 소비층이 누군인지 정확히 알게되면 보다 정확한 사전 상품 검증을 할 수 있게 된다. 셀러는 소싱할 상품을 선정한 이후 공장측으로부터 샘플을 확보한 후에 그 샘플을 주변 소비자들에게 보여주며 그들의 반응을 수집하는 검증 과정을 거치게 되는데, 이때 대부분의 셀러들이 주변에 있는 일반인들, 즉 대중적 취향을 가진 소비자들을 대상으로만 구매 의사를 물어보는 경우가 많다. 하지만 그들은 해당 브랜드 상품의 초기 구매자가 아니기 때문에 그들의 의견에만 의존하면 런칭하려는 브랜드 제품에 대한 올바른 시장 검증을 할 수 없게 된다. 보따리 제품이나 메이커 상품인 경우엔 일반인들의 의견이 가장 중요한 근거 자료로 사용되어야겠지만, 브랜드 제품 런칭을 고려하는 개인 셀러라면 반드시 앞서 설명한, 처음 보는 제품이라도 용도만 명확하면 큰 고민 없이 구매하는 성향을 가진 특별한 소수의 계층을 찾아, 그들의 의견을 최우선적으로 참고해야 한다.

가장 중요한 세가지 질문

정리하자면, 브랜드 런칭을 준비하는 개인 셀러는 소싱할 상품에 대한 최종 의사 결정에 앞서 스스로에게 다음 세 가지 질문을 해 봐야 한다.

첫째, 해당 상품이 충족하고 있는 고객 용도(NEEDS)가 비록 작더라도 확실히 존재하는지?

둘째, 만일 존재한다면, 해당 고객이 해당 상품을 보면 열광하고, 확실히 구매할 것인지? 즉 해당 상품이 그들의 NEEDS를 진하게 만족시킬 수 있는지?

셋째, 이 시장은 앞으로 성장하고 대중적으로 확장될 것인지? 그리고 그 속도는 얼마나 빠를 것인지?

셀러는 항상 이 세 가지 질문을 통해 브랜드 상품의 소싱 의사 결정을 해야 한다. 그리고 우리는 이 세 가지 질문을 통해 해당 상품의 미래 투자 가치를 예측할 수 있게 되는데, 셀러가 해당 상품을 소싱하고 판매하는데 투입되는 본인의 시간과 자본을 예측해 보고, 이 두 가지 결과치 (해당 상품으로 벌어들일 수 있는 가치 vs 해당 상품에 투자되는 비용과 노력)를 서로 저울질하면서, 본인이 이 상품을 소싱할지, 말지에 대해 보다 더 합리적인 의사 결정을 할 수 있게 된다. 많은 개인 셀러들이 시장의 절대적인 크기, 시장 가치만 보고 상품 소싱에 대한 의사 결정을 내리는 경향이 있다. 하지만 보다 현명한 의사 결정이란 본인이 투자하는 노력과 비용 대비 예상되는 대가의 크기를 비교해 보고, 투자대비 대가가 큰 쪽에 베팅을 하는 것이다. 예상되는 대가가 그리 커 보이지 않는 상품이라도, 해당 상품을 런칭하는데 투여되는 본인의 시간과 비용이 그 대가에 비해 작은 경우라면 해당 상품을 런칭하지 않을 이유가 없는 것이다.

우리는 지금껏 신규 브랜드들의 이와같은 성장 패턴을 수없이 목격해 왔음에도 불구하고 막상 본인이 브랜드를 런칭할 입장이 되면 소수가 아닌 대중을 메인 고객으로 염두에 둔 상품만을 우선적으로 선정하려고 한다. 만일 모든 대중들이 환호할만한 조건을 갖춘 상품을 골라 브랜드 제품으로 출시하려고만 든다면 상품 소싱은 물론 향후 마케팅에도 상당한 금액을 투자해야 할 것이며 그 과정에도 상당한 시간과 노력을 들여야만 할 것이다.

개인 셀러가 런칭하는 브랜드 상품을 초기에 구매해 줄 고객은 일반 대중이 아닌 소수의 고객이란 점을 명심해야 한다. 그렇기 때문에 개인 셀러가 브랜드 런칭을 위해 잠재 시장을 제대로 파악하고 올바른 상품을 선정하기 위해선 무엇보다 본인 스스로가 앞서 설명한 특징을 가지고 있는 소비자 층에 속한 사람인지를 먼저 확인해 봐야 한다. 만일 본인이 신규 브랜드 제품을 남보다 먼저 구매하는 성향을 가진 소비자가 아니라면, 그리고 예쁘고 신박하고 특수하고, 부티나는 제품을 일반적인 대중들보다 더 간절하게 구매하는 성향을 가진 사람이 아니라면 스스로가 이런 상품을 구매하는 소비자들의 소비 성향을 전혀 알지 못한다는 것을 의미한다. 고객을 모르는 셀러가 어떻게 그들에게 물건을 팔 수 있겠는가?

반대로 이 이야기는 만일 본인이 특정 제품에 대해 남다른 소비 성향을 가진 사람이라면 해당 상품 카테고리에 한해서는 스스로가 누구보다 더 브랜드 장사를 잘 할 수 있는 조건을 가지고 있다는 뜻이기도 하다. 그렇기 때문에 우리는 본인이 가지고 있는 남들보다 뛰어나거나 특별하다고 판단되는 취향, 직업, 취미, 환경, 안목, 경험 등이 최대한 장사에 활용될 수 있는 시장을 잠재적으로 선정해서 그런 용도를 채워 주는 상품을 찾아 소싱해야 한다. 만일 본인이 이런 소비 성향을 가지고 있지 않는 사람이라면 절대 혼자 힘만으로 브랜드를 런칭하려고 애쓰지 말고 주변에 이런 소비 성향을 가진 사람을 찾아 적극적인 도움을 받아야 한다.

4) 브랜드가 될 수 없는 상품

브랜드 DNA가 없는 상품

지금까지 우리는 신규 브랜드 제품이 상품성 측면에서 갖춰야 할 조건들은 무엇이고, 신규 브랜드가 공략해야 할 고객은 누구인지 알아 보았다. 즉 이것은 브랜드가 되기 위해선 '어떤 종류의 상품을 팔아야 하는가'에 관한 내용이다. 하지만 개중에는 이런 조건들을 충분히 갖춘 경우라도 구조적으로 브랜드가 되기 어려운 상품들 또한 존재한다. 그래서 지금부터는 브랜드를 런칭하려는 개인 셀러가 '팔면 안 되는 종류의 상품들'에는 무엇이 있는지 알아 보기로 하자.

흥미롭게도 소비자들은 특정 상품에 대해서 만큼은, 아무리 그 제품이 대중적으로 잘 알려져 있고 많이 팔린다 하더라도 해당 상품에 붙은 로고를 브랜드로 인정하려 들지 않는 경우가 있다. 이런 성향은 시대의 변화와 시장 내 경쟁 상황의 변화에 따라 달라지기 때문에 그 성질을 한 마디로 정의 내리긴 어렵지만, 대신 우리는 해당 시대마다 소비자들 사이에서 각기 다르게 적용되는 상품 특유의 '브랜드 DNA'란 것이 존재한다고 본다. 즉 '브랜드 DNA'가 없는 상품은 아무리 그 상품이 유명하고 잘 팔려도 소비자들은 본능적으로 그 상품을 기억할만한 브랜드로 인정해 주려 들지 않는 다는 것이다.

몇 가지 예를 들어 보자면, 비슷한 가구 제품이라도 식탁 의자나 협탁은 브랜드 DNA가 약한 제품이다. 반면 침대는 브랜드 DNA가 강한 제품이다. 같은 안마 제품 중에서도 안마봉은 브랜드 DNA가 약하고 안마 베개는 강하다. 반면 안마 의자는 이보다 더 강한 브랜드 DNA를 가지고 있다. 머그 컵은 아무리 많이 팔려도 그 자체론 브랜드가 되기 어렵지만 식기는 브랜드가 될 수 있다. 국자는 브랜드가 되기 어려워도 칼은 브랜드가 되기 쉽다. 수납상자는 어렵지만 수납장은 가능하다. 소파로도 변했다가 침대로도 변하는 소파베드는 아무리 고가 제품이고 디자인이 좋아도 브랜드로 인식되기 어렵지만 일반적인 소파는 오히려 브랜드로 인식되기 쉽다.

과연 상품별로 이런 차이를 만들어 내는데 있어 공통적으로 적용되는 원리를 찾아 낼 수 있을까? 불가능하다. 브랜드가 되기 쉬운 상품과 브랜드가 되기 어려운 제품의 차이에 영향을 주는 변수는 가격도 아니고 크기도 아닌, 오로지 소비자들이 특정 제품을 브랜드로 여기려고 하는 일종의 학습된 '경향'으로서만 존재할 뿐이다. 굳이 이 안에 숨은 원리를 분석해 내기 위해선 소비 심리학까지 더 깊게 파고 들어가 볼 수는 있겠지만, 상품 런칭을 준비하는 개인 셀러 입장에선 소비자들의 머리 속에 브랜드 DNA라는 개념이 실제로 존재하고, 브랜드 DNA 검증 과정 차원에서 거쳐 부정적 반응이 예상되는 상품은 최종 소싱 후보 상품에서 제외시켜야 한다는 사실을 인지하는 것만으로도 상품 선정에 큰 도움이 될 수 있을 것이다.

매출 POTENTIAL 이 낮은 상품

브랜드가 되기 위해 팔면 안되는 또 다른 유형의 상품은 매출 POTENTIAL이 태생적으로 낮은 상품이다. 매출 POTENTIAL은 해당 제품이 초기 런칭을 거쳐 향후 대중적으로까지 매출이 확산되었을 때 최대로 낼 수 있는 매출의 극한치를 의미한다. 최근 많은 초보 셀러들, 특히 스몰 브랜드를 런칭하는 젊은 셀러들이 흔히 저지르는 실수가 바로 태생적으로 매출 POTENTIAL이 낮은 상품을 브랜드로 런칭하는 경우이다. 이런 셀러들은 나름 치밀한 사전 시장 분석을 통해 해당 상품을 선정했겠지만, 나름 성공적인 모습을 보였던 런칭 시기가 지나면 곧 매출이 정체되는 순간을 맞는 경우가 대부분이다. 모든 형태의 장사는 반드시 절대치 이상의 매출을 올려야만 지속될 수 있다. 아무리 소비자들에게 인정받고 사랑받는 브랜드를 런칭하고, 여러가지 차별화된 마케팅과 팬시해 보이는 브랜딩 활동을 통해 주변의 부러움과 칭찬을 받더라도, 정작 절대 금액 이상의 매출을 만들어 내지 못하면 이 모든 멋진 브랜딩 활동은 신기루에 불과한 것이다. 절대 매출의 양이 많지 않은데 무슨 CPC, CPA, ROI 같은 수치들이 의미를 가질 수 있겠는가? 이것은 브랜딩의 문제라기보단 상품 자체에 문제가 있는 것이다. 상품들 중에는 브랜드 DNA와 마찬가지로 겉보기엔 대중들 사이에서 유명해지고 잘 팔리는 것처럼 보여도 태생적으로 그 매출의 크기가 어느 정도 수준 이상을 넘어설 수 없는 특징을 가지고 있는 아이템들이 존재한다. 대표적인 예가 홈데코 소품, 미용 잡화, 펫 의류, 팬시 문구용품, 시니어 보조용품 같은 것들이다. 태생적으로 매출 POTENTIAL이 낮은 특징을 가진 제품은 아무리 브랜딩이 잘 되고 초반 매출이 잘 나온다 하더라도 브랜드 제품으로서의 가치는 없다고 봐야 한다.

매출 POTENTIAL의 개념은 브랜드 DNA와 마찬가지로 섣불리 그 유형을 분석하려들면 안 된다. 매출 POTENTIAL 역시 시장의 사회적, 경쟁적, 상대적 변수들에 의해 그 결과치가 수시로 변하고 달라지기 때문이다. 따라서 매출 POTENTIAL의 개념은 브랜드가 될 상품을 선정하기 위한 사전 충족 조건으로 사용하기 보단 브랜드 DNA와 함께, 임시로 정해진 여러 소싱 후보 상품들을 놓고 그것을 최종 검증하기 위한 사후 수단으로 사용하는 것이 좋다.

비록 브랜드가 런칭 초반에 의미 있는 매출을 발생시키고 소비자들에게 좋은 평가를 받는다 하더라도, 이 후 해당 브랜드가 지속적으로 성장하고 시장에서 살아남기 위해선 그 매출은 일정 금액 수준 이상을 반드시 넘어서야 한다. 이 고비를 넘지 못하는 브랜드를 우리는 FADS, 즉 일시적 유행에 그친 브랜드라고 부른다. FADS 브랜드를 운영하는 것은 본인의 경험치를 쌓기 위한 연습이 될 순 있지만 비즈니스적으론 아무런 의미를 가지지 못한다. 런칭된 브랜드가 FADS 단계를 넘어서기 위해 가장 중요한 것이 바로 해당 상품이 가진 높은 매출 POTENTIAL이다.

장사가 부업의 수준이 아닌, 셀러의 본업으로 자리잡기 위해선 일정 금액 이상의 매출이 안정적으로 발생되어야만 한다. 자본이 많은 기업이라면 지속적인 절대 매출을 만들어 내기 위해 개별 상품들의 성패와 무관하게 여러 가지 종류의 상품을 지속적으로 런칭할 수 있겠지만 자본이 부족한 개인 셀러는 한정적인 상품으로 승부를 봐야 한다. 운이 좋아서 런칭한 상품이 일정 수준 이상의 매출을 기록한다 하더라도 영세한 개인 셀러는 지속적인 매출 유지를 위해 매출로 발생한 수익금의 대부분을 상품 재구매에 다시 쏟아 부어야 한다. 그러다 보면 장사를 하는 내내 본인의 주머니에 남는 돈은 하나도 없다는 사실을 깨닫게 된다. 하지만 매출의 볼륨 자체가 일정 규모 이상을 넘어서게 되면 재구매에 들어가는 상품 대금과 판관비를 제외하고도, 그 중간 중간 소소히 본인이 챙길 수 있는 돈의 양이 늘어나게 되고, 이 금액이 본인이 기존에 받던 월급보다 많아지는 순간부터 비로소 장사가 본업으로 자리잡을 수 있게 되는 것이다. 그렇기 때문에 몇 개의 상품만으로 승부를 봐야 하는 개인 셀러들은 반드시 매출 POTENTIAL이 높은 단일 상품을 선정해야 한다.

이것은 비단 브랜드를 위한 상품 선정에만 해낭되는 이야기가 아니다. 개인 셀러는 그 상품이 BTR이든, MAKER든, 브랜드든 간에 무조건 일단 터지기 시작하면 매출이 엄청나게 나올 수 있는 가능성을 가진 매출 POTENTIAL 높은 상품을 소싱해서 판매해야 한다. 이런 상품들이 가진 특징은 그 상품 앞에 국민 다리미, 국민 안마기처럼 '국민'자가 붙어도 어색하지 않다는 점이다. 대부분의 개인 셀러들은 상품을 선정할 때 인증이 필요 없는 상품, 작고 가벼운 상품, 설치나 AS가 필요 없는 상품처럼 판매하기 안전해 보이고, 소싱하기 쉬워 보이는 상품을 주로 고르는 경향이 있다. 그것도 한 아이템에 집중하는 것이 아니라 여러 종류의 상품을 소량으로 찔끔 찔끔 사와서 간을 보듯이 판매하기도 한다. 이런 형태의 장사로는 아무리 노력을 쏟아 부어도 원하는 성과를 얻긴 어렵다. 자본과 네트워크가 부족한 개인 셀러일수록 하나의 상품, 그것도 잘 팔리기 시작하면 엄청난 매출 기대할 수 있는 특징을 가진 상품에 집중해야 한다. 돈을 벌기 위해선 소박, 중박 나는 상품 100개 보단 대박을 내는 상품 1개가 있어야 한다.

　상품 구매 수량 역시 많아야 한다. 혹자는 개인 셀러일수록 처음엔 무조건 여러 제품들을 소량씩 사온 후 시장을 먼저 테스트해 봐야 한다고 말하지만, 그 정도로 시장 상황에 대해 자신이 없는 셀러는 아직 장사를 할 준비가 안 됐다고 보는 게 맞다. 시장조사도 제대로 안 된 상태에서 이처럼 본인의 역량과 무관한 상품을 파는 행위는, 아무리 그것에 적은 금액이 투자되었다 하더라도, 또 한 번의 돈 낭비, 시간 낭비의 결과만 불러올 것이다. 우리는 급할수록 그리고 궁할수록 그만큼 더 사전 시장 조사를 철저히 해서, 본인이 셀러로서 역량이 있다고 판단되는 분야에서 스스로에게 확신을 주는 상품을 선정하고, 일단 그 상품을 소싱하기로 마음을 먹었다면 가능한 많은 수량의 상품을 주문해야 한다. 또한 주문 수량이 많은만큼 마케팅도 그만큼 더 공격적으로 해야 한다. 그래야 성과가 나도 빨리 나고, 성과가 안 나오더라도 빠르게 상품을 처분해서 다시 새로운 상품에 도전할 수 있게 되는 것이다.

5) 브랜드 상품 4단계 선정 방법

4가지 조건을 충족시켜 주는 교집합

앞서 우리는 소비자들로부터 브랜드로 인정받을 수 있는 제품은 예, 특, 신, 부의 속성을 가져야 하고, 이런 특징을 가진 제품들을 효과적으로 판매하기 위해선 셀러 스스로가 해당 특징을 가진 상품을 일반인들보다 먼저 구매하는 성향을 가진 소수의 고객층과 유사한 부류의 소비자라야만 한다고 했다.

그렇게 때문에 브랜드가 되기 위한 상품 선정은 자신이 가지고 있는 특별한 관심사, 취미, 취향들과 관련된 상품 카테고리, 과거의 직장이나 사회 경험들을 통해 얻게 된 본인의 전문성이 발휘될 수 있는 상품 카테고리, 본인이 처한 특별한 상황에서 필요했던 상품 카테고리, 본인이 남보다 세련된 안목을 가진 상품 카테고리 내에서 이루어져야 하며, 여기에 더해 그 상품 카테고리는 셀러 스스로가 해당 상품 카테고리 내에서 이미 오랜 기간의 쇼핑 경험을 가지고 있는 것이어야만 한다. 그래야만 비로소 해당 시장의 경쟁 상황은 어떠한지, 그 상품 카테고리 내에선 어떤 제품들이 어떤 모습으로 어느 정도 가격대에서 팔리고 있는지, 해당 시장의 소비자들은 어떤 특성을 가진 신규 제품들을 브랜드로 인정해 주는지, 그들이 최대한 지불할 수 있는 가격대는 얼마인지 등의 시장 전반에 걸친 정보들을 알 수 있기 때문이다.

이처럼 셀러 스스로가 예, 특, 신, 부의 특성을 가진 NEEDS 제품을 일반인들보다 앞서 구매하는 소비자들과 일치하는 소비 성향을 가지고 있고, 본인이 오랜 기간 해당 카테고리 제품을 구매해 본 경험이 있는 상품 카테고리를 선정했다면, 비로소 개인 셀러가 브랜드가 될 수 있는 상품을 선정할 수 있는 기본 조건을 갖추게 되는 것이다. 즉, 본인이 경쟁자들보다 우위에 있어 남보다 더 잘 할 수 있는 카테고리, 즉 본인에게 더 유리하게 기울어진 운동장이 어디인지를 파악하는 것이 상품 선정에 앞서 무엇보다 우선 되야 하는 것이다. 이런 배경에서 브랜드 제품의 상품 선정은 다음 네 가지의 조건을 모두 만족하는 '교집합 지역' 내에서 이루어져야 한다.

지구상에 이미 존재하는 상품인가? - 해외 시장 조사

브랜드 상품 선정의 첫 단계는 해외 시장 조사이다. 단 해당 상품 카테고리에 대해 별다른 조예가 없는 셀러는 아무리 국내 시장보다 앞선 해외 시장에서 조사를 해 본들, 그곳에서 국내 소비자들의 숨어 있는 용도를 채워줄 수 있는 NEEDS 상품을 찾아 내기 어려울 것이다. 하지만 본인이 해당 상품 카테고리의 주요 소비자인 경우엔 해외 시장 조사를 통해 국내보다 앞선 국가의 시장에서 팔리고 있는 상품들의 면면을 보는 족족 그 중에서 한국에서 잘 팔릴 것 같은 상품들을 찾아 낼 수 있을 것이다. 국내 시장의 경우 고가 명품 카테고리와 화장품, 수입 유아용품, 좁은 공간을 위한 생활 수납용품 등 일부 카테고리의 시장 수준은 해외보다 앞서 있지만 그 외 카테고리의 상품 수준은 대부분 선진국들에 비해 많이 뒤처져 있는 것이 사실이다. 그렇기 때문에 선진국 시장의 해외 시장 조사는 대부분의 카테고리에서 NEEDS 상품을 찾는데 큰 도움이 된다.

   선진국 시장 조사를 할 때 중요한 점은 고가 시장이나 저가 시장 보단 중가 시장을 중점적으로 봐야 한다는 점이다. 특히 고가 시장에서 팔리고 있는 상품들은 대부분 유명 브랜드 제품이거나 해당 국가 내에서 제작된 제품들이다. 그렇기 때문에 이런 고가의 상품들은 비록 그것이 국내 소비자들의 NEEDS를 충족시켜주는 상품이라고 해도, 개인 셀러 입장에선 막상 해당 상품을 저렴한 가격에 소싱할 방법을 찾기 어렵다. 또한 저가 시장 조사 역시 큰 의미를 가지지 못하는 이유는 아무리 선진국이라고 해도 하위 계층의 소비 수준은 우리 나라와 별반 차이가 없기 때문에, 저가 시장에서 팔리는 제품들 조사를 통해선 국내 시장의 숨은 NEEDS를 채워 줄 만한 수준의 상품을 찾기 어렵기 때문이다.

   그렇기 때문에 우리가 해외 시장조사를 할 때 주로 봐야 하는 곳은 그 나라의 대중적인 소비 성향이 가장 잘 반영된 중가 시장이다. 미국의 경우 타겟, 월마트 같은 대형 유통업체들의 온라인 쇼핑몰과 아마존을 예로 들 수 있다. 여기서 주로 팔리는 제품들은 신선 식품, 로컬 브랜드 제품 카테고리를 제외하곤 대부분 중국이나 인도, 포르투갈, 터키 같이 원자재 가격과 인건비가 싼 나라의 공장에서 OEM 방식으로 생산해 오는 제품이다. 개인 셀러는 이런 선진 국가들의 중가 시장에서 팔리고 있는 제품들을 해당 상품을 OEM 생산하고 있는 공장들이 대거 참여하는 국제 무역 박람회에 가면 쉽게 만날 수 있고, 그곳에서 이런 상품들을 싼 가격으로 소싱할 수 있는 기회를 얻을 수 있다.

해외 시장 조사를 통해 세련되고, 특수하고, 신박하고, 부티나는 제품을 효과적으로 찾을 수 있는 또 한 가지 방법은 이런 특징을 가진 제품들을 주로 포스팅하고 있는 해외 인플루언서들의 블로그 글들을 찾아 보는 것이다. 신박한 쇼핑 정보를 담은 포스팅 글들은 자신들의 팔로워 숫자를 늘리는데 효과적이기 때문에 최근 들어 이런 종류의 내용을 담은 포스팅 글의 숫자가 SNS상에서 엄청나게 늘고 있다. 이런 글들은 핀터레스트(Pinterest)에서 해당 상품 카테고리를 키워드로 검색해 보면 쉽게 발견할 수 있는데, 주로 'Amazon Founds', 'Wall Mart Founds'같은 키워드로 찾아 볼 수 있다. 인스타그램에서도 이런 내용을 담은 컨텐츠로 엄청난 숫자의 팔로워들을 거느리고 있는 쇼핑 가이드 셀럽들을 쉽게 발견할 수 있다. 이 밖에도 New York Magazine, Monocle같은 라이프스타일 잡지들 역시 세련되고, 특별하고, 신박하고, 부티나는 제품들을 별도의 서브 카테고리를 통해 주기적으로 소개하고 있어서 NEEDS 상품을 찾는 개인 셀러들의 시장 조사에 큰 도움이 된다.

유통 경험이 많지 않은 초보 셀러들은 선진국 시장에서 발견한 혁신적인 제품을 국내 공장을 통해 생산하면 되지 않겠냐고 반문할 수 있겠지만, 조금만 국내 제조 환경을 경험한 사람이라면 이런 발상이 얼마나 초보적인 것인지 바로 알 수 있을 것이다. 국내 제조 공장들은 화장품, 건강 기능 제품, 지류 문구, 실리콘, 플라스틱 같은 일부 한정된 카테고리 제품을 생산하는 곳들만 근근히 명맥을 유지하고 있으며, 그마저도 제조 원가가 너무 높고, 무엇보다 개인 셀러들이 원하는 제품을 OEM 방식으로 소량 생산해 줄 여력도 의지도 없는 곳이 대부분이란 점을 알아야 한다. 혹 열심히 발품을 팔고 노력하면 그들을 설득할 수도 있지 않겠냐고 반문하는 분들도 있겠지만, 현실적으로 성공할 확률이 현저히 낮으며, 혹 성공한다해도 지극히 한정된 상품 카테고리에만 해당되는 이야기일 것이다.

내가 살 수 있는 상품인가? - 소싱처 조사

한국 시장보다 앞선 해외 국가의 시장 조사를 통해 소싱 희망 후보 상품들이 정해지면, 다음으로 셀러가 해야 할 일은 해당 상품을 본인이 현실적인 조건으로 소싱할 수 있는지를 알아 보는 것이다. 지금까지 따라온 단계가 희망의 영역이라면 이제부터는 본격적인 현실의 영역으로 진입하는 것이라 할 수 있다. 제 아무리 해외 시장 조사를 통해 좋은 상품을 발견했다 하더라도 해당 상품을 적정한 마진을 남기면서 국내 시장에서 잘 팔릴 만한 가격으로 소싱할 수 없다면 그건 단지 신기루에 불과하다. 이런 경우 국내에서 그 상품으로 돈을 벌 수 있는 방법은 해당 제품의 국내 판매 독점 총판을 따오는 길 밖엔 없다. 물론 이 방법 또한 유의미한 장사의 방법 중 하나이지만, 지금 우리는 나만의 브랜드 상품을 런칭하는 방법을 이야기하고 있기 때문에 해외 상품의 국내 총판을 가져오는 내용은 여기선 논외로 하겠다.

그렇기 때문에 해외 시장 조사를 통해 소싱 희망 상품이 정해진 후 셀러가 곧바로 해야 할 일은 해당 상품을 합리적인 조건으로 소싱할 수 있는 공장을 찾는 일이다. 일반적으로 해외 시장 조사를 통해 해당 상품을 발견한 시점에서 바로 그 제품의 현지 제조 공장을 바로 찾는 일은 거의 불가능하다. 운 좋게 공장을 찾았다 하더라도 해당 공장 입장에서는 자신의 바이어가 팔고 있는 동일 제품을 다른 바이어에게 파는 경우는 상도의에 어긋나기 때문에 거래가 어렵다고 봐야한다. 하지만 중국이나 인도의 특성상, 유사한 제품을 제조하는 공장들이 대부분 같은 지역 내에 모여 있기 때문에, 그 중 한 공장이 해외에서 잘 팔리고 있는 제품을 OEM 생산하기 시작하면, 얼마 지나지 않아 근처에 있는 거의 모든 공장들이 모두 유사한 제품을 따라 생산하기 마련이다. 즉 현재 해외에서 잘 팔리고 있는 제품의 실제 OEM 공장을 바로 찾아 동일 제품을 소싱할 수 있는 가능성은 낮지만, 일정 시간이 흐른 후 해외 박람회에 가보면 해당 상품과 유사한 상품들을 더 싼 가격으로 팔고 있는 공장들을 쉽게 만날 수 있게 된다. 이것이 바로 비단 우리 나라 뿐 아닌 거의 모든 국가에서 대부분의 중소형 셀러들이 본인들의 브랜드 상품을 소싱하는 요령이다. 우리는 현재 시장에서 살아 남아 성장하고 있는 대부분의 신규 브랜드들이 어떤 방법으로 상품을 소싱해 오고 있는지를 알아야 한다. 우리가 알고 있는 규모 있게 성장한 신규 브랜드들 중 컴퓨터 앞에 앉아서 상품을 기획하고 설계도를 그리고, 국내 공장을 통해 상품을 제조하는 브랜드의 숫자가 과연 얼마나 될까? 하물며 자체 상품 기획 인프라를 갖춘 큰 기업들도 흔히 사용하지 않는 이같은 무모한 방법에 자본도 인력도 부족한 개인 셀러들이 그토록 매달리고 있는 이유는 과연 무엇 때문일까? 그렇기 때문에 개인 셀러는 본인이 하고 싶은 일을 할 게 아니라, 본인이 할 수 있는 일을 해야 하는 것이다.

개인 셀러가 좋은 소싱처를 효과적으로 찾는데 도움이 되는 한가지 팁은,

해외 시장 조사를 통해 소싱할 특정한 상품을 선정하고 해당 상품을 만드는 해외 공장을 찾는 것보단, 해외 시장 조사를 할 때 여러 상품 카테고리들을 두루 보면서 국내 시장에 적합한 상품들이 많이 있다고 생각되는 상품 카테고리가 어디인지 까지만 마음 속에 정한 후, 상품 선정을 구체적으로 하지 않은 채 바로 해당 카테고리의 전문 무역 박람회에 가는 것이다. 이것이 PLAN DO SEE 가 아니라 DO PLAN DO SEE 가 가지는 힘이다. 한 번도 DO를 해 보지 않은 상태에서 하는 PLAN은 그 결과가 비현실적일 수 밖에 없다. 충분한 소싱처 조사를 통해 본인이 가지고 있는 조건에 맞춰 소싱할 수 있는 상품은 무엇이 있는지 먼저 파악된 후에 해외 시장 조사를 하게 되면, 보다 현실적인 후보 상품 소싱 선정이 가능해지기 때문이다.

물론 해당 상품 카테고리에 대해 아무런 전문성도 노하우도 없는 개인 셀러가 제대로 된 해외 시장 조사도 하지 않은 상태에서 무조건 무역 박람회에 가는 것은 의미없는 일 일 것이다. 하지만 본인이 어떤 상품 카테고리에 전문성이 있는지조차 전혀 감을 잡지 못하는 상태라면, 일단 무역 박람회부터 먼저 가서 본인이 소싱할 수 있는 상품들을 직접 보면서 본인도 미처 몰랐던 자신의 전문성을 찾아 가는 것도 좋은 대안이 될 수 있을 것이다.

만일 셀러 스스로 특별한 소싱 네트워크를 가지고 있다면, 그 점을 활용해 소싱 상품을 선정하는 것도 좋은 방법이다. 예를 들어 본인의 가족이나 지인이 운영하는 공장이나 농장이 있다든지, 산업 디자인이나 엔지니어 계통에 인맥이 있어 공장에 설계도를 주기만 하면 바로 생산에 들어 갈 수 있는 제품 설계 능력을 가진 지인이 있는 경우엔, 먼저 본인이 가진 유리한 소싱 환경에 기반한 상품군을 크게 잡아 놓고, 이후 해외 시장 조사를 하면서 해당 소싱 환경을 활용해서 생산할 수 있는 상품을 찾아 볼 수도 있을 것이다.

내가 잘 팔 수 있는 상품인가? - 나의 역량 조사

해외 시장 조사와 소싱처 확보 과정을 통해 후보 소싱 상품이 추려졌다면, 이제 세번째로 검토해야 할 일은 해당 상품이 셀러 스스로가 다른 경쟁자들보다 더 잘 팔 수 있는 상품인지를 검토하는 것이다. 기본적으로 개인 셀러가 런칭하는 브랜드 제품은 가장 먼저 인스타그램에서 좋은 반응을 얻어야 한다. 왜냐하면 인스타그램이야말로 브랜드 제품 런칭 초기에 비교적 적은 비용으로 소비자들의 반응을 수치적으로 이끌어 내기에 가장 유리한 플랫폼이기 때문이다. 브랜드 상품이 많은 매출을 내기 위해선 결국 쿠팡, 네이버를 비롯한 여러 플랫폼으로 입점 범위가 확장되어야 한다. 하지만 셀러가 아무리 메이저 유통사 MD들과 좋은 인맥이 있다 하더라도 아무런 기존 판매 데이타가 없는 신규 제품을 좋은 조건으로 입점시켜 주기를 기대하기는 어려울 것이다. 그렇기 때문에 신규 브랜드 제품은 먼저 가시적이고 정량적인 고객 반응을 확보해야만 향후 입점 컨디션이 좋아지게 된다. 최근엔 SNS 상에서 폭발적인 고객 반응을 얻은 상품의 경우, MD와 미팅할 때 오히려 갑을 관계가 뒤바뀌기도 한다. 플랫폼 MD들도 신상품 발굴을 위해 항시 온라인 상에서 반응 좋은 제품들을 주시하고 있기 때문에 해당 상품이 SNS상에서 큰 인기를 얻게 되면, MD쪽에서 먼저 연락이 올 가능성도 높아진다. 그래서 시장에 막 런칭된 신규 브랜드가 가장 먼저 해야 할 일은 고객의 반응을 가시적으로 이끌어 낼 수 있는 장소에서 해당 브랜드 상품을 수치적으로 히트시키는 일이다. 이 작업을 진행하기에 상대적으로 가장 손쉽고 효과적인 장소가 바로 인스타그램이다. 그렇기 때문에 신규 브랜드 런칭을 생각하고 있는 개인 셀러는 소싱 후보 상품이 인스타그램에서 좋은 고객 반응을 얻기에 유리한 제품인지 아닌지를 반드시 체크해야 한다. 인스타그램의 세계엔 호감, 불호감, 혹은 관심, 무관심에 관한 나름의 고유한 코드가 존재하기 때문에 이 코드 차원에서 해당 제품이 가진 상품성을 검토해 봐야 한다.

만일 셀러가 특정 상품 카테고리와 연관된 대형 카페나 커뮤니티와 특별한 네트워크가 있는 경우라면 해낭 상품 카데고리와 관련된 상품을 런칭하는 것이 유리할 것이고, 해당 상품 카테고리 내에 힘있는 인플루언서와 특별한 인맥이 있는 경우도 마찬가지이다. 홈쇼핑, 나라장터, 폐쇄몰같은 특정 플랫폼 역시 그 곳과 관련된 인맥이나 노하우가 있는 경우라면 이왕이면 해당 플랫폼에서 특히 잘 팔릴 수 있는 상품을 소싱하는 것이 초반 매출에 도움이 될 것이고, 와디즈같은 펀딩사이트에 익숙한 셀러라면 주로 와디즈 고객들이 좋아하는 특징을 가진 상품을 런칭하는 것이 초기 현금 흐름을 만드는 데 도움이 될 것이다. 시장에 런칭된 브랜드 제품은 향후 브랜드가 되는 일반적인 과정을 거쳐 점차 성장하겠지만, 표면적으로 드러나는 프로세스와는 별도로 수면 아래에서는 브랜드 가치에 영향을 주지 않는 범위 내에서 마치 백조가 수면 아래에서 바둥거리듯 최대치의 매출을 짜내기 위한 치열한 노력이 필요하다. 이처럼 수면 위로는 드러나지 않지만 나름 규모 있는 매출을 만들어 낼 수 있는 곳이 바로 와디즈, 나라장터, 홈쇼핑, 폐쇄몰, 각종 카페, 인플루언서 공구처럼 제한된 고객들을 대상으로 매출을 발생시킬 수 있는 수면 아래의 플랫폼들이다.

브랜드 상품 선정에 앞서 한가지 더 추가적으로 고려해야 할 부분은 해당 상품이 '처리'가 용이한지를 체크해 보는 것이다. 브랜드를 꿈꾸는 우리는 해당 상품이 시장에 런칭되면 최선을 다해 그 상품이 브랜드다운 모습으로 팔리노록 노력할 것이다. 하지만 우리의 실력이 부족했든, 시장 상황에 변화가 생겼든, 혹은 그 어떤 이유로든간에 해당 상품의 퍼포먼스가 애초의 기대에 못 미칠 수도 있다. 개인 셀러들은 이렇게 본인이 런칭한 상품이 기대에 못 미치는 결과를 낳게 되면 크게 좌절하기 마련이다. 스스로 망했다고 표현하기도 하고, 장사 자체에 대한 부정을 하기도 한다. 하지만 장사는 엄연한 프로의 세계다. 프로 야구의 경우도 타자가 3할 이상 타율을 기록하게 되면 상위 10프로 안에 들어가는 고액 연봉을 받는 슈퍼스타가 된다. 장사의 세계 역시 쟁쟁한 선수들이 살아남기 위해 경쟁하는 프로 야구와 다를 바 없다. 상품을 열 번 런칭해서 세 번 히트를 치게 되면 해당 셀러는 상위 10퍼센트에 들어가는 대형 셀러로 성장하게 된다. 장사에서 상품이 제대로 터지면 그 크기와 효과가 다른 업태에 비해 엄청나기 때문에 기존의 손실을 덮고도 남는 경우가 많기 때문이다. 그래서 장사에서 3할 타율은 결코 우습게 볼 숫자가 아닌 것이다.

규모 있는 기업의 경우엔 세 번의 성공을 위해 열 번의 시도를 큰 부담 없이 할 수 있지만, 개인 셀러들은 열 번의 도전을 끈기있게 실행할 만큼의 자본과 시간을 가지고 있지 않은 경우가 대부분이다. 그렇기 때문에 실패 상황에 처하게 될 경우 그 실패의 결과를 최소화시키는 법도 알아야 한다. 그래서 브랜드를 꿈꾸며 런칭한 제품이 일정 시간이 흘러도 기대한 만큼의 성과를 내지 못한다고 판단이 되면, 바로 해당 제품을 MAKER 제품스럽게 팔아야 한다. 가격을 낮추고, 마케팅 예산을 브랜딩이 아닌 상품 노출에 더 집중해야 한다. 그럼에도 불구하고 원하는 결과가 나오지 않는다고 판단되면 이제 그 보다 한 단계 더 아래인, BTR로 격하시켜 최저가 작업과 각종 어뷰징 작업을 통해 남은 재고를 최대한 빠르게 소진시켜야 한다. 그리고 이렇게 회수된 자본을 가지고 하루라도 빨리 다음 브랜드 상품 런칭을 준비하는 것이 좋다. 만일 최저가 보따리로 판매를 해도 재고가 빠르게 소진되지 않는다면, 이때 셀러가 내릴 수 있는 마지막 결정은 해당 상품을 원가 이하로 판매하는 것이다. 만약 기성 플랫폼에서 땡처리가 원하는 만큼의 속도로 이루어지지 않는 경우엔 전문 땡처리 업체를 통해 전체 상품을 헐값으로 땡을 치는 방법까지 고려해야 한다. 그마저도 힘들다면 그때는 차라리 기부 단체에 상품을 기부하고 계산서를 발행 받아 비용처리를 하거나 그것도 힘들다면 돈을 줘서라도 제품을 소각하거나 폐기처분을 하는 게 창고 비용에 불필요한 돈을 들이는 것보다 더 나은 결정일 것이다.

정리해 보면 우리는 브랜드 상품을 선정할 때는 예, 특, 신, 부, NEEDS 상품의 특성과 앞서 열거한 여러가지 요소들을 감안하여 상품 소싱에 대한 의사결정을 해야 하며, 여기에 한가지 더 신경 써야 할 부분은 만일 해당 상품이 브랜드로서 제대로 자리잡지 못할 경우, 차선책으로 MAKER로 팔았을 땐 잘 팔릴만한 상품인지, 그것도 안 될 경우 BTR로 팔 경우엔 빠르게 소진될 수 있는 상품인지, 그것도 안 될 경우 땡업자에게 넘길 때 제

값을 받을 수 있는 상품인지까지도 체크해 봐야 한다. 이런 관점에서 상품 특성상 구색이 많아야 하는 제품은 자본이 부족한 개인 셀러 입장에선 소싱하기에 적합하지 않은 상품이라고 볼 수 있다. 제품이 단일 품목이라야 MAKER, BTR, 심지어 땡처리가 용이해지기 때문이다. 특히 샵 브랜드를 런칭하겠다고 많은 구색의 상품을 소싱하게 되면 나중에 재고를 처분하기 힘들어진다. 독특한 디자인이나 캐릭터, 패턴이 새겨진 상품의 경우도 마찬가지이다. 이처럼 제품에 특별한 개성이 개입된 상품은 샵브랜드를 위한 구색상품의 역할은 할 수 있겠지만 재고를 빠르게 처리하기엔 불리한 상품들이다.

국내 시장에서 경쟁력 있는 상품인가? - 국내 시장 조사

네 번째로 개인 셀러가 브랜드 상품을 선정하기 위해 할 일은 해당 상품 카테고리의 국내 시장 상황을 파악하는 것이다. 우리는 지금 BTR이나 MAKER 제품이 아닌, 비싼 가격에도 팔릴 수 있는 브랜드가 되기 위한 상품을 런칭하고자 하기 때문에 혹시 시중에 해당 상품과 유사한 디자인을 가지고 있는 제품이나 유사한 기능, 용처를 가지고 있는 제품들이 싼 가격에 팔리고 있진 않은지를 반드시 소싱 전단계에서 체크해야 한다. 해외 공장에서 소싱할 상품을 선정하고 선금을 치른 후에 최종적으로 상품이 국내에 도착하기까지는 최소 3~4개월의 긴 시간이 소요된다. 이 기간 중에도 국내 시장 상황은 얼마든지 변할 수 있다. 그렇기 때문에 소싱할 당시엔 문제가 없던 상품일지라도 상품이 수입되는 과정 동안 국내 시장 상황이 변해 유사한 상품들이 다른 셀러들에 의해 싸게 유통되고 있는 것을 발견한다면 애초의 해당 상품을 브랜드로 런칭하려던 계획을 과감히 수정해서 상품이 국내에 도착하자마자 바로 보따리 상품으로 싸게 처분하는 것이 좋다.

국내 시장 경쟁 상품 조사와 함께 한 가지 더 체크해 봐야 할 곳은 바로 1688 도매 사이트이다. 국내 시장 조사 결과, 셀러가 브랜드로 소싱하려고 하는 상품과 유사한 상품이 시장에 없다 하더라도 만일 1688에 그와 유사한 상품이 존재한다면 해당 제품은 브랜드로 전개해서는 안 된다. 만일 본인이 런칭한 브랜드 상품이 잘 팔리게 되면 누군가 1688을 통해 그와 유사한 상품을 사와 시장 가격을 무너뜨릴 것이기 때문이다. 셀러가 나름 브랜드스럽게 팔고 있는 상품과 유사한 저가 상품들이 시장 여기 저기에 버젓이 존재한다면 그 상품을 브랜드 제품이라고 인정할 소비자는 없을 것이다. 그렇기 때문에 브랜드 런칭을 준비하는 셀러에게 1688은 소싱처라기보단, 브랜드로 소싱할 상품을 결정하기 전에 그와 유사 상품이 있는지를 최종 점검하는 검증 장소로 사용해야 한다. 만일 특정 상품을 1688에서 이미 소싱해서 국내 시장에 잘 팔고 있는 셀러가 있는데, 본인이 찾은 해당 상품의 공장 구매가가 1688에서 팔고 있는 해당 상품의 구매가보다 월등히 낮은 경우라면 해당 상품을 대량으로 공장 소싱해 시장에 최저가로 풀어버리면 짧은 기간에 큰 캐쉬 플로우를 만들어 낼 수 있다.

6) 브랜드 상품만이 답이 아니다

내가 남보다 잘 할 수 있는 일을 선택해야 한다

형편상 단기적인 매출만을 장사의 목적으로 삼고 있는 셀러들은 굳이 브랜드가 필요하지 않을 수도 있다. 물론 브랜드가 있다면 지긋 지긋한 최저가 경쟁에서 벗어날 순 있겠지만, 브랜드를 만드는 고단한 과정이 자신의 적성이나 경제적 상황에 맞지 않는 셀러에겐 브랜드를 런칭하는 일이 본인에게 과연 그럴만한 가치가 있는 것인지를 스스로 자문해 볼 필요가 있다. 사람에 따라서 최저가 경쟁을 하며 규모 있는 보따리 장사를 하는 것이 매출이나 삶의 만족도 측면에서 브랜드를 만들겠다고 고생하는 것보다 더 나은 경우도 있기 때문이다. 그래서 브랜드는 당장의 매출과 수익보단 그것을 만들어 가는 과정을 더 즐겁게 여길 수 있는 사람이 해야 한다. 그렇기 때문에 셀러는 본인이 앞으로 할 장사의 종류를 결정하기에 앞서 본인이 처한 경제적 상황을 우선 따져 봐야 하며 본인이 생각하는 장사의 최종 목적, 더 나아가 장사를 통해 성취하고 싶은 인생의 목적이 무엇인지까지 고민해 봐야 한다.

대신 일단 장사의 종류를 정했다면 이후부턴 그 장사가 요구하는 방식에 맞게 일을 해야 한다. 모든 비극은 본인의 장사가 요구하는 것과는 다른 방식으로 일을 할 때 발생한다. 브랜드가 될 수 없는 상품을 억지로 브랜드로 만들기 위해 무의미한 시간과 노력을 투자한다든지, 충분히 브랜드가 될 수 있는 조건을 가진 상품을 보따리나 메이커 방식으로 판매해 브랜드가 될 수 있는 좋은 기회를 날려버리는 경우가 여기에 해당한다.

보따리도 아무나 하는 게 아니다. 보따리 장사로 제대로 돈을 벌기 위해선 보따리다운 상품을 소싱해서, 보따리다운 방식으로 볼륨감 있게 판매할 줄 알아야 한다. 보따리다운 상품이란 이미 소비자들에게 잘 알려져 있고, 생활하는데 꼭 필요한 상품이다 (잘 알, 필). 보따리 장사를 하면서 잘 알, 필과 무관한 상품, 즉 예쁘거나 특별하거나 신박하거나 부티나는 상품을 파는 건 시간과 노력을 낭비하는 일이다. 보따리 장사는 반드시 보따리스러운 상품을 팔아야 한다. 또한 보따리 장사는 대부분 상품 마진이 낮기 때문에 보따리로 돈을 벌기 위해선 반드시 높은 매출을 발생시켜야만 한다. 일부 셀러는 보따리 장사를 하찮게 생각하며 상품을 소랑씩 사아서 판매하는 것을 보따리 장사로 착각하는 경우가 있는데 이것이야말로 시간낭비, 돈낭비의 지름길이다.

보따리 장사 또한 브랜드 장사만큼의 치열한 사전 경쟁 상품 조사가 필요하고, 경쟁자들보다 더 싼 가격에 상품을 소싱할 수 있는 최적의 공장을 찾아 내야 한다. 시장 파괴가 장사의 목적인만큼 상품 주문량도 많아야 하고, 경쟁 제품보다 더 많은 노출과 구매 전환을 일으키기 위해선 전문적인 마케팅 스킬도 필요하다. 물론 이런 종류의 일들은 누구라도 배우면 할 수 있지만 상품 소싱과 마케팅 측면에서 큰 비용을 투자해야 하는 만큼 이 역시 남다른 배포와 결단력을 가지고 있는 셀러만이 할 수 있는 일이다.

메이커도 마찬가지이다. 메이커가 되기 위해 셀러는 경쟁 제품들보다 더 예쁘고, 특별하고, 신박하고, 부티나 보이는 상품을 소싱할 수 있는 상품 안목을 가지고 있어야 하고, 이런 성질을 가진 상품들을 경쟁자들보다 더 싼 가격에 소싱할 수 있는 소싱처를 확보할 수 있어야 한다. 또한 소비자들이 기억하고 인정해 주는 브랜드까지는 아니더라도 해당 제품을 어느 정도 브랜드스럽게 꾸밀 수 있을 만큼의 브랜딩 전개 역량도 가지고 있어야 한다. 한편 메이커는 자발적으로 해당 브랜드명을 기억해서 찾아 주는 소비자가 적기 때문에 강제적인 노출을 인위적으로 만들어 줘야 한다. 그렇기 때문에 셀러의 광고 운영 스킬, 노출 어뷰징 스킬 역시 높아야 한다. 즉 보따리는 누구보다 보따리스럽게, 메이커는 누구보다 메이커스럽게 팔 줄 알아야 각자의 영역에서 의미 있는 결과를 만들어 낼 수 있는 것이다.

그러므로 셀러는 본인이 처한 경제적 환경과 본인이 가지고 있는 역량, 그리고 무엇보다 본인이 가지고 있는 장사 철학에 맞는 비즈니스 모델을 정해 그것에 맞는 방식으로 장사를 해야 한다. 단, 한가지 모델만 선택할 필요는 없다. 여건이 허락된다면 여러가지 비즈니스 모델을 동시에 진행하는 것도 좋은 방법이다. 여러 개의 브랜드를 런칭해서 어떤 브랜드는 메이커로 운영하고, 어떤 브랜드는 제대로 된 브랜드로 긴 호흡을 가지고 천천히 성장시키고, 여유가 된다면 일부 자본은 보따리 상품을 진행하는데 투자하는 것도 단기간의 현금 흐름을 만들 수 있는 좋은 방법이다. 혹은 브랜드를 진행하다 여의치 않을 경우 해당 상품을 메이커, 혹은 보따리로 다운그레이드 시켜 재고를 빠르게 처분할 수도 있다.

지금까지 우리는 브랜드가 되기 유리한 상품이 가진 특징들과 브랜드 상품을 찾는 방법에 대해 알아보았다. 이것은 결국 장사의 기본적인 4가지 요소, PRODUCT, PRICE, PLACE, PROMOTION 중, PRODUCT에 관한 내용이다. 장사를 나무 키우는 것에 비유해 보면, 생명이 깃들어 있는 씨앗을 골라 땅에 심는 일이 여기에 해당된다. 씨앗을 나무로 성장시키기 위해 흙에 물을 주는 일을 장사로 치자면 PRICE, PLACE, PROMOTION이며, 어느 정도 자란 나무가 더 잘 성장할 수 있도록 분갈이를 해 준다든지, 가지를 쳐주는 일처럼 장사에 도움이 되는 의사 결정을 하는 것이 OPERATION이다. 그럼 지금부터는 소싱할 상품이 결정된 이후 PRICE, PLACE, PROMOTION, OPERATION 영역에서 셀러는 해당 상품을 어떻게 브랜드로 성장시킬 수 있는지를 알아 보기로 하자.

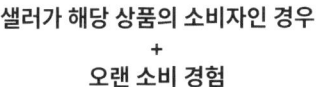

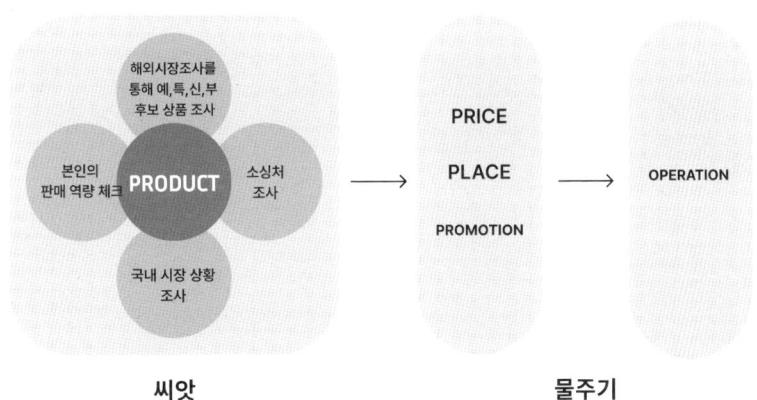

브랜드 창업 마스터

PRICE

3

1) 브랜드가 되기 위한 가격

소비자는 싸게 산 상품에 정을 주지 않는다

  소비자는 가성비를 주된 이유로 구매한 제품엔 결코 마음을 주지 않는다. 비록 그것이 대중들에게 널리 알려진 유명 브랜드 제품이라 하더라도 만일 가격이 저렴한 경우라면 남들에게 보여지길 꺼려한다. 유니클로나 자라 제품의 로고가 제품 겉면에 드러나지 않게 제작된 것도 이와 같은 이유에서이다. 요즘 소비자들은 본인들의 경제적 상황과는 무관하게 다른 사람들 눈에 자신이 가난하게 보이는 것을 극도로 꺼려하기 때문이다. 이런 변화는 SNS가 활성화된 최근 들어 더 심해졌다. 과거의 소비자들은 각자가 속한 경제적 수준에 맞는 레벨의 브랜드 제품을 구매하는 것이 자연스러운 일이었지만, 최근엔 모두가 예쁘게 보이고 싶어하고, 모두가 경제적으로 여유로운 사람처럼 보이고 싶어하기 때문에 어느 정도 상위권 등수에 들지 못하는 가격대가 애매한 브랜드들은 점차 시장에서 밀려나게 되었다.

  단 국민적 대세감을 확보한 유명 브랜드들의 경우는 예외이다. 오뚜기, 안다르, 미원, 이케아처럼 소위 내셔날 브랜드라고도 불리는 제품들은 개인의 경제적 수준과 무관하게 대한민국 사람은 누구나 구매할 법한 제품이란 대중적 인식을 가지고 있기 때문에 가격이 싸더라도 해당 브랜드 상품을 구매하는 데는 아무런 거리낌이 없게 된다. 그래서 브랜드가 대중적인 대세감을 확보해 내셔날 브랜드의 수준에까지 이르게 되면 가격 변수로부터 자유로워진다. 하지만 이는 개인 셀러와는 무관한 이야기이다.

그래서 현 시점에서 가격대를 기준으로 시장을 분석해 보자면, 고가 시장에는 명품 브랜드 제품들과 어느 정도 가격대가 있는 유명 브랜드 제품이 위치해 있고, 중가 시장에는 국민적 대세감을 확보한 일부 내셔널 브랜드들을 제외하곤 기존의 중가 브랜드 제품들은 대부분 자취를 감춘 상태이고, 그 밑엔 가성비를 이유로 팔리고 있는 저가 제품들이 아주 커다란 규모로 자리잡고 있다. 특히 최근 들어 SNS나 넷플릭스 등을 통해 상류 소득 계층들의 소비 행태와 친근해진 대중들은 전보다 더 적극적으로 상향 평준화된 소비를 하기 시작했는데, 그들의 실 소득액은 과거와 달라진 게 없기 때문에 일부 고가 소비를 제외한 대부분의 소비는 저가 시장에서 주로 발생할 수 밖에 없게 되었다. 요즘 젊은이들이 식사는 편의점 김밥으로 때우지만 커피는 스타벅스를 고집하는 것도 이런 이유에서 비롯된 현상이다. 이같이 소비의 양극화 경향이 심해진 현재, 이도 저도 아닌 애매한 가격대에서 애매한 상품성으로 팔리던 중가 브랜드들은 시장에서 서서히 자취를 감추게 되었다.

그렇기 때문에 이런 환경에서 신규 브랜드 런칭을 준비하는 개인 셀러들이 선택할 수 있는 장사의 옵션은 두 가지이다. 첫 번째는 예, 특, 신, 부의 특징을 가진 제품을 저가로 판매하는 메이커가 되는 것이다. 저가 시장에서 팔리고 있는 상품 대부분은 남다른 상품성보단 낮은 가격 경쟁력 덕에 매출이 발생하기 때문에, 해당 제품이 예, 특, 신, 부적인 상품성을 조금만이라도 가지고 있다면 저가의 버츄얼 브랜드 전략으로 시장을 공략할 수 있을 것이다. 단 소비자들은 싼 가격에 팔리는 상품은 브랜드로 인정해 주지 않기 때문에, 버츄얼 브랜드를 브랜드답게 성장시킬 마음은 과감히 버려야 한다. 버츄얼 브랜드는 말 그대로 최대한 짧은 기간동안 최대의 매출을 발생시키는 것을 목적으로 하고, 목적이 달성되면 미련없이 해당 브랜드를 폐기시킬 마음을 먹어야 한다. 싼 가격을 이유로 유명해진 메이커 제품은 구조적으로 그 라이프 사이클이 짧을 수밖에 없다. 시장에는 곧 더 싼 가격의 유사한 제품들이 속속 등장하기 마련이고, 그렇게 되면 어차피 애착도 없었던 메이커 제품에 붙은 브랜드는 고객들의 기억 속에서 쉽게 잊혀지기 때문이다. 그래서 버츄얼 브랜드는 오래 끌고 갈 계획을 가지기 보단, 짧은 메이커 상품 사이클에 맞게 운영하다가 해당 제품의 시장 수명이 다하게 되면 바로 버리고, 이어 새로운 메이커 상품을 출시할 땐 그 상품의 판매에 도움이 될만한 새로운 버츄얼 브랜드를 만들어 운영하는 것이 좋다.

시중에 나와있는 브랜드 관련된 강의나 책들을 보면 스몰 브랜드를 성장시킨다는 명분 하에 메이커 상품에 기존 유명 브랜드들이 해왔던 온갖 브랜딩, 마케팅 전략을 뒤죽박죽 적용하는 것을 마치 좋은 사례처럼 가르치는 경우가 많다. 우리는 그런 사례들에 등장한 브랜드들 중 지금까지 살아 남아 있는 브랜드의 수가 과연 얼마나 되는지 확인해 볼 필요가 있다. 왜냐하면 대부분의 경우 그들이 런칭한 것은 진짜 브랜드가 아닌 메이커 상품에 붙은 버츄얼 브랜드였기 때문이다. 버츄얼 브랜드가 해당 제품의 라이프사이클이 끝나는 시점에 동반 소멸되는 것은 지극히 자연스러운 현상이다. 버츄얼 브랜드의 역할 자체가 해당 제품을 제한된 기간 내에 더 많이 팔기 위해서만 존재했던 것이며, 소비자들 역시 가성비 좋은 버츄얼 브랜드 제품에 특별한 애착을 갖지 않기 때문이다.

　두 번째로 개인 셀러가 선택할 수 있는 장사의 옵션은 중·고가 시장에 바로 브랜드로 진입하는 것이다. 물론 가격을 높이 책정한다고 해서 해당 제품이 무조건 브랜드가 되는 것은 아니지만, 소비자들은 낮은 가격에 팔리는 상품은 결코 브랜드로 인정해 주지 않는다는 사실을 알아야 한다. 즉 개인 셀러의 신규 제품이 소비자들로부터 브랜드로 인정받기 위해선 제품 가격을 반드시 중·고가 이상으로 설정해야 한다. 그리고 해당 제품이 중·고가의 높은 가격임에도 불구하고 시장에서 팔리기 위해선, 해당 제품은 높은 가격에도 팔릴 만큼의 뛰어난 상품성을 갖춰야만 한다. 이 말은 셀러가 브랜드 런칭을 염두에 둔 상품을 소싱할 때는 해당 카테고리에서 높은 가격으로 팔릴만한 상품성을 가진 제품을 우선적으로 소싱 후보로 선정해야 한다는 뜻이다. 만일 셀러가 그 정도 수준 이상의 상품성을 갖추지 못한 제품을 소싱하게 되면, 당연히 해당 상품은 시장에서 높은 가격에 팔릴 수 없게 되고, 그 결과 해당 상품은 소비자들로부터 브랜드로서 인정받지 못하게 되는 것이다. 그렇기 때문에 상품을 먼저 소싱하고 난 뒤, 어떻게 해야 해당 상품을 브랜드로 만들기 위해 가격을 높게 받을 수 있을지를 궁리할 것이 아니라, 애초부터 비싼 가격으로 팔릴 수 있는 상품을 찾아 소싱해야 하는 것이다.

소비자들로부터 브랜드로 인정받는 가격

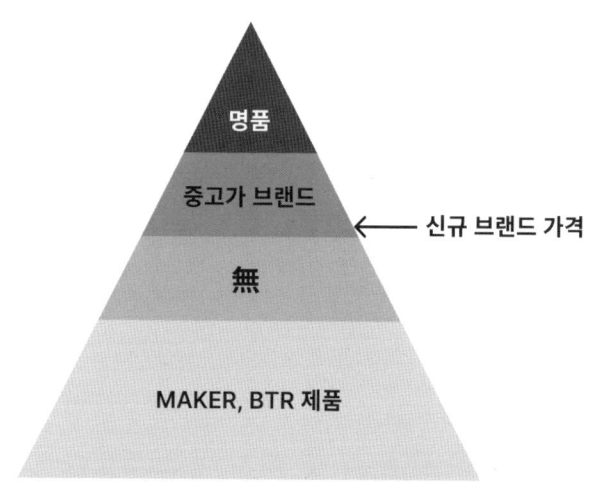

오늘날 시장에서 팔리고 있는 모든 상품들을, 제품 가격대를 기준으로 소비 시장위에 배치시켜 보면, 피라미드 맨 위 층엔 최고가의 명품 브랜드들이 위치하고, 두번째 층엔 중고가 브랜드들이, 그리고 현재 텅 비어 있는 중간 가격 층을 건너 뛴 후, 피라미드 맨 아래 칸에는 낮은 가격대의 메이커들과 보따리 상품들이 존재한다. 개인 셀러가 브랜드로 런칭하는 상품의 가격대는 바로 중 고가 브랜드들이 위치해 있는 피라미드의 두번째 층이라야 한다. 물론 신규 브랜드 상품을 이미 대중들 사이에서 인지도가 높게 형성되어 있는 기성 브랜드들보다는 비싼 가격으로 팔 순 없겠지만, 중요한 건 신규 브랜드 상품의 가격대가 기존의 중 고가 브랜드들이 형성하고 있는 가격대의 테두리 아래로 떨어져서는 안 된다는 점이다. 이 가격

지점이 소비자들로 하여금 처음 보는 신규 제품을 기억할만한 가치가 있는 브랜드 제품으로 여길 수 있게 만드는 마지노선이기 때문이다.

요즘 소비자들은 시장에서 잘 팔리고 있는 브랜드 정보에 민감하다. 요즘 잘 나가는 브랜드들에 대해 무지하다면 마치 스스로가 시대에 뒤처진 채 살고 있는 듯한 불안감을 느끼기 마련이다. 그래서 더 자주 SNS을 보고, 쇼핑몰에 방문할 때도 개중 최근 본인이 혹시 놓치고 있는 신규 브랜드들은 없는지 관심을 기울인다. 이때 신규 브랜드 서칭을 하는 소비자들의 관심을 가장 효과적으로 끌 수 있는 방법이 바로 높은 가격인 것이다.

예를 들어 지금 누군가 핸드폰을 열고 티셔츠를 검색한다고 상상해 보자. 가장 먼저 그들의 눈에 띄는 상품은 높은 가격에 팔리고 있는 유명 브랜드 제품들일 것이다. 이어 중간 가격대를 지나 저가 시장에 이르게 되면 비록 브랜드스러워 보이는 나름의 로고는 달고 있겠지만 그것이 구매에 있어 큰 분별력을 발휘하지 못하는 저가 메이커, 보따리 티셔츠 상품들까지 보게 될 것이다. 그런데 만일 이 과정에서 난생 처음 보는 브랜드에서 파는 티셔츠인데 가격 9만원인 제품이 있다면 소비자들은 어? 이건 뭐지? 내가 모르는 브랜드인가? 요즘 뜨는 브랜드인가? 라는 호기심이 발동하며 해당 제품에 대해 관심을 가지게 될 것이다. 물론 이 관심이 최종 구매가 일어나는 단계까지 이르기 위해선 앞서 설명한 소비자들의 '브랜드 탐색 테스트' 과정을 통해 상품성과 브랜딩 검증을 거쳐야겠지만, 가격이 높게 책정되어 있다는 사실 하나만으로도 해당 제품은 소비자들의 초기 관심을 끌 수 있게 되는 것이다.

소비자들은 새로운 제품에 관심을 가지게 되면 해당 제품의 실체를 파악하기 위해 이후 일련의 검증 과정들을 거치게 된다. 이 시점에서 중요한 건 해당 제품의 판매량이나 리뷰 숫자, 리뷰 내용들이 소비자들의 최초의 관심을 확신으로 이끌 수 있을 만큼의 수준으로 이미 세팅이 완료되어 있어야 한다는 점이다. 또한 소비자들은 본인의 선택을 재확인하기 위해 블로그나 SNS를 검색해서 해당 상품이 이미 다른 사람들도 이용하고 있는 검증된 상품인지를 확인하고 싶어하기 때문에 상품의 본격적인 런칭에 앞서 블로그와 SNS 협찬 작업 역시 일정 수준 이상으로 미리 준비되어 있어야 한다.

소비자들은 가성비를 주된 이유로 구매한 제품보다 이와 같은 나름의 검증 과정을 거쳐 비싼 가격으로 구매한 브랜드 제품에 더 마음을 주기 마련이다. 비싼 가격을 주고 산 제품은 비록 해당 상품이 비싼 가격만큼의 값어치를 못하더라도 '비싼 제품은 그럴만한 뭔가 이유가 있겠지'라고 생각하며 본인이 내린 결정에 대해 스스로를 합리화 하려는 경향이 있다. 반면 본인이 비싸게 주고 산 제품이 나중에 가격이 인하되어 싼 가격에 팔리게 되는 것을 발견하면 그들은 해당 브랜드에 상당한 배신감을 느끼고 완전히 등을 돌리게 된다. 이처럼 가격이 소비자들의 브랜드 인식에 끼치는 영향은 상당히 크다.

소비자들로 하여금 해당 제품을 브랜드로 여기게 만드는 가격 전략에도 한가지 예외적인 경우가 있는데, 그것은 해당 제품이 기존 시장에 존재하지 않았던 완전히 새로운 상품이거나, 해당 상품 카테고리 내에 유사한 경쟁 제품이 존재하지 않는 경우이다. 이런 경우는 고객들 입장에서 무엇이 브랜드이고 무엇이 브랜드가 아닌지를 판단할 수 있는 비교 대상 상품 자체가 존재하지 않기 때문에, 셀러 입장에선 해당 상품을 굳이 비싼 가격으로 판매하는 리스크를 가질 필요가 없다. 이때는 단순히 해당 제품으로 최대한 많은 매출을 올릴 수 있다고 판단되는 적정한 가격으로 제품을 판매하면 된다. 만일 향후에 유사한 경쟁 제품들이 시장에 등장하기 시작하면, 이때는 소비 심리 차원에서 그들과의 역학적 관계를 고려해서 상대적으로 해당 상품이 브랜드로 인식 받을 정도로 가격을 재조정하는 작업이 필요하다.

가격 인하는 언제 하는가?

브랜드를 운영하다 보면 여러가지 이유로 인해 매출이 정체될 때가 있다. 이때 대부분의 셀러들이 쉽게 저지르는 실수가 떨어진 매출을 만회하기 위해 제품 가격을 인하하는 것이다. 그나마 기간을 한정 짓는 경우나 특정 명분을 내세운 세일 행사는 큰 문제가 되지 않을 수도 있지만 아예 제품 가격을 인하하는 행위는 이전에 해당 제품을 구매했던 기존 고객들에게 상당한 배신감을 주게 된다. 브랜드는 어떤 일이 있어도 제품의 가격을 인하해선 안된다. 대신 브랜드의 매출 정체는 가능한 한 추가적인 상품 출시를 통해서 극복되어야 한다. 또한 신규로 출시되는 제품의 가격은 반드시 이전 상품에 비해 높은 가격으로 책정을 해야 소비자들 사이에서 해당 브랜드의 위상이 유지될 수 있다.

프랜차이즈 죽 전문 업체 '본죽'의 경우도 경쟁 업체들이 늘어나고 그들이 저가 정책을 앞세워 시장을 잠식해 들어오자, 가격을 인하하는 대신 홍게살 죽, 트러플 소고기 죽 등 여러 종류의 프리미엄 죽 제품을 메뉴에 추가시켜 오히려 자신들의 전체적인 가격대를 높여 버렸다. 물론 이 과정에서 가격을 이유로 이탈된 고객들도 존재했겠지만, 프리미엄 메뉴 출시를 명분으로 전체적인 가격대가 올라간 탓에 브랜드 이미지 측면에서도 다른 죽 업체들과 확실히 차별화될 수 있었고, 영업이익 측면에서도 오히려 더 좋은 결과를 이끌어 낼 수 있었다.

비록 회사가 자금난에 처해 당장 매출이 급한 상황이 발생하더라도, 셀러는 제품 가격을 건드릴 것이 아니라 수면 위로 드러나지 않는 언더그라운드 판매, 예를 들면 공동구매나 폐쇄몰 판매, 도매, 수출 같은 외부적인 방법으로 부족한 매출을 메꿀 고민을 해야 한다.

굳이 제품의 가격까지 낮추고 싶다면 겉으로 티가 나지 않는 방법을 선택해야 한다. 예를 들면 제품 용량을 기존보다 늘리거나 제품 사이즈를 키운다든지, 혹은 여러 제품을 번들로 팔아서 가격이 인하된 것이 겉으로 잘 드러나 보이지 않게 하는 방법 등이 있을 것이다. 이렇게 되면 표면적으로 드러난 가격대는 기존과 유사해 보이지만, 가격 대비 구매 양은 늘어났기 때문에 실제론 가격이 낮아지는 효과를 가져와서 합리적인 구매를 원하는 고객들의 매출을 유도할 수 있게 된다.

반면 가격 인상을 정당화할 명분은 무수히 많다. 원자재 가격의 상승, 환율 변동, 인건비 상승 등 나름 여러가지 합리적으로 보이는 이유를 들어 가격을 올릴 수 있다. 사실 브랜드는 아무런 명분 없이 가격을 올려도 무방하다. 일부 소비자들로부터 반감을 살 순 있겠지만 그것은 일시적일 뿐이다. 대부분의 소비자들은 '얘네들도 유명해지니까 결국 가격을 올리는구나' 라고 으레 그것을 당연하게 여기기 때문에, 가격 상승은 브랜드 로얄티나 구매 욕구 측면에선 큰 영향을 끼치지 않는다.

하지만 브랜드가 가격을 인하하게 되면 소비자 입장에선 '해당 브랜드가 장사가 안된다, 혹은 브랜드가 맛이 갔다'라는 생각 외엔 거기에 대한 마땅한 이유를 떠올리기 어렵게 된다. 그렇기 때문에 가격을 내리는 것은 브랜드 입장에서 곧 자멸행위인 것이다. 가격 인하는 정말 그 방법 외엔 도저히 시장에서 버틸 방법이 없는 경우, 즉 브랜드를 정리할 때에만 선택할 수 있는 마지막 탈출 카드인 것이다. 그래서 우리 주변을 보면 좋은 브랜드들은 항시 시간이 갈수록 가격을 점점 인상하는 경향이 있고, 가격을 점점 인하하는 브랜드는 대부분 얼마 후 시장에서 모습을 감추게 되는 것을 흔히 목격하게 된다

만일 셀러가 매출이 정 급한 상황이거나, 해당 상품의 가격을 조금만 인하해서 팔면 훨씬 더 많은 매출을 낼 수 있을 것이라고 판단된다면, 차라리 유사한 상품으로 새로운 브랜드를 하나 더 만들어서 그 상품을 메이커 형태로 싸게 판매하는 것이 좋다. 그렇게 되면 기존 브랜드에 대해선 계속 장기적인 성장을 기대해 볼 수 있으면서도, 동시에 메이커 상품 판매를 통

해 급한 매출의 불은 끌 수 있기 때문이다.

모든 브랜드는 '중력의 법칙'의 지배를 받는다. 브랜드는 지속적으로 스스로를 더 고급화시키고 그에 따라 가격을 인상하는 작업을 반복해야 한다. 이 작업을 멈추게 되면 해당 브랜드는 결국 그 아래 급 브랜드로 전락하게 된다. 아무리 지금 시점에선 A급 브랜드라 할지라도 이 과정을 게을리하면 시간이 흐를수록 B급, C급으로 그 위상이 점점 추락하게 된다. 이처럼 소비자들이 직관적으로 브랜드의 등급을 정의하는 기준은 바로 가격이다.

혹자는 해당 상품이 소비자들에게 높은 가격대로 팔리려면 고가 마케팅이 우선되야 하지 않느냐고 반문할 수도 있다. 이것은 마치 닭이 먼저냐 달걀이 먼저냐와 같은 질문처럼 보이지만 결론은 가격이 먼저다. 애초부터 높은 가격으로 팔겠다는 기획이 우선되어야 그만큼 높은 가격을 받을 수 있을만한 상품을 처음부터 기획해서 소싱을 하게 되고, 향후 그에 합당한 마케팅 플랜을 짤 수 있게 되기 때문이다. 안이한 마음에 처음부터 애매한 가격대로 팔릴 상품을 소싱해 놓고 소비자들의 반응이 좋으면 가격을 올리고, 반응이 안 좋으면 가격을 내리겠다는 마음으로 제품을 팔기 시작하면 소비자들은 그 브랜드를 애매한 수준으로만 인지하게 된다. 요즘 시장에서 애매한 브랜드는 절대 팔리지 않는다. 그래서 브랜드 레벨은 사후 마케팅이 아닌 런칭 당시 최초 설정된 제품 가격으로 그 운명이 결정되는 것이다.

그렇기 때문에 신규 브랜드 런칭을 준비하는 개인 셀러는 소싱할 상품을 먼저 정해 놓고 이후에 가격을 책정하는 순서로 일을 해선 안 된다. 먼저 해당 상품 카테고리에서 신규 상품이 소비자들에게 브랜드로 인지될 수 있는 가격대가 어느 정도인지를 파악하고, 그 가격대로 팔릴 수 있는 제품은 어떤 수준의 상품성을 갖춰야 하는지를 고민한 후, 이런 상품성을 가지고 있는 상품을 찾아 소싱을 해야 한다. 이후 수반되는 상세페이지 작업, 플랫폼 입점, 마케팅 업무 역시 해당 제품이 그 가격대로 판매될 수 있는 수준과 내용에 맞게 진행되어야 하는 것이다.

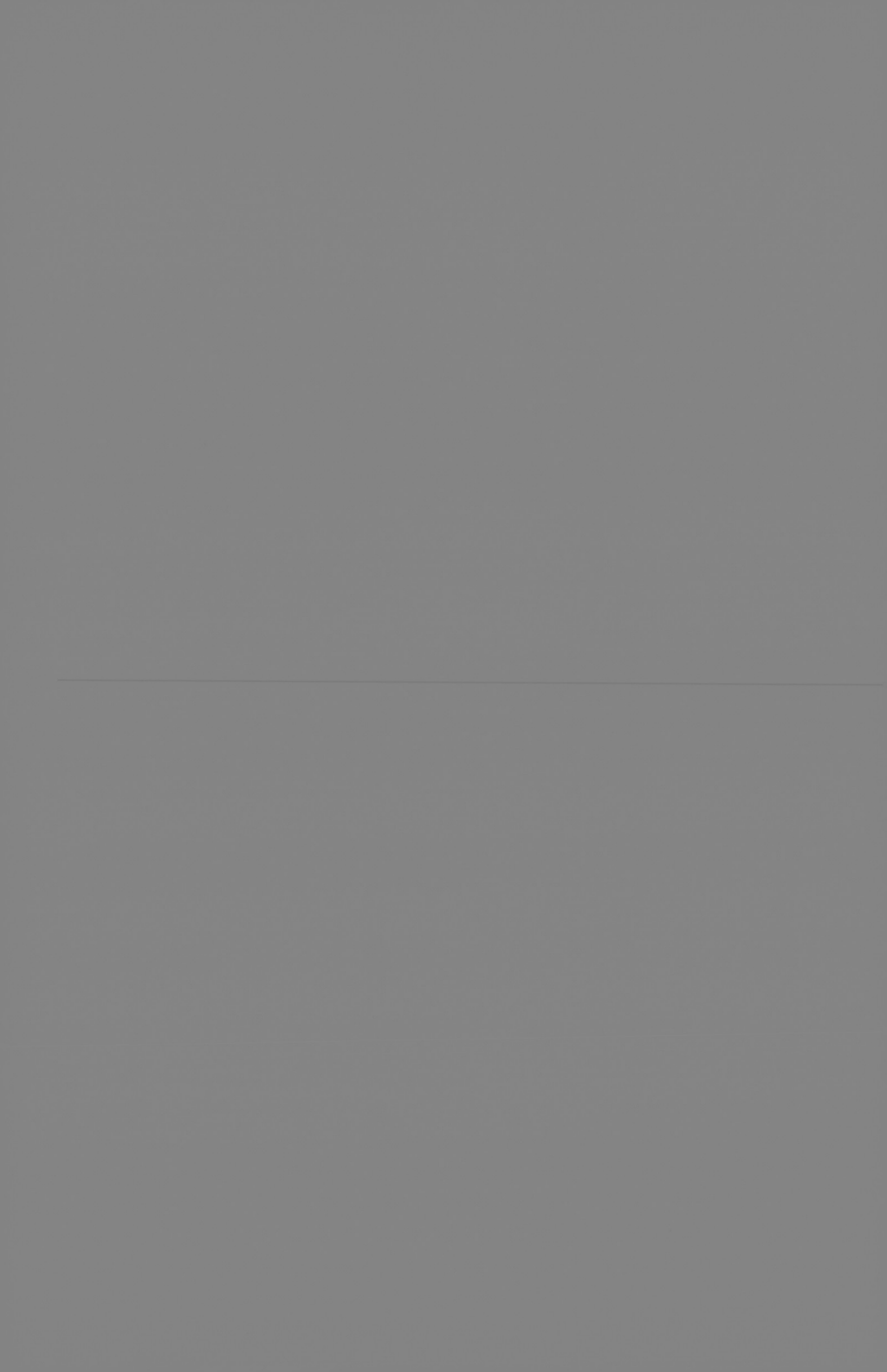

브랜드 창업 마스터

PLACE

4

1) 브랜드가 팔리는 장소

브랜드 제품은 어디에서부터 팔아야 하는가?

　브랜드 제품은 결국 최대한 많은 장소에서 판매 되는게 좋지만, 런칭 초반에는 절대 여러 플랫폼에서 동시에 판매하려 들어서는 안된다. 신규 브랜드 제품은 최초에 어디에서 판매되는지에 따라 향후 입점 난이도가 달라지고, 플랫폼 별 입점 순서 역시 소비자들이 해당 제품을 브랜드로 판단하는 데에 영향을 주기 때문이다.

　해당 제품이 브랜드로 인정받기 위해선 소비자들이 기존에 브랜드로 여기는 상품들이 주로 팔리는 장소에서 다른 브랜드 제품들과 함께 판매되는 것이 좋다. 브랜드 제품들이 주로 판매되는 플랫폼은 SSG닷컴, GS샵, CJ몰 같은 종합몰이나 마켓컬리, 오늘의 집, 29cm같은 전문몰들이 있고, 네이버 스마트스토어나 쿠팡같은 대중적인 쇼핑몰 내에서도 브랜드몰이라 불리는 브랜드들만 따로 모여 있는 공간이 존재한다. 하지만 신규 브랜드 제품의 경우엔 곧바로 이런 장소에 좋은 조건으로 입점하기도 어렵고, 혹 인맥을 동원해 이런 플랫폼의 좋은 노출 구좌를 힘들게 얻게 되더라도 만일 그 곳에서 다른 브랜드들에 필적하는 수준의 매출을 만들어 내지 못하면 바로 퇴출되기 십상이다. 그래서 신규 브랜드 제품의 경우엔 처음부터 기존 브랜드들이 판매되는 공간에 바로 입점하려고 노력하기 보단, 나름의 순서를 차곡 차곡 밟아가며 플랫폼으로부터 좋은 조건의 입점 제안이 먼저 올 때를 기다리는 것이 좋다. 그리고 입점 제안이 오더라도 정황상 그 장소에서 본인의 상품이 유의미한 매출을 낼 수 있는 여건을 갖추지 못했다고 판단된다면 입점 시기를 늦추는 것이 좋다.

그렇다면 개인 셀러가 런칭한 신규 브랜드는 최초에 어디서부터 판매를 시작해서 향후 어떤 순서로 플랫폼 입점을 확장하는 것이 좋을까? 불과 몇 년 전 까지만 해도 개인 셀러가 런칭한 브랜드가 대중적으로 인정받는 브랜드가 될 수 있는 방법은 주요 오프라인 상권에 브랜드 매장을 내거나 막대한 매체 광고, PR작업 등을 통해 빠르게 대중들의 인지도를 쌓는 방법 외엔 없었다. 한 때 소셜커머스 열풍이 불던 시절, 소셜커머스 업체의 전폭적인 지원을 받으며 만들어진 브랜드들이 전국적인 인지도를 얻으며 크게 성장한 시기가 있었으나 이후 대부분의 소셜커머스들이 쇠퇴한 후엔 일부 뷰티, 패션 카테고리를 제외하곤 한동안 시장에서 그럴듯한 개인 브랜드들을 만나 보기가 어려워졌다.

그러던 중 네이버에서 경쟁력있는 오프라인 매장들을 온라인 공간으로 옮기겠다는 취지로 '윈도우'라는 공간을 런칭하면서 나름 많은 개인 셀러들이 네이버 윈도우를 통해 자신들의 브랜드를 시장에 런칭할 수 있게 되었다. 하지만 당시 소셜커머스 업체 중 한 곳이었던 쿠팡이 일본으로부터 큰 규모의 투자를 유치한 뒤, 빠른 배송을 앞세운 최저가 상품 노출 전략을 통해 엄청난 성장을 거두자, 네이버 또한 여기에 맞서기 위해 기존에 가지고 있던 개인 셀러 브랜드 육성 전략을 버리고 쿠팡과 같은 방식으로 최저가 경쟁에 뛰어들기 시작했다. 그 결과 당시만 해도 개인 셀러들이 비교적 용이하게 진입할 수 있었던 네이버와 쿠팡이 지금은 최저가 상품들의 전쟁터로 변하게 되었고, 가격이 싼 상품만 노출이 유리한 방향으로 모든 시스템이 바뀌게 되자 네이버와 쿠팡엔 기존에 소비자가 이미 알고 있던 기성 브랜드 상품과 가성비 좋은 최저가 상품, 이렇게 두가지 극단적 성격을 가진 상품만 남게 되어버렸다. 즉 상대적으로 애매한 상품력과 애매한 가격 경쟁력을 가진, 개인 셀러들이 런칭한 브랜드 상품들은 더 이상 그 곳에 있을 자리가 없어지게 된 것이다. 개인 셀러가 나름 야심차게 런칭한 브랜드들도 쿠팡과 네이버 환경에서 살아 남기 위해선 어쩔 수 없이 가격을 낮춰 판매할 수 밖에 없게 되었고, 그 결과 그런 제품들은 브랜드 인지도는 있지만, 브랜드 가치는 없는 소위 메이커로 전락하게 된 것이다.

하지만 최근 인스타그램 쇼핑의 등장은 브랜드를 꿈꾸는 셀러들에게 커다란 돌파구가 되었다. 인스타그램은 사실 오래전부터 존재했던 SNS포스팅 공간이었지만, 어느 순간부터 인스타그램에서 실제로 상품을 구매하는 소비자들의 숫자가 갑자기 늘어나기 시작하면서 인스타그램이 단순한 소통 공간을 넘어 어엿한 쇼핑 플랫폼 중 하나로 진화하게 되었다. 싼 물건들만 상위에 노출되는 기존의 쿠팡, 네이버의 쇼핑 환경에 불만을 느낀 일부 가심비 높은 상품을 찾는 소비자들이 인스타를 그 대안으로 여기기 시작한 것이다. 소비자들 중엔 무조건 가성비 좋은 상품들만 찾는 사람들도 있지만, 일부 소비자들은 다소 가격이 높더라도 디자인이 뛰어나거나 성능이 특별한 제품을 구매하기 원하는 사람들도 있기 때문이다. 쿠팡과 네이버는 낮은 가격 위주로만 상품들이 노출되는 알고리즘으로 운영되기 때문에, 끝없이 화면을 밑으로 스크롤 하며 수많은 저가 물건들의 틈바구니 속에서 가심비 좋고 신박한 상품을 찾아내기란 거의 고문에 가까운 일이다. 물론 쿠팡, 네이버에서도 본인이 사전에 구매하고 싶은 브랜드가 있는 경우엔 그 브랜드명을 검색창에 직접 입력해서 해당 브랜드의 상품을 찾을 순 있겠지만, 예쁜 애견 방석처럼 해당 상품 카테고리에서 마땅히 대중들에게 잘 알려진 유명 브랜드가 없는 경우엔 원하는 상품을 검색할 마땅한 방법을 찾기 어렵다. 또한 홈데코, 패션잡화, 아동복 제품같이 대중들에게 잘 알려지지는 않았지만 비싼 유명 브랜드 제품과 비교해 나름 새롭고, 신박하고, 세련된 신규 브랜드 제품들이 유독 많이 존재하는 상품 카테고리 역시 쿠팡, 네이버를 통해 맘에 드는 상품을 찾아 내기란 쉽지 않다.

이와 같은 이유들로 인해 기존 쿠팡, 네이버에 불편함을 느끼고 있던 소비자들에게 인스타그램 쇼핑은 예쁘고, 특별하고, 신박하고, 부티나는 상품을 구매할 수 있는 새로운 대안으로 다가왔다. 그래서 요즘 젊은 소비자들 사이에선 가성비가 중요한 상품은 쿠팡이나 네이버에서 사고, 가심비가 중요한 상품이나 신박한 상품은 인스타그램에서 사는 것으로 소비 패턴이 굳어지게 된것이다. 즉, 인스타 검색창이 마치 기존의 쇼핑몰 검색창처럼 사용되기 시작한 것이다. 이처럼 소비자들이 인스타그램을 통해 구매하는 상품의 매출이 점점 늘어나기 시작하자 더 많은 셀러들이 인스타그램 쇼핑에 뛰어 들기 시작하고, 그 결과 인스타그램에서 판매하고 있는 상품들의 숫자 역시 점점 늘어나게 되면서, 이로 인해 이전보다 더 많은 소비자들이 인스타그램을 이용하게 되는 자연스런 선순환의 그림이 만들어지게 된 것이다.

인스타그램 + 자사몰

　인스타그램은 기본적으로 사진 포스팅을 기반으로 진화된 앱이다 보니, 그 특유의 인터페이스 특성상 여타 플랫폼들의 썸네일 제품 사진보다 인스타그램에 게시된 제품 사진이 더 브랜드스럽게 보인다는 시각적 특징을 가지고 있다. 또한 '좋아요' 버튼과 '댓글' 기능을 통해 다른 사람들이 해당 상품에 대해 가지고 있는 관심도와 호감의 내용을 확인하는 것이 가능하고, 셀러가 남긴 포스팅 글이나 고객이 남긴 댓글에 셀러가 남긴 '대댓글'을 통해 소비자들이 셀러의 인격과 친숙해질 수 있다는 특징이 있다. 그리고 무엇보다 중요한 것은 인스타그램 상에선 유사 상품들과의 가격 비교가 구조적으로 불가능하단 점이다. 인스타그램에서 마음에 드는 상품을 발견한 경우, 해당 제품이 상대적으로 비싼 건지, 싼 건지, 혹은 이런 류의 상품을 다른 곳에서 살 수 있는지 등의 정보를 인스타 공간에선 확인이 불가능하다. 그리하여 소비자는 인스타그램 공간에서 보고 있는 한정된 정보만을 의지해 해당 상품의 구매 의사를 결정하게 되는 것이다.

　인스타그램에서 일정 수준 이상의 인기를 얻은 신규 브랜드 제품은 자연스럽게 소비자들의 기억 속에 해당 브랜드 이름이 남게 되게 되고, 일정 시간이 흘러 쿠팡이나 네이버에서 해당 브랜드 이름을 직접 검색창에 입력하는 사람들의 숫자가 늘어나는 시점까지 이르게 되면, 해당 브랜드는 쿠팡, 네이버에서도 더이상 유사 상품들과 키워드 노출 경쟁이나 가격 경쟁을 할 필요 없이 독립적으로 매출이 발생되는 안정적인 스테이지로 진입할 수 있게 된다. 즉 인스타그램이 단지 매출만 발생시키는 것뿐만 아니라 자신의 제품을 소비자들 사이에서 브랜드로 여겨지게끔 만들어 주는데 도 큰 역할을 하는 것이다. 이처럼 인스타그램에서 높은 인지도를 쌓은 브 랜드는 네이버 밴드나 카페에서 진행되는 공동 구매, 인플루언서들을 활 용한 공동 구매에 있어서도 잘 알려지지 않은 무명 보따리 상품, 메이커 상품들에 비해 훨씬 유리한 조건으로 판매될 수 있게 된다.

최근 들어 인스타그램을 통해 브랜드를 런칭하는 개인 셀러들의 숫자 가 점점 늘어나자 상세페이지 디자인, 상품 촬영, 마케팅 등의 업무를 대 신 해주는 대행사들의 서비스도 변하기 시작했다. 과거 대행사들은 대부 분 쿠팡, 네이버에서 최저가 판매를 하는 셀러들 대상으로 보따리 장사에 필요한 업무들을 주로 대행해왔기 때문에, 브랜드 런칭을 계획하는 개인 셀러들이 기대하는 브랜드다운 내용의 서비스는 제대로 제공하지 못했었 다. 하지만 개인 브랜드 상품들의 숫자가 늘어나자 단순 제품 판매와 브랜 드 제품 판매의 차이를 이해하는 대행사들이 늘어나기 시작했고 이와 같 은 마케팅 대행사 환경의 변화 역시 최근 개인 셀러들이 브랜드 런칭을 진 행하는데 있어 큰 도움이 되었다.

쿠팡, 네이버 사전 리뷰 작업

인스타그램에서 본격적으로 상품을 판매하기 전에 셀러가 먼저 준비 해야 할 일은 해당 상품의 판매가 원활이 일어날 수 있도록 사전부터 소 비 심리적 환경을 미리 조성해 놓는 것이다. 대부분의 소비자들은 인스타 그램에서 발견한 상품을 최종적으로 구매하기에 앞서 습관적으로 쿠팡이나 네이버에 방문해 혹시 동일한 제품을 그 곳에서 더 싼 가격에 판매하고 있는지를 확인해 보려는 경향이 있다. 이때 쿠팡, 네이버에서 동일 제품을 검색했을 때, 해당 제품이 일정 수준 이상의 판매량을 기록하고 있고, 상품 후기에 긍정적인 내용의 리뷰글들이 많이 달려있다면 이는 소비자들의 구매 의사결정에 큰 도움이 된다. 그래서 셀러는 인스타그램에서 신규 브랜드 제품을 런칭하기에 앞서 우선적으로 쿠팡, 네이버에서 구매량 조정 및 리뷰 작업을 진행해야 하는 것이다. 인스타에서 인기있는 제품을 자신의 쇼핑 플랫폼에 입점 시키고자 하는 MD 역시 입점 진행을 시키기 위해선 조직의 의사 결정권자에게 최종 승인을 받아야 하는데, 구체적인 근거 데이터 없이 해당 상품이 인스타그램에서 인기가 있다는 이유만으로는 최종 승인을 받기 어렵다. 이때 근거 데이터로 사용될 수 있는 것이 바로 네이버나 쿠팡에 달린 리뷰 수와 그로 인해 예측 가능한 판매량인 것이다. 그래서 때론 해당 상품의 입점을 원하는 MD가 셀러에게 먼저 연락을 해서 네이버, 쿠팡에 리뷰 작업을 부탁하는 경우도 있는 것이다.

이렇게 쿠팡, 네이버에서 충분한 사전 리뷰 작업을 거친 상품이 인스타그램을 통해 자사몰에서 유의미한 매출을 발생시키기 시작하면, 이제 해당 상품에 대한 광고 효율이 나올 시점이 되었다고 판단할 수 있다. 그래서 이 시점부터는 인스타그램 메타광고 비용을 증액해서 본격적으로 광고를 집행해야 한다. 단, 인스타그램 광고의 랜딩페이지는 상품의 종류에 따라 달라질 수 있겠지만, 대부분의 경우는 자사몰에 50%, 쿠팡이나 네이버의 해당 상품 판매 페이지에 50% 정도로 세팅해 놓는 것이 좋다.

다른 플랫폼으로 확산하는 시점

인스타그램에서 인기를 얻어 높은 매출을 기록한 브랜드들은 향후 무신사, 29cm, W컨셉 같이 감각적인 제품을 셀렉해서 판매하는 온라인 편집샵들, 그리고 오늘의집, 마켓컬리, 하이버같이 특정 카테고리의 제품을 전문적으로 파는 버티컬 전문몰들, 그리고 GS샵, CJ몰, SSG닷컴 같이 비교적 중 고가 브랜드 제품을 취급하는 종합몰들에서 러브콜을 받게 된다. 이런 플랫폼들 내에서도 물론 가격 경쟁은 존재하지만, 이런 곳들은 네이버, 쿠팡에 비해 가성비보단 가심비나 브랜드 가치를 더 중요시하는 구매 성향을 가진 고객층이 상대적으로 많기 때문에 셀러 입장에선 해당 브랜드 제품을 좀 더 브랜드답게 판매할 수 있는 환경을 가지게 된다. 그리고 이 경우엔 셀러가 입점 의뢰를 한 것이 아니라 플랫폼 측으로부터 입점 의뢰를 받은 상황이기 때문에 전과 비교해 훨씬 유리한 조건으로 상품을 판매할 수 있게 된다.

신규 브랜드 제품이 인스타그램+자사몰, 편집샵, 전문몰, 종합몰 등을 거쳐 어느 정도 고객 인지도를 확보하게 되면, 쿠팡, 네이버에서 해당 브랜드 제품을 그 제품이 속한 상품 카테고리 키워드로 검색하는 것이 아닌 브랜드명 자체를 검색창에 입력하는 소비자들의 숫자가 늘어나게 되고, 이때가 바로 신규 브랜드 제품을 공격적인 키워드 광고, 노출 광고를 통해 네이버, 쿠팡에서 본격적으로 판매할 수 있게 되는 시점인 것이다.

이때부터는 해당 브랜드의 오프라인 진출 또한 고민해도 된다. 과거에는 오프라인에서 기본적인 매출을 만든 후 추가적인 매출을 만들어 내기 위해 온라인으로 진출했지만 지금은 반대이다. 온라인에서 충분한 매출을 확보한 후, 추가적인 매출을 위해, 또는 온라인 매출에 시너지를 내기 위해 오프라인 매장을 활용해야 한다. 그래서 과거의 오프라인 매장은 비싼 임대료를 주고 상권이 좋은 곳에 오픈해야 했지만, 지금은 주로 온라인 매출을 서포트하기 위한 목적으로 오프라인 매장이 필요하기 때문에 상권보단 매장 내부의 환경이 더 중요해졌다. 이미 온라인을 통해 브랜드 인지도가 쌓인 시점부턴 고객들이 매장을 알아서 찾아 오기 때문에 굳이 비싼 돈을 주고 좋은 상권에 매장을 오픈할 필요가 없는 것이다. 또한 오픈 시점도 소비자들이 간절히 원하는 시점에 마지 못해 오픈하는 것처럼 보이는 것이 좋다.

   백화점 입점도 마찬가지이다. 최근 더 현대나 스타필드 같은 쇼핑몰에 가 보면 많은 개인 셀러들의 브랜드를 볼 수 있지만, 브랜드 인지도가 충분히 쌓이지 않은 상태에서 백화점에 입점을 하게 되면 득보다 실이 많게 된다. 주로 처음에는 팝업 매장 형태로 입점이 되고 거기에서 일정 수준 이상의 매출 성과가 나오면 이후 정식 매장 오픈을 제안받겠지만, 브랜드 홍보 효과를 제외한다면 정식 매장은 최근 명품 브랜드가 아닌 이상 손익 측면에서 수익을 내기 어렵다는 사실을 알아야 한다. 과거에는 백화점 입점 외엔 브랜드 인지도를 얻을 수 있는 방법이 딱히 없었지만 현재는 SNS로도 그 이상의 브랜드 홍보 효과를 낼 수 있기 때문에, 백화점 매장 운영에 들어가는 비용을 대신 온라인 마케팅에 투자하는 것이 훨씬 높은 비용 대비 효과를 얻게 될 것이다. 그래서 신규 브랜드 제품은 처음부터 여기

저기 입점부터 할 게 아니라 차근 차근 브랜드로 성장하기 위한 일련의 입점 과정을 순서에 맞게 밟는 것이 좋다. 이처럼 브랜드가 된다는 것은 시간과 인내를 필요로 하는 작업이다.

매출이 급하면 수면 아래에서 팔아라

대부분의 신규 셀러는 빠른 현금 흐름이 필요하다. 머리로는 브랜드가 되기 위한 계단을 차근 차근 밟고 올라가고 싶지만 자본이 넉넉치 않은 개인 셀러는 창고에 쌓여 있는 재고를 보면 마음이 조급해질 수밖에 없다. 이때 개인 셀러가 선택할 수 있는 방법은 수면 위에 드러나지 않은 채 매출을 발생시킬 수 있는 방법을 찾는 것이다. 그 대표적인 방법이 바로 인플루언서 공구이다. 인플루언서 공구는 해당 인플루언서를 팔로우 하고 있는 팬들을 대상으로 발생되는 매출이기 때문에 공구 판매시 해당 상품 가격을 싸게 팔아도, 향후 그 브랜드의 가격 정책에 영향을 주지 않는다. 한시적으로 제한된 대상에게만 적용된 할인 조건이라 수면 위로 그 내용이 드러나지 않기 때문이다. 비슷한 이유로 카페 공구, 밴드 공구, 카카오 선물하기, 홈쇼핑, 폐쇄몰, 그리고 와디즈, 텀블벅같은 펀딩 플랫폼 역시 수면 아래에서 싼 가격으로 큰 매출을 빠르게 만들어 내기 좋은 방법이다. 필요에 따라선 중고나라나 당근마켓, 번개장터를 사용하는 경우도 있다. 이 역시 공식적인 판매 루트가 아니기 때문에 마치 해당 브랜드 제품을 비공식적인 루트를 통해 빼내온 리셀러가 판매하는 것처럼 행동한다면 브랜드 평판에 영향을 주지 않는다.

와디즈, 텀블벅

와디즈나 텀블벅같은 펀딩 플랫폼은 원래 신박한 상품 아이디어를 가지고 있지만 해당 아이디어를 제품으로 양산할만한 자본이 부족한 상품 개발자들이 소비자들로부터 펀딩을 받아 그 돈으로 상품을 제작한 후, 펀드에 참여한 고객들에게 일반인들보다 낮은 가격으로 해당 제품을 구매할 수 있는 기회를 주겠다는 취지로 만들어진 곳이다. 그러다 보니 상품이 선판매되고 주문된 상품이 고객에게 배달되기까지 상품 생산 기간을 감안해서 2,3개월 간의 리드 타임이 셀러에게 허용된다. 즉 해외 소싱하는 셀러 입장에선 샘플만 가져와 상세페이지를 제작해서 먼저 판매를 하고 현금을 확보한 후, 그 돈으로 공장에게 잔금을 치르는 방법이 가능해진다는 장점이 있다. 단 펀딩이 진행되고 있는 동안엔 다른 플랫폼에선 해당 상품을 판매할 수 없기 때문에, 와디즈는 브랜드 상품의 본격적인 런칭 이전 시점에 진행하는 것이 좋다. 또한 최근에는 많은 플랫폼 MD들이 와디즈를 신규 셀러를 발굴하는 장소로 자주 체크하기 때문에, 와디즈에서 좋은 성과를 낸 신규 브랜드들이 메이저 플랫폼으로 바로 진출하는 경우도 종종 발생하고 있다.

한 가지 주의할 점은 펀딩 플랫폼에서 물건을 구매하는 고객들이 가지고 있는 소비 성향이 일반인들과는 사뭇 다르기 때문에 와디즈 판매를 목적으로만 상품을 소싱해서는 안된다는 점이다. 개중에는 와디즈에서 판매할 컨셉만을 가지고 상품 소싱 의사 결정을 하는 셀러들이 있는데, 앞서 언급한 대로 와디즈 소비층이 일반 대중들과 달리 어얼리 어댑터스러운 성향을 가지고 있다 보니, 와디즈에선 잘 팔렸지만 나중에 다른 플랫폼에선 매출이 거의 일어나지 않는 상황을 경험하게 될 수도 있다. 물론 펀딩 플랫폼 판매를 통해 얻은 소비자들의 다양한 의견을 감안해서 향후 대량 주문 전에 상품의 기능이나 디자인을 보완, 개선할 수 있다는 점, 그리고 무엇보다 초기 현금 흐름을 확보할 수 있다는 등의 장점은 있으나 와디즈 한 군데만 보고 장사를 할 수는 없기 때문에, 셀러는 이런 펀딩 플랫폼의 장단점을 사전에 잘 파악한 후 소싱 의사 결정을 내려야 할 것이다.

월 이용자 수로 놓고 보면, 와디즈가 450만명, 텀블벅은 40만명 정도로 차이가 있고, 주로 판매되는 아이템 역시 와디즈는 주로 패션, 가전, 뷰티, 식품 카테고리가 활성화 되어 있는 반면, 텀블벅은 좀 더 어리고 여성스러운 소비자 층이 선호하는 팬시, 문구, 게임 카테고리가 활성화된 편이다. 와디즈와 텀블벅 이외에도 카카오에서 만든 카카오 메이커스, 네이버에서 만든 해피빈도 유사한 컨셉의 펀딩 컨셉의 플랫폼들이지만 어차피 펀딩 플랫폼은 하나 이상 전개하기 어렵기 때문에 가능하다면 와디즈에 집중하는 편이 좋다고 생각된다.

해외수출

최근 국제적으로 한국 브랜드에 대한 이미지가 워낙 좋아졌기 때문에, 국내 소비자들 사이에서 브랜드로 인정받을 만한 수준의 상품을 소싱한 셀러는 해외 시장 역시 충분히 도전해 볼 법하다.

중국 공장에서 상품을 소싱하려면 기본적으로 최소 주문 수량 (MOQ)를 맞춰야 하기 때문에, 만일 국내 시장과 더불어 해외 수출까지 하게 된다면 재고 부담을 분산시키는 효과를 얻을 수 있게 된다. 특히 국내 시장에서 브랜드 상품을 전개하게 되면 상품이 가진 특성상 런칭 초기에는 일부 고객층을 대상으로만 매출이 발생하게 되는 경우가 많다. 하지만 한국 시장에는 좁고 진한 컨셉의 상품이 해외에서는 이미 일반 대중들 사이에서 익숙한 상품으로 인식되는 경우가 많기 때문에, 동일 상품을 한국에서는 브랜드 상품으로 포지셔닝해서 시장이 확장되기를 관망하며 여유 있게 판매하고, 해외에서는 해당 상품을 단기 매출을 목적으로 보따리스럽게 판매할 수 있게 되는 것이다.

한국 셀러가 해외에서 상품을 판매하는 방법은 셀러가 직접 아마존이나 쇼피같은 오픈 마켓에 입점을 하는 방법과 중간 디스트리뷰터, 즉 로컬 에이전시를 찾아 그들을 통해 상품을 판매하는 방법이 있다. 과거에 국내 셀러가 해외 수출을 하기 위해선 거의 대부분 중간 에이전시를 거쳐야 했지만, 최근엔 셀러가 먼저 아마존이나 쇼피에서 상품을 소비자들에게 직접 판매하다 그 매출이 늘어나면 판매를 대행해 줄 에이전시를 찾는 경우가 많다. 과거에 비해 아마존 같은 오픈 마켓 플랫폼들도 활성화되었고 무엇보다 젊은 셀러들이 영어로 현지 소비자들과 소통하는 것에 대해 큰 어려움을 느끼지 않게 되었다는 점도 이런 변화에 일조했다. 또한 신규 상품을 대상으로 처음부터 에이전시와 접촉하는 것보단, 우선 스스로의 힘으로 해당 국가에서 판매를 시작하고 어느 정도 가시화 된 성과를 만들어 낸 상태에서 에이전시와 협상을 하는 것이 셀러 입장에서 더 유리한 협상을 이끌어 낼 수 있기 때문에, 그 과정이 처음엔 다소 낯설더라도 먼저 직접 해외 판매에 도전하는 것을 추천한다.

해외에서 신규 브랜드 제품을 판매하는 방법은 국내와 동일하다. 신규 상품은 아무리 광고를 돌려도 초기부터 원하는 매출을 기대하기는 어렵다. 그렇기 때문에 런칭 초반엔 현지 마케팅 업체를 통해 초반 리뷰 작업과 인플루언서 협찬을 진행해서 현지 고객들 사이에서 인지도를 쌓는 과정을 거쳐야 한다. 최근에는 국내에서도 해외 시장을 대상으로 인스타그램, 인플루언서 마케팅을 대행해 주는 업체들이 많이 생겨서 이전보다는 훨씬 수월하게 이런 어둠의 일들을 진행할 수 있게 되었다.

해외 시장에서 해당 브랜드 제품의 판매가 발생하게 되면, 해외 고객들이 플랫폼에 남긴 리뷰 글이나 해외 인플루언서들이 인스타그램에 올린 제품 리뷰 콘텐츠들을 국내에서 해당 브랜드 제품을 마케팅 할 때 사용할 수도 있고, 해당 제품이 해외에서 판매되고 있다는 사실 자체만으로도 큰 마케팅 효과를 얻을 수 있게 된다. 비단 외국어로 만들어진 콘텐츠라 할지라도 내용을 번역하고 한글 자막을 넣어 국내 SNS 마케팅에 활용을 하게 되면 해당 브랜드가 국제적인 브랜드라는 느낌을 얻게 된다.

해외 판매를 보다 전략적으로 국내 마케팅에 이용하는 방법은 해당 브랜드를 해외 국가에서 먼저 상표 등록을 하고, 국내 판매에 앞서 해외 시장에서 먼저 판매를 시작하는 것이다. 그런 후 해당 제품을 국내에서 판매하게 되면 국내 소비자들에게 그 브랜드가 마치 해외에서 수입된 브랜드라는 느낌을 줄 수 있게 된다. 이처럼 동일 제품을 국내와 해외에서 동시에 판매할 수 있게 된 최근 환경을 감안해 보면 브랜드의 자사몰이나 인스타그램 계정은 최대한 영문과 한글을 혼용해서 사용하는 편이 좋다.

아마존의 경우 일단 미국에서 브랜드 계정으로 입점을 하게 되면 이후 영국, 호주, 일본 등 다른 나라의 아마존에 입점할 때 기존에 축적된 영업 데이터들을 그대로 끌어와 활용할 수 있다는 장점이 있다. 특히 호주, 일본 시장에서 최근 아마존 매출이 급등하고 있어서 오히려 미국보다 호주, 일본 아마존에서 큰 수익을 내고 있는 국내 셀러들이 늘어나고 있다. 개인 셀러가 아마존에서 FBA(Fulfillment-By-Amazon) 형태로 입점을 하게 되면, 셀러가 해당 제품을 아마존 창고까지만 배송해 주면 이후 상품 보관, 고객 배송까지 아마존이 직접 맡아서 책임지게 된다. 또한 싱가폴 말레이시아 시장에서 독보적인 오픈마켓인 쇼피의 SLS(Shopee Logistics Service)를 이용하게 되면 셀러가 국내에 위치한 배송대행지까지만 상품을 배송해 주고 나머지 업무는 쇼피가 알아서 고객 배송까지 책임지게 된다. 이 외에도 엣시, 라쿠텐 등 각 국가별로 개인 셀러들이 충분히 도전해 볼만한 플랫폼들이 많이 존재하고, 국제 무역 박람회나 현지 국가에서 열리는 로컬 무역 박람회에 셀러가 직접 부스를 얻거나, 여러가지 정부 차원의 무역 지원 프로그램을 통해 그룹 형태로 박람회에 참가해서 현지 바이어를 만날 수 있는 방법들도 있다.

정리를 해보자면, 브랜드 상품 런칭을 계획하고 있는 셀러는 우선 해당 상품을 네이버, 쿠팡에 등록을 하고 전문 업체를 통해 리뷰, 댓글 영역에서 나름의 인테리어 작업을 한다. 이 작업은 최근 과거와 달리 최소 몇 개월 이상의 시간을 요하기 때문에 브랜드 런칭에 앞서 넉넉한 여유 기간을 두고 미리 착수하는 것이 좋다. 그리고 이때 쿠팡에서 작은 금액이라도 일단은 광고를 돌리기 시작하는 것이 좋다. 그 이유는 나중에 본격적으로 쿠팡 광고를 집행해야 할 때 더 높은 광고 효율을 올리기 위해서인데, 쿠팡 광고 AI 가 해당 상품에 대한 최적의 노출 로직을 학습하기 위해선, 일정 시간 이상 해당 상품에 대한 광고가 러닝되어야 하기 때문이다. 이후 쿠팡, 네이버에 등록된 해당 상품에 사전 작업을 통해 어느정도 판매량과 리뷰 글이 쌓이면 판매 기능이 있는 자사몰을 만들고, 인스타그램에서 메타 광고와 릴스 게시물들을 운영하면서 자사몰에서 자연 매출이 발생하도록 노력한다. 자사몰은 고객 DB를 마음대로 활용할 수 있기 때문에 리마케팅에 신경 쓰면서 매출이 꺾이지 않도록 힘쓴다. 동시에 각종 인플루언서 협찬, 공구 등을 통해 해당 상품의 인지도를 쌓는다. 이 과정을 통해 브랜드가 더 많은 고객들에게 알려지기 시작하면 편집몰, 전문몰, 종합몰 등에 입점을 시작하며 플랫폼을 확장한다. 아마도 이 시점이 되면 아마도 네이버, 쿠팡 매출도 자연스럽게 증가하게 될 것이며, 이때는 쿠팡, 네이버에서 충분한 광고 효율이 나오는 시점이므로 광고비를 공격적으로 집행해도 좋다.

인스타그램 런칭에 앞서 와디즈에 상품을 먼저 런칭해서 초기 현금을 확보하는 것도 좋은 방법이며, 런칭 이후에도 각종 공구, 중고거래장터, 폐쇄몰 등에서 틈틈이 부족한 매출을 보충하는 것이 좋다. 과거에 수출은 해당 브랜드가 국내에서 인지도 측면이나 매출면에서 어느 정도 자리를 잡은 이후에나 고려해 볼 수 있는 분야였지만 최근엔 브랜드 런칭 초기부터 해외에서 판매 의뢰가 들어 오는 경우도 많기 때문에, 개인 셀러는 브랜드 런칭을 준비하는 단계부터 수출에 대한 사전 조사와 그것에 필요한 준비들을 시작하는 것이 좋다.

만일 본인의 브랜드가 메이커나 보따리 상품이라고 판단된다면 굳이 처음부터 자사몰을 만들고 인스타그램 마케팅에 힘을 쏟기 보단 바로 네이버, 쿠팡에서 매출을 발생시키도록 노력하는 것이 좋다. 이때 인스타그램 마케팅은 네이버, 쿠팡의 매출에 도움을 주기 위한 보조 수단으로서만 사용해야 한다. 메이커, 보따리 상품은 어차피 소비자들이 스스로 필요를 인지하고 있는 WANTS를 만족시켜 주는 상품이므로 이런 상품들은 인스타그램에서 큰 호응을 얻기 어렵기 때문이다.

PLACE

브랜드 창업 마스터

PROMOTION

5

1) 브랜딩

브랜딩과 프레이밍 작업

　브랜딩이란 구매 용도를 충족시켜 주는 상품을 발견한 소비자가 그 제품을 실제로 구매하는데 있어 긍정적인 영향을 끼치기 위해 동원되는 셀러의 모든 작업을 뜻한다. 그래서 브랜딩은 이미 붙은 불이 더 잘 탈 수 있도록 불에 기름을 붓는 작업이라고도 할 수 있다.

　이 작업은 상품의 장점을 있는 그대로 소비자에게 전달하는 일에서 더 나아가, 해당 상품이 실제 모습보다 더 매력적인 상품처럼 보이게끔 만드는 과장된 연기(ACTING)활동을 요구한다. 그렇기 때문에 브랜딩을 잘 하기 위해선 특정 상품 카테고리 내에서 현재 좋은 브랜드라고 인정받고 있는 제품들에 대해 소비자들이 가지고 있는 선입견이 무엇인지를 알아야 한다. 과거 쇼핑 경험을 통해 수집된 좋은 브랜드 제품들이 가지고 있었던 특징들은 기호와 상징의 형태로 그들의 잠재 의식 속에 형성되는데, 이것이 점차 브랜드에 대한 선입견으로 자리 잡게 된다. 그렇기 때문에 소비자들은 처음 보는 신규 브랜드에서 과거에 자신들이 브랜드로 여겼던 제품과 유사한 기호와 상징을 발견하게 되면 무의식적으로 해당 제품을 브랜드로 인식하게 되는 것이다. 이런 측면에서 브랜딩 작업은 소비자들에게 해당 제품이 브랜드로 여겨지도록 특정 프레임(FRAME)을 씌우는 작업이라고도 표현할 수 있다. 헤트라스(HETRAS)에서 출시된 디퓨저의 로고가 마치 향수 브랜드 딥디크의 로고를 연상시키도록 디자인 된 이유도 프레이밍 작업을 통해 딥디크가 가지고 있는 브랜드 이미지를 투사하려는 의도에서 비롯된 것이다.

소비자들이 브랜드를 판별하기 위해 관찰하는 두 가지는 상품의 모습과 그 상품을 팔고 있는 셀러 혹은 회사의 모습이다. 그렇기 때문에 브랜딩 작업은 판매할 상품을 선정하는 시점부터 이미 시작되어야 하며, 이후 상품이 팔리는 과정에서 말과 행동을 통해 소비자들에게 보여지는 셀러와 회사의 모습 역시 브랜드스럽게 보이도록 관리해야 한다. 이 과정에서 해당 브랜드가 과거에 소비자들 사이에서 좋은 브랜드로 인정받았던 기성 브랜드들의 모습처럼 보이기 위해 일종의 연기(Acting)를 하는 작업을 '인격화 작업', 혹은 '빙의 작업'이라고도 한다.

셀러의 인격 설정과 연기

그렇기 때문에 브랜딩 작업에서 가장 먼저 해야 할 일은 해당 브랜드가 연기할 인격을 어떤 인물로 설정할지를 결정하는 것이다. 이 인격은 시대에 따라, 사회에 따라, 타겟 고객에 따라, 그리고 상품에 따라 달라진다. 예전 야구 선수 박찬호가 LA다저스에서의 선수 활동을 마치고 막 한국에 돌아왔을 때, 그가 불과 미국에 몇 년 밖에 살지 않았음에도 불구하고 마치 미국에서 태어난 교포처럼 어눌하게 한국말을 했던 때를 기억할 것이다. 아마도 당시 박찬호 선수 머리 속엔 그런 가상의 인물처럼 말하고 행동하는 것이 당시 대중들로부터 더 많은 호감을 받는데 도움이 될 것이라는 생각이 있었을 것이다. 그래서 그는 그 가상의 인물에 스스로를 빙의하여 일종의 연기를 한 것이다. 이처럼 대중들에게 호감을 사기 위한 연기를 할 때, 그 연기의 대상이 될 가상의 인물을 결정하는 것이 바로 인격 설정이다.

소비자들이 구매 의사 결정을 내리는데 있어 긍정적인 영향을 주는 셀러의 인격은 상품에 따라 달라진다. 삼겹살을 팔 때는 강호동의 인격을 가진 셀러가 반기문의 인격을 가진 셀러보다, 막걸리를 팔 때는 성시경의 인격을 가진 셀러가 기안84의 인격을 가진 셀러보다 소비자들로부터 구매에 있어서 더 긍정적인 반응을 얻을 수 있을 것이다. 세련된 홈데코 제품의 경우엔 이왕이면 시골에 사는 개인 셀러보단 돈 많은 부자 셀러가 파는 제품을 더 선호할 것이고, 화장품이라면 피부과 의사가, 테크 제품이라면 엔지니어가 파는 제품을 더 선호하게 될 것이다. 이처럼 각 제품 군에 따라 구매에 긍정적인 영향을 줄 수 있는 셀러의 군상들은 서로 다르게 존재한다. 그렇기 때문에 브랜딩 작업은 판매하는 제품에 걸맞는 인격을 설정하는 작업부터 시작되어야 한다.

연기할 인격이 정해지면, 브랜드는 모든 커뮤니케이션 과정에서 해당 인격에 맞는 '연기 활동'을 해야 한다. 예를 들어 건강 제품의 경우 해당 브랜드의 인격을 의사로 정했다면, 본인이 비록 의사가 아닐지라도, 셀러가 말하는 내용이나 말투, 겉모습 등, 여러가지 영업적 활동들이 마치 의사가 하는 것처럼 보여지게 연기를 해야 한다. 여기서 중요한 점은 인격을 설정할 때 해당 인격은 셀러 본인이 가진 현실적 조건과 최대한 관련있는 것을 골라야 그 연기가 소비자들에게 그럴듯하게 보인다는 것이다. 본인과 아무런 관련도 없는 인격, 따라 하기 어려운 인격을 결정하게 되면 아무리 연기를 잘하려 노력해도 가짜인 것이 티가 날 수 밖에 없고, 오히려 브랜드 이미지 차원에서 역효과가 나기 때문이다. 그래서 브랜딩은 전혀 없는 것을 거짓으로 만들어 내는 것보단, 셀러가 가진 조건을 실제보다 과장되어 보이도록 연기하는 것이 좋다. 이렇게 인격이 결정되면, 이후 브랜드의 모든 커뮤니케이션 영역에서 셀러가 내리는 모든 의사 결정들은 그 때 그때 사안과 상황에 맞는 단편적인 의사 결정에 따라 이루어 지는 것이 아니라, 동일한 하나의 인격에서 비롯된, 일관성 있는 의사 결정처럼 보일 수 있도록 해야 한다. 나는 이것을 인격 통합 마케팅, IMC (Integrated Marketing Communication)라고 부른다.

IMC 작업을 보다 효과적으로 하기 위해, 설정된 인격을 보다 구체화시켜 회사의 구성원들은 물론 관련 업무를 담당하는 외주 업체 직원들까지 해당 인격에 대한 이해도를 일치시키는 작업이 필요한데 이것을 '브랜드 페르소나 작업'이라고 부른다. 설정된 인격에 가상의 이름, 나이, 별명, 가족 관계, 커리어, 직업, 특기 등의 세부 항목들을 나열하고, 좋아하거나 싫어하는 음악, 음식, 사람 등 최대한 다양하고 구체적인 내용으로 해당 인격의 성격이나 성향에 관해 자세한 묘사를 덧붙이는 것이다.

셀러는 이렇게 구체적으로 묘사된 인격에 스스로를 빙의하여 해당 인격을 가진 인물이라면 했을법한 내용과 태도로 모든 커뮤니케이션 영역에 걸쳐 의사 결정을 해야 한다. 빙의된 인격으로 연기를 해야 할 커뮤니케이션 필드는 무수히 많다. 상품 선정, 상품 구색, 브랜드 명, 로고 모양,

상품 모델 명, 상품 패키지, 박스 디자인, 사진의 톤 앤 매너, 모델 선정과 모델의 연출 방향, 상세페이지 내용, 말투, 폰트, 주로 사용하는 컬러, 문양, CS 정책, 세일 정책, 광고, SNS 게시물, 고객이 남긴 리뷰 글에 남긴 셀러의 댓글 등, 장사에 관련된 거의 모든 부분에 통일된 빙의 작업이 적용되어야 한다. 이처럼 소비자들은 해당 브랜드에 대한 다양하고 산발적인 (RANDOM) 경험을 통해 해당 브랜드의 인격을 명확하게 인지하게 된다.

하지만 개인 셀러 입장에선 이런 수많은 커뮤니케이션 의사 결정에 앞서 매번 인격 빙의를 통해 의사 결정을 내리는 것이 말처럼 쉬운 일이 아니다. 개중엔 빙의 작업이 익숙한 셀러들도 있겠지만 대부분의 경우 다소 추상적으로 보이는 이런 빙의 작업이 어렵게 느껴질 수 밖에 없을 것이다. 그래서 보다 더 효과적인 방법은 해당 브랜드가 빙의하고자 하는 인격과 최대한 유사한 인격으로 전개되고 있는 타 브랜드의 커뮤니케이션의 사례를 찾아 그것을 벤치마킹하는 것이다. 이렇게 벤치마킹의 대상이 되는 브랜드를 우리는 '컨닝 페이퍼 브랜드'라고 부른다. 다만 동일 국가, 혹은 동일 상품 카테고리 브랜드를 대상으로 벤치마킹 작업을 하게 되면 향후에 어떤 형태로든 문제가 생길 수 있기 때문에, 브랜드 벤치마킹은 가급적이면 해외에서, 그리고 가능하다면 본인 상품 카테고리와는 다른 상품 카테고리에서 그 대상을 선택하거나, 하나의 브랜드가 아닌 여러 개의 브랜드를 복수로 벤치마킹해서 본인의 브랜드에 섞어서 적용하는 것이 좋다. 실제로도 대형 기업을 비롯한 우리가 알고 있는 대부분의 브랜드들이 이와 같은 해외 벤치마킹 작업을 통해 본인의 브랜딩 작업을 하고 있다.

브랜드 포지셔닝

　브랜드 포지셔닝 (BRAND POSITIONING) 작업이란 셀링 포인트가 밋밋하다고 판단되는 상품에 특정한 구매 용도를 강화하기 위해 추가적으로 진행되는 브랜딩 작업을 말한다. 하지만 브랜드 런칭을 준비하는 개인 셀러들은 상품 소싱 단계에서부터 예, 특, 신, 부와 NEEDS의 특징을 가진, 명확한 구매 용도가 있는 상품을 선정할 것이기 때문에 해당 상품이 가진 용도적 특징을 브랜딩 작업을 통해 소비자들에게 전달만 잘 하면 그 과정 자체가 자연스럽게 브랜드 포지셔닝 작업이 된다. 다만 해당 상품의 용도적 측면을 좀 더 강조할 필요가 있다고 판단된다면 다음과 같은 추가적인 브랜드 포지셔닝 강화 작업을 진행할 수 도 있다.

　예를 들어 50+라는 브랜드 네이밍으로 50세 이상 고객의 치아에 좋은 프로폴리스와 콜라겐 성분이 들어간 치약을 런칭한다고 했을 때, 해당 상품은 이 자체로도 충분한 용도적 포지셔닝을 가지고 있지만, 이 용도를 소비자들에게 더욱 뾰족하게 소구하고 싶을 때 필요한 것이 바로 브랜드 포지셔닝 강화 작업이다. 해당 상품의 50+라는 용도적 포지셔닝은 좋지만, 상품성 측면에서 소비자들에게 커뮤니케이션 되는 내용이 결국 해당 제품에 프로폴리스와 콜라겐이 포함되었다는 것이라면 소비자들에게 그것이 다소 식상하게 여겨질 수도 있다. 그렇기 때문에 이럴 때는 그것이 아주 극소량일지라도 노인들의 잇몸 노화 방지에 도움이 되는 뭔가 새롭고 그럴듯하게 보이는 OOO성분을 추가적으로 해당 제품에 첨가한 후, 새롭게 추가된 OOO성분의 이름을 50+ 치약의 헤드 카피로 사용해 해당 제품의 새로운 키워드로 사용하는 것이다. 또한 캐시미어나 텐슬처럼 소재의 차별화로 포지셔닝을 하는 상품의 경우엔, 비록 아주 극 소량이라도 뭔가 새로운 소재를 제품에 추가로 첨가시킨 후, 그 소재의 이름을 사용해 OOO 캐시미어, OOO텐슬이란 새로운 키워드 수식어를 만들어 소비자 커뮤니케이션에 사용한다면, 해당 상품의 포지셔닝을 더욱 뾰족하고 근거 있게 보이게끔 만들 수 있게 된다. 이처럼 개인 셀러는 브랜드 포지셔닝 작업을 통해 해당 제품의 용도를 강조할 수도 있지만, 상품의 기획, 제조 단계에서부터 해당 제품의 용도를 보다 강화시키는 방법까지 고민해 볼 필요가 있다.

브랜드 빙의 작업에 음악을 사용하는 방법

예로부터 많은 브랜드 창업가들, 브랜드 매니저들은 브랜딩 작업에 있어 음악의 도움을 받아 왔다. 이미 전설이 된 일렉트로닉 밴드 데프트펑크(DAFT PUNK)의 프로듀서 출신인 메종키츠네(MASION KITSUNE)의 파운더, '질다 로에크'도 자신이 좋아하는 음악들을 더 많은 대중들에게 전파하고자 의류 브랜드를 런칭하게 되었다고 말할 정도로 음악과 브랜드의 유대 관계는 깊다.

우리가 브랜드의 인격을 세팅할 때 그 인격은 필연적으로 특정 인생관을 가지게 된다. 그래서 해당 브랜드가 장사의 모든 영역에서 내리는 의사결정들은 결국 그 브랜드가 페르소나로 설정한 특정 인격의 인생관에서 비롯되야 하는 것이다. 이 인생관은 해당 인격이 추구하는 특정 라이프스타일로 표현된다. 그래서 좋은 브랜드는 브랜드가 추구하는 인격의 라이프스타일과 일치하는 방향으로 상품이 결정되고, 가격이 결정되고, 컬러가 결정되고, 커뮤니케이션 내용과 톤 앤 매너가 결정되고, 매장의 경우엔 인테리어 컨셉과 VMD 방식이 결정된다. 이때 셀러가 브랜드의 모든 의사결정 과정에 적용되는 특정 라이프스타일과 더 강렬히, 더 구체적으로 공명하기 위해 사용되는 가장 효과적인 방법이 해당 인격의 라이프스타일과 일치하는 인생관을 가진 특정 음악을 듣는 것이다.

모든 음악이 이런 특징을 가지고 있진 않지만, 음악들 중엔 이처럼 어떤 특정한 인생관, 라이프스타일이 그 안에 깊게 배어 있는 경우가 많다. 이런 음악들은 해당 음악이 가지고 있는 인생관이나 라이프스타일적 측면에서 대중들의 삶에 큰 영향을 끼치는 경우가 많고, 그런 이유에서 많은 사람들이 이런 종류의 음악들을 소위 명곡이라고 부르는 것이다.

어떤 음악은 아티스트 스스로가 그런 인생관과 일치되는 내용의 삶을 직접 산 경우도 있고, 어떤 경우엔 아티스트 본인의 의도와는 상관없이 대중들이 그의 음악을 통해 자신들의 인생관과 라이프스타일적 측면에서 영향을 받기도 한다. 그래서 좋은 음악은 아티스트의 의도와는 상관없이 어떤 식으로든 대중들의 인생관과 라이프스타일에 영향을 주게 된다. 즉 브랜딩을 하는 셀러가 자신의 브랜드가 추구하고자 하는 인격과 최대한 유사한 인생관과 라이프스타일을 가진 음악들을 선정하고, 그런 음악들을 들으며, 음악과 공명된 상태에서 브랜딩에 수반되는 여러 가지 의사결정들을 하게되면 보다 올바른 방향으로, 일관성 있는 결과물을 얻게 될 것이다. 이것이 바로 음악이 가진 파동을 적극적으로 브랜딩에 이용하는 방법이다. 그래서 브랜딩을 하고 있는 셀러라면 본인의 브랜딩 작업에 도움이 될만한 음악들을 틈틈이 모아 자신만의 '브랜드 주제곡 플레이 리스트'를 만들어 놓는 것이 좋다. 매번 브랜딩과 관련된 의사 결정이 필요할 때마다 이를 통해 큰 도움을 받을 수 있기 때문이다.

　브랜딩 작업을 하는 셀러가 음악에 빙의될 때 얻게 되는 효과의 크기를 체감하기에 가장 좋은 방법은 해당 브랜드와 일치한다고 생각되는 음악을 들으며 일을 하다 갑자기 그 음악을 꺼 버리는 것이다. 음악이 꺼지는 바로 그 순간 셀러는 인격에 빙의 됐던 자신이 일순간 원래의 모습으로 돌변해 있는 놀라운 경험을 하게 될 것이다. 음악을 듣는 동안엔 스스로 내리는 브랜딩과 관련된 의사 결정들이 일관된 방향을 따라 자신도 모르게 자연스럽게 이루어지고 있었지만, 음악이 꺼진 순간 이후부턴 그 방향성을 완전히 상실하고 메마른 사막 한 가운데에 놓여 있는 듯한 건조한 느낌을 받을 것이다. 그리고 다시 음악을 틀면 기적처럼 스스로가 원래의 빙의된 모습으로 되돌아가는 놀라운 체험을 하게 될 것이다.

　해당 제품의 브랜딩에 도움이 되는 인격을 가진 음악을 선별하는 좋은 방법은 여러 음악들을 들으며 그 중 자신으로 하여금 해당 제품을 구매하고 싶은 강렬한 욕구가 생겨나게끔 만들어 주는 음악을 찾는 것이다. 혹은 해당 제품으로 TV CF 광고를 집행한다고 가정하고 그 CF 배경 음악으로 잘 어울릴 것 같은 음악을 고르는 것도 좋은 방법이다.

BJORK, HUMAN BEHAVIOR	목감기에 좋은 목 캔디
POINTER SISTERS, JUMP	아이디어 생활용품
김동률, 여름의 끝자락	핸드 메이드 구운 과자 브랜드
VULFPECK, SKY MAL	알록 달록 팬시 데스크테리어 브랜드

인격 세팅 - 의외성

　특정 브랜드가 소비자들로부터 사랑받는 브랜드로 자리 잡기 위해 갖춰야 할 속성들은 현대 브랜딩의 교과서라고도 불리는 러브마크(LOVEMAKR)라는 책에 잘 설명되어 있다. 러브마크의 저자 케빈 로버츠(KEVIN ROBERTS)는 브랜드가 고객들로부터 더 큰 사랑과 로얄티를 받기 위해선 단순히 '좋은 브랜드'(GOOD BRAND)를 넘어 '러브마크'(LOVEMARK)의 단계까지 이르러야 한다고 하며, 좋은 브랜드의 대표적인 예시로 삼성(SAMSUNG), 러브마크의 대표적인 예시로 애플(APPLE)을 들었다. 그리고 좋은 브랜드가 러브마크의 단계에 이르기 위해선 소비자들에게 '친절'이 아니라 '친근'한 모습을 보여 줘야 하고, '의외성'과 '세련됨'을 가져야 하며, 마지막으로 '신뢰감'을 줄 수 있어야 한다고 말한다.

　이 중 '의외성'은 브랜드 런칭을 준비하는 개인 셀러들 입장에선 반드시 눈 여겨 봐야 할 브랜드가 갖춰야 할 속성이다. 개인 셀러가 런칭하는 브랜드는 처음부터 일반 대중 모두를 대상으로 하는 것이 아니라 NEEDS 상품에 반응하는 초기의 소수 고객들을 대상으로 하는 것이기 때문에, 개인 셀러가 런칭하는 브랜드의 인격은 결코 보편적인 것이 되어서는 안된다. 그래서 신규 브랜드의 인격은 다소 과격하더라도 해당 소비자들의 관심을 끌 수 있어야 하고 화제성이 강해야 한다. 그리고 해당 브랜드가 향후 어느 정도 인지도를 쌓아 고객층이 점점 넓어지는 시점이 오면, 그제서야 보다 보편적인 성격의 인격과 스스로를 타협하면 되는 것이다. 하지만 시장 초기 진입시 브랜드의 인격은 반드시 남달라야 한다.

그렇기 때문에 성공한 브랜드들이 런칭 초기에 자주 이용하는 브랜딩 전략은 그 대상은 비록 좁지만 나름의 강력한 팬덤을 가진 그룹으로부터 폭발적인 지원을 받기에 용이한 인격에 스스로를 빙의하는 것이다. 베지테리언, 페미니스트, 캣맘, 사회주의, 소수 인권주의같은 극단적인 그룹들이 이런 좋은 예시이다. 이처럼 브랜드가 한 쪽에만 극단적으로 치우친 성향의 인격으로 스스로를 무장하게 되면 해당 그룹으로부터의 열렬한 반응과 매출은 기대할 수 있지만, 대신 반대 편에 위치한 그룹의 지지는 포기할 수 밖에 없다. 하지만 신규 브랜드 입장에선 모두로부터 무관심을 받는 것 보단, 확실하게라도 한 쪽 사이드의 전폭적인 관심을 받는 편이 초기 브랜드 인지도를 쌓는 측면에선 훨씬 더 유리하다. 이 시기를 거치고 향후 매출이 점점 성장해 어느 정도 대중적으로도 인지도 있는 브랜드로 자리잡을 시점이 되면 마치 모든 정치인들이 그러하듯, 다른 편에 있는 고객들도 본인의 소비자로 유입시킬 수 있도록 자신의 색깔을 점점 연하게 덧칠

하면 되는 것이다.

인격 세팅 - 근본 있어 보이는 모습

불과 수 년 전만해도 브랜드를 인격적으로 접근하는 방식을 제대로 이해하고 있는 셀러들이 흔치 않았다. 그래서 자연스럽게 이런 방식으로 브랜드를 전개했던 소수의 셀러들은 시장에서 눈에 띄는 성과를 거둘 수 있었다. 하지만 최근 들어 유통 시장에 젊은 셀러들의 숫자가 급속도로 늘어나고 인격적 브랜딩에 대한 개념이 일반 셀러들에게까지 보편화되자 소위 '러브마크'스러운 브랜딩으로 무장한 브랜드들이 시장에 흔해지게 되었다. 그 결과 이젠 아무리 멋진 인격으로 브랜딩을 한들 소비자들로부터 쉽게 호감을 얻지 못하는 상황이 도래하게 되었다.

그래서 오늘날 소비자들은 러브마크다운 브랜딩은 당연히 갖춰야 할 의례적인 것으로 여기고, 여기에 한가지 더 추가적인 모습을 브랜드에게 요구하게 되었다. 그것이 바로 앞서 서문에서 언급한 브랜드의 '근본있어 보이는' 모습이다. 최근 소비자들은 브랜드처럼 보이는 수많은 상품들 중에서 누구나 노력한다고 쉽게 획득할 수 없는 모습, 쉽게 가질 수 없는 조건, 확실한 근거가 뒷받침되는 장점을 가진 브랜드들만을 비로소 기억할 가치가 있는 브랜드로 인정하려고 하기 때문이다.

한 때 감성적인 인테리어를 한 카페들이 대중들로부터 많은 인기를 얻었던 시절이 있었다. 당시엔 아기자기한 인테리어 소품과 알록달록한 컬러감, 그리고 매장 곳곳에 붙어 있는 POP 물들이 나름 브랜드스러운 카페의 상징적인 모습처럼 여겨졌었다. 하지만 오늘날 소비자들 사이에서 좋은 브랜드로 인정받는 카페는 일반인들이 따라하기 어려운 넘사벽스러운 진입장벽을 가지고 있는 곳이라야 한다. 그래서 '블루보틀'이나 '스타벅스'처럼 글로벌급 브랜드가 아닌 이상 개인 셀러가 런칭한 카페가 소비자들 사이에서 브랜드스러운 카페로 인정 받기 위해선, 사용되는 원두의 퀄리티가 남 다르다든지, 오너가 유명 바리스타 대회의 수상 경험이 있다든지, 커피 추출에 사용되고 있는 기계가 몇 천만원 짜리라든지, 아니면 카페의 인테리어가 단순 인테리어 차원이 아닌 '건축적'수준에서 차별화가 되어야 한다. 얼마 전 성수동에 마치 도쿄의 오쿠라 호텔의 멋진 바(BAR)에 있는 듯한 느낌을 주는 한 카페가 큰 인기를 끈 적이 있었다. 그런데 어느날인가부터 매장 곳곳에 상업적인 문구로 가득한 메뉴 프로모션 전단지들이 하나 둘씩 등장하기 시작하더니, 매장 입구, 현관문, 빈 벽면까지 전단지가 늘어났다. 카페 사장은 아마도 줄어든 매출을 만회하고자 하는 마음에서 붙인 POP였겠지만, 그 모습을 본 많은 고객들은 이 곳이 본인들이 상상했던, 근본 있는 브랜드가 아니라 여느 카페들과 다를 게 전혀 없는 동네 카페에 불과했다는 사실을 알아차리게 된 것이다.

그렇기 때문에 개인 셀러가 오늘날 소비자들로부터 인정받는 브랜드가 되기 위해선 상품 선정을 하는 시점에도 해당 브랜드가 소비자들로부터 근본있어 보이기에 유리한 상품성을 가진 제품을 선택해야 하며, 상품을 판매할 때도 커뮤니케이션의 모든 영역에서 해당 제품이나 셀러가 근본 있게 보일 수 있도록 노력해야 한다. 예를 들자면 상품 차원에선 해당 제품의 제조 과정에 사용된 특별한 기술이나 제조 공법, 원료, 재질, 각종 시험 성적표, 인증 서류, 디자인이나 제조 과정에 참여한 인물 정보 같이, 해당 브랜드 제품이 다른 유사 상품들과 차별되게 보일 수 있는 근본있어 보이는 정보들이 강조돼야 하며, 셀러 차원에선 셀러가 가지고 있는 전문성, 해당 상품 카테고리와 관련된 과거 경험, 셀러로 하여금 해당 브랜드를 런칭할 수밖에 없게 만든 특별한 환경이나 사건, 인맥, 그리고 무엇보다 자본이 넘쳐 보이는 셀러의 여유스러운 모습이 어필되어야 한다. 만일 상품이나 셀러에게 이런 모습이 없다면 만들어 내야 하고, 만일 있다면 최대한 그 내용을 강조해야 한다. 최근 각종 안전이나 기능과 관련된 시험 기관들이 성업인 이유도 셀러들이 해당 상품의 넘사벽스러운 부분을 강조하기 위해 상품 통관 과정에서 필요로 하는 KC인증 외에도 각종 유해 물질, 호르몬 배출 여부, 충격 흡수 등 여러 종류의 상품 테스트들을 마치 쇼핑하듯이 구매해, 해당 상품의 근본적 차별점을 소비자들에게 어필하려고 하기 때문이다.

현재 자신의 상품이 소비자들 사이에서 근본있는 모습의 브랜드로 기억될만한 가치를 가지고 있는지를 셀러 스스로 체크해 볼 수 있는 방법은 해당 상품의 근본적인 특징을 잘 요약한 내용을 한 장의 보도자료로 만들어 언론사에 배포했다고 가정하고, 과연 얼마나 많은 언론사들이 그 내용을 받아서 기사화 해 줄 지를 스스로 상상해 보는 것이다. 우리 모두는 미디어에 노출된 상품 관련 뉴스들을 자주 접하고 있기 때문에 언론매체를 통해 최근 어떤 내용의 상품관련 뉴스가 기사화 될 수 있는지에 대해 일정 수준 이상의 감을 가지고 있다. 최근엔 웬만큼 근본있지 않은 상품은 영세한 매체를 제외하곤 뉴스로 다뤄지지 않기 때문에, 스스로 기자 입장이 되어 본인 상품에 대한 보도자료를 받았다고 상상해보면, 과연 기사화될 정도의 뉴스 밸류가 있는 상품인지 판단해 볼 수 있을 것이다.

소비자들 사이에서 발생하는 바이럴(입소문 효과) 역시 해당 상품이 소비자들의 눈에 근본있게 보여야만이 가능한 일이다. 소비자들로 하여금 스스로 주변 지인들에게 특정 상품에 대한 구매 정보를 알려 주고 싶다는 마음이 자발적으로 들게 하려면, 해당 상품이 감정적인 부분보단 누가 보더라도 보편 타당해 보이는 근본적인 장점을 가지고 있어야 한다. 그래야만 상품에 대해 이야기했을 때 그들에게 도움도 되고 말을 전하는 자신도 실없는 사람, 가벼운 사람처럼 보이지 않기 때문이다. 이 보편 타당해 보이는 상품의 근본적인 장점이 지금 강조하고 있는 브랜드의 근본있어 보이는 모습이다. 또한 바이럴의 특성상, 브랜드의 근본있어 보이는 모습은 대외적으로 드러나 있지 않은 내용, 즉 의외성이 결합된 브랜드의 비하인드 스토리 같은 모습과 함께 전달될 때 그 효과가 배가 된다. 예를 들어, 겉으로 보기엔 단순해 보이는 욕실 간이 의자 제품을 판매하는 브랜드의 경우, '그거 알았어? 이 욕실 의자 하나를 만들기 위해 3000번의 하중 테스트를 한다는 것?'이라든지, 해외 유명 브랜드 제품의 중국 OEM 공장에서 소싱한 매트리스의 경우엔 '알고 보니까, 이 매트리스가 비싼 OOO브랜드 제품이랑 똑같은 공장에서 만든 제품이래' 같이 해당 내용을 접한 소비자들의 입이 근질거리게 만드는 비하인드 스토리다운 내용들은, 특히 SNS 콘텐츠를 통해 그것이 다른 고객 계정의 목소리로 대중들에게 간접적으로 전파되게 된다면 그 바이럴 효과는 한층 배가 될 것이다.

브랜드명과 파동

　근본있어 보이는 브랜드를 선호하는 최근 소비자들의 변화된 마인드는 브랜드 이름을 정할 때도 적극적으로 반영되어야 한다. 과거에는 심오한 뜻을 가졌거나 감성적으로 세련된 느낌을 주는 이름들이 해당 제품을 브랜드처럼 여겨지도록 만드는데 도움이 되었다면, 요즘 그런 종류의 이름은 별다른 분별력을 만들어 내지 못하고 오히려 올드한 느낌까지 준다. 그래서 최근엔 해당 제품에 첨가된 성분명이 제품 이름에 드러나든지 아니면 감성적 느낌을 최대한 배제한 담백하고 간단한 이름, 소위 힘 빼고 지은 듯한 겸손한 이름이 오히려 해당 제품을 더 브랜드스럽게 여겨지도록 만든다.

　한편 브랜드 작명은 이론적 근거에 기반해서 논리적으로 접근할 수 있는 영역이 아니다. 왜냐하면 브랜드는 전적으로 파동의 영역이기 때문이다. 처음 접하는 상품의 경우, 소비자들은 가장 먼저 해당 제품의 브랜드명, 로고 모양 등을 보면서 파동적 차원에서 그 브랜드의 정체를 파악해 내려고 한다. 첫 인상이 그 사람의 향후 이미지를 좌우하듯, 브랜드명 역시 그 상품이 소비자와 만나는 순간 가장 먼저 파악되는 정보이며, 이 결과에 따라 시장에서 향후 해당 브랜드의 이미지가 결정된다. 인간이 처음 만나는 사람의 첫인상을 파악하는데 드는 시간은 채 1초가 걸리지 않는다고 한다. 이 짧은 시간동안 소비자가 브랜드 이름을 통해 브랜드의 정체를 파악하는 작업은 파동적 차원에서만 해석 가능한 일이다.

파동은 어떤 원리로 그것이 다른 사물에 영향을 끼치는지 분석하기 어렵다. 중저음 목소리를 가진 남자가 어떤 이유에서 모기 소리를 내는 남자보다 더 매력적으로 느껴지는지 그 원인을 분석할 순 없지만, 그것이 확실한 사실이라는 것은 모두가 알고 있다. 즉 우리는 파동의 결과물만을 관측할 수 있을 뿐이다. 그렇기 때문에 단어가 가지고 있는 의미, 글자 수, 국적 등을 따져 가며 브랜드 이름을 짓는 것은 무의미한 일이다. 이런 세부적인 것들은 파동을 구성하기 위한 수많은 요소들 중 하나일 뿐이고, 중요한 것은 이런 모든 요소들이 연합해 결과적으로 어떤 종류의 파동을 만들어 내고 있는지를 관측하는 것이다. 특정 브랜드명이 주는 파동이 소비자들로 하여금 해당 제품을 브랜드로 인식하게 만드는 데 도움이 되는지, 그래서 소비자들을 구매 단계까지 끌고 가는데 도움이 되는지, 혹은 방해가 되는지 그 결과만을 판단할 수 있는 것이다. 즉 우리는 완성된 브랜드명이 있어야만 파동적 차원에서 해당 브랜드명을 비로소 검증할 수 있게 된다. 이런 배경에서 차라리 무작위로 고른 단어나, 그런 단어들의 조합이나, 일부 어미를 생략한 단어 등을 한 데 배열해 놓고, 그 중 좋은 파동을 가진 브랜드 명을 골라 내는 것이 보다 좋은 브랜드 이름을 짓는 방법이 될 수 있다.

브랜드 명을 지을 때 또 한가지 효과적인 방법은 해당 상품 카테고리 제품의 브랜딩이나 구매 전환 측면에서 도움이 된다고 생각되는 이미 존재하는 다른 회사의 브랜드 명을 하나 고른 후, 그 브랜드 명이 가지고 있는 파동과 일치한다고 여겨지는 브랜드 명을 새로 만드는 방법이다. 예를 들어 신규 매트리스 브랜드를 런칭하려는 셀러의 경우, 해당 상품 카테고리

내에선 ACE 란 브랜드가 대세감 있어 보이는 매트리스 제품에 적합한 파동을 가지고 있다고 판단된다면, 여러 단어들을 무작위로 찾으며 ACE 와 같은 종류의 파동을 가진 이름을 고르는 방법이다. 브랜드가 될 만한 단어들을 찾는 방법은 다양하다. 외국 잡지를 뒤져 무작위로 고른 단어에 몇 글자를 더하거나 빼는 방법도 있고, 외국의 지하철 노선도에 있는 지하철 역 이름들을 참고하는 경우도 있다. 해당 브랜드와 어울리는 파동을 가진 다른 브랜드 홈페이지에 들어가서 여러 제품 모델명 중에 쓸만한 단어를 고르는 것도 좋은 방법이다. 이처럼 브랜드 이름을 고르는 과정은 결코 이성적인 접근으로 이루어지지 않는다. 이성적이란 것은 2차원적 논리로 그 의미가 분석될 수 있다는 뜻이다. 파동적 차원에서 결정되야 하는 브랜드 작명은 2차원이 아니라, 굳이 차원으로 분석하려 들자면 100차원 이상의 논리의 축(AXIS)이 필요한 부분이다. 그렇기에 파동은 특정 결론을 도출하기 위해 사용되는 논리적 근거로 이용될 수 없고 이미 도출된 결론, 즉 존재하는 가설을 검증할 때만 그 기능을 제대로 발휘할 수 있게 된다.

단 파동적 차원에 의지해서 브랜드 명을 짓다 보면 셀러 본인만이 가지고 있는 일반적이지 못한 독특한 성향이 그 과정에 개입될 수도 있고, 밤에 쓴 편지를 아침에 보면 낯 뜨거울 때가 있듯이 그 순간 어떤 특별한 분위기에 휩쓸려 올바르지 못한 의사 결정을 하게 될 수도 있다. 그렇기 때문에 브랜드 명을 지은 후엔 그것을 바로 실행에 옮기지 말고, 주변 여러 사람들의 다양한 의견을 청취하고, 며칠 정도 기다리면서 일정 시간이 지난 후에도 정말 그 브랜드 명이 괜찮게 들리는지 확인해 봐야 한다. 브랜드 명을 다른 사람들에게 물어볼 때 한가지 주의할 점은, 그들 역시 브랜드 명이 좋고 나쁨을 파동적으로 판단해야 하기 때문에 브랜드 명을 단순한 영어 스펠로 보여 주는 것이 아닌, 정확한 사이즈, 폰트, 컬러, 자간 등이 적용된, 브랜드가 실제로 상품이나 자사몰에 사용될 완성된 모습으로 보여 줘야만 그들로부터 올바른 피드백을 얻을 수 있게 된다.

2) 마케팅

프레마케팅 (Pre-Marketing)

최근엔 브랜드 런칭에 앞서 고객들의 인지도를 미리 쌓기 위해 프레마케팅을 진행하는 브랜드들이 늘어나고 있다. 프레마케팅을 통해 해당 브랜드가 이미 어느 정도 고객층을 확보한 시점 이후에 상품을 런칭하면 보다 안정적인 초기 매출을 기대할 수 있기 때문이다.

이를 위해서 셀러는 인스타그램, 유튜브, 뉴스레터 등을 활용해 브랜드 런칭에 대해 고객들이 호기심을 가질만한 컨텐츠들을 사전에 발행하기도 하고, 셀러 본인의 SNS 채널을 활용한 퍼스널 마케팅을 통해 자신의 팬들을 먼저 확보하고, 이후 상품이 런칭된 후 자신의 개인적 팔로워들을 활용해 마케팅을 진행하는 경우도 있다.

프레마케팅에 사용되는 컨텐츠는 그 내용이 런칭될 제품과 직접적으로 관련되어 사전 기대감을 고취시키는 것일 수도 있고, 또는 소비자들을 브랜드 런칭 과정에 직접 참여하게 해 해당 브랜드와 유대감을 가지게끔 만드는 내용일 수도 있다. 응원 글을 달아준 고객들에게 미리 샘플을 제공해주기도 하고, 사전 예약 구매 이벤트, 브랜드 서포터즈 모집, 혹은 상품의 패키지나 로고 디자인을 사전에 고르는 고객 참여 투표 이벤트, 어떤 제품이 먼저 출시될지 퀴즈를 내서 퀴즈를 맞추면 해당 제품을 선물로 주는 이벤트 등을 생각해 볼 수 있다.

인플루언서 마케팅

SNS 상에서 활동하고 있는 인플루언서들의 피드에 해당 브랜드 제품이 노출되면 브랜드 홍보 효과는 물론 인플루언서가 보유하고 있는 팔로워들을 미래 고객으로 유치할 수 있게 되고 더 나아가 이들이 제작한 브랜드 관련 컨텐츠들을 향후 자체적인 마케팅에 활용할 수도 있게 된다. 단 인플루언서 선정에 있어 주의할 점은 인플루언서의 이미지가 해당 브랜드가 추구하고자 하는 이미지와 맞아야 하고, 인플루언서의 팔로워들 역시 해당 브랜드의 타겟 고객층과 일치해야 한다는 것이다. 하지만 최근 마케팅에 있어서 인플루언서가 가지고 있는 영향력이 워낙 커지다 보니 셀러가 인플루언서를 고른다기 보단 인플루언서가 자기 이미지 맞는 브랜드를 고르는 경우가 많아지고 있다. 그래서 인플루언서 접촉은 낚시대 전략으로 최대한 많은 풀을 대상으로 동시 다발적으로 진행하는 것이 좋다.

브랜드 입장엔선 대형 인플루언서와 마이크로 인플루언서 모두 각자의 장단점을 가지고 있기 때문에 어느 한 쪽만 특별히 선호할 필요 없이 가능한 모두 접촉해서 마케팅을 진행하는 것이 좋다. 대형 인플루언서는 단가가 비싼 대신 파급력이 좋고, 마이크로 인플루언서는 상대적인 파급력은 약하지만 단가가 싸고, 컨텐츠를 완성도 있게 정성껏 만들어 주는 장점이 있다. 즉 마이크로 인플루언서의 경우엔 당장의 매출 효과는 기대하기 어렵겠지만 양질의 컨텐츠들을 확보할 수 있어서 향후 자체 마케팅에 그것들을 효과적으로 활용할 수 있다는 장점이 있다. 단 마이크로 인플루언서의 경우엔 최소 인스타그램 기준으로 팔로워 1만명 이상, 블로거의 경우엔 일일 방문객 1만명 이상의 인플루언서를 미니멈 조건으로 접촉하는 것이 좋다.

　인플루언서는 주로 DM 발송을 통해 컨택을 하게 되는데, DM을 보낼 때는 동일한 내용을 여러 인플루언서들에게 복붙방식으로 보낸 티가 최대한 나지 않도록 내용을 각기 다르게 작성해야 하고, 각 DM 별로 해당 인플루언서에 대한 구체적인 내용들을 언급하며, 본인이 해당 인플루언서를 선택한 구체적인 이유와 해당 인플루언서가 제품을 홍보해 주었을 때 기대되는 내용, 구체적인 금액과 콘텐츠의 길이, 형식, 최종 납기일, 향후 콘텐츠 재활용 조건 등이 반드시 포함되어야 한다. 나름 영향력 있는 인플루언서들은 하루에도 수십통의 협찬 DM을 받기 때문에 최소한 이정도 성의는 갖춘 DM이라야 메시지가 바로 쓰레기통으로 들어가게 되는 일을 막을 수 있을 것이다. 인플루언서를 선정할 땐 꼭 인스타그램만 고집하지 말고 블로거, 유튜버, 팟 캐스터 등 여러 채널들이 가진 고유의 장점들을 감안하여 최대한 다양한 필드의 인플루언서들을 골고루 활용하는 것이 좋다.

　최근엔 셀러를 대신해서 인플루언서들을 모집해 주는 마케팅 대행사들이 많이 생겼는데, 개인 셀러의 경우엔 무료로 이용할 수 있는 '리뷰노트' 프로그램을 통해서도 충분히 인플루언서들을 모집할 수 있다. 리뷰노트를 이용하면 셀러가 자신의 제품을 리뷰해 주거나 홍보해 줄 인플루언서, 블로거 등을 모집하는 게시글을 올린 후 해당 프로젝트에 지원한 지원자들을 직접 선별할 수 있다. 이 밖에도 최근엔 '스레드' 게시글을 통해서 제품 협찬을 해 줄 인플루언서들을 구하는 경우도 있는데, 게시글을 통해 인플루언서를 모집할 때 알아 두면 좋을 한가지 팁은, 게시글은 여러 명의 뷰어를 대상으로 쓰는 글이니만큼, 협찬 상품이 몇 개 안 남았다고 말하면서 지원자들 간의 경쟁적 분위기를 조성하는 것이다.

인플루언서에게 협찬을 의뢰할 땐 반드시 명확한 가이드라인을 제공해야 한다. 물론 콘텐츠의 전반적인 스타일은 자유롭게 맡겨야겠지만, 콘텐츠에 들어가는 제품명, 메인 카피, 필수 내용, 해시 태그, 랜딩 페이지 등은 몇 번이고 반복해서 정확하게 전달되어야 한다. 또한 참고가 될만한 레퍼런스 사진이나 영상이 있으면 최대한 구체적인 설명과 함께 전달하고 무엇보다 중요한 것은 포스팅 업로드 데드라인을 비용 지불 전에 확실하게 정하는 것이다.

만일 자금 여력이 있고 보다 규모 있는 매출을 기대하고 있는 셀러의 경우엔 인플루언서 협찬 전문 대행사를 통해 진행하는 것도 대안이 될 수 있다. 어느 정도 규모가 있는 대행사들은 기존에 거래하던 인플루언서 풀이 많이 확보되어 있고, 협찬 경험이 많다 보니 각 상품별로 높은 효과를 기대할 수 있는 인플루언서들을 특정할 수 있기 때문이다. 또한 인플루언서들 입장에서도 큰 규모의 금액을 지불하는 소수의 메이저 협찬사들의 협찬 의뢰를 받기 위해선 대행사 눈치를 봐야 하기 때문에, 대행사가 제안하는 다소 돈이 안 되 보이는 개인 셀러의 협찬 의뢰 제안을 무조건 거절하기란 어렵다. 이런 이유에서 비용이 다소 높아지더라도 대행사를 사용해서 협찬을 진행하는 것이 투자대비 더 높은 결과가 나오는 경우도 있는 것이다. 단 대행사를 통해 협찬을 진행할 경우엔 일정 금액을 지불하고 인플루언서가 제품을 홍보하는 단순한 협찬보단, 인플루언서가 공동 구매 형식으로 제품 판매에 직접적으로 참여해 30프로 정도의 수수료를 받는 구조의 협찬이 성사 가능성이 더 높아진다. 아무래도 매출 대비 수수료 방식으로 진행을 해야 대행사나 인플루언서 측에서도 해당 협찬으로 인해 벌 수 있는 기대 금액이 높아지기 때문이다.

또한 인플루언서는 꼭 한국인 인플루언서가 아니라도 좋다. 굳이 셀러가 해외 시장에서 해당 브랜드 제품을 판매하는 경우가 아니더라도, 국내에서 판매되고 있는 브랜드 제품을 해외 인플루어서가 리뷰하거나 홍보하는 컨텐츠를 소비자들이 접하게 되면 해당 브랜드가 국제적으로 판매되고 있다는 느낌을 줄 수 있고, 외국어로 된 컨텐츠에 한국 자막을 넣어서 국내 SNS에서 활용하면 더 높은 관심을 끌 수도 있을 것이다.

커뮤니티 마케팅

브랜드 로얄티를 높이기 위해 커뮤니티를 효과적으로 사용한 사례로는 룰루레몬이 가장 대표적인데, 최근엔 국내에서도 신규 브랜드들을 중심으로 커뮤니티 마케팅을 적극적으로 활용하고 있는 경우를 자주 볼 수 있다. 브랜드 상품이 가지고 있는 특징이나, 브랜드 상품을 주로 구매하는 소비자들의 관심사와 연관되는 내용의 인스타그램을 브랜드가 직접 운영할 수도 있고, 타 커뮤니티에 셀러가 자신의 브랜드 이름을 단 회원으로 가입해 적극적인 활동을 할 수도 있다.

예를 들면, 목캔디 제품을 파는 브랜드라면 천식 환자들이 관심있어 하는 내용을 주요 콘텐츠로 다루는 인스타그램을 자체적으로 운영할 수도 있고, 친환경 제품을 파는 브랜드라면 환경 보호와 관련된 커뮤니티에 '자연을 사랑하는 OOO 브랜드'란 이름을 가진 회원으로 가입해서 주기적으로 상품을 협찬할 수도 있을 것이며, 운동화를 파는 브랜드라면 소규모 마라톤 대회를 개최할 수도 있고, 운동 기구를 파는 브랜드는 피트니스 커뮤니티, 라이프스타일 제품을 파는 브랜드는 해당 브랜드가 추구하는 라이프스타일과 일치하는 내용의 영화감상 커뮤니티나 독서 모임 커뮤니티를 운영할 수도 있을 것이다.

카페 침투 마케팅은, 말 그대로 해당 브랜드 제품의 판매에 도움이 될 만한 소비자들이 모여 있는 카페에 회원으로 침투해 그곳에 해당 브랜드 제품을 홍보하는 게시글을 남기는 것이다. 하지만 해당 회원이 게시판에 글을 남기기 위해선 일정 시간 이상의 카페 활동이 필수적이기 때문에, 카페 마케팅은 셀러가 원하는 시점에 바로 진행할 수 있는 것이 아니다. 그렇기 때문에 카페 마케팅을 진행하기 위해선 이미 게시글을 남길 수 있는 자격을 가진 카페 회원들을 다수 확보하고 있는 마케팅 대행사를 찾아 해당 작업을 의뢰하는 것이 일반적이다. 대행사를 이용하게 될 경우엔 게시글 건당으로 계약하기 보단 여러 건을 한 번에 묶어서 계약을 하거나 적립금 형태로 계약을 한 후, 그 예산 안에서 게시글 별로 금액을 소진해서 사용하는 방식으로 진행을 하게 되면 건당 들어가는 비용을 절약할 수 있다.

블로그 마케팅

가전 제품이나 가구처럼 가격대가 비싸거나 미용, 의료기기처럼 구매 관여도가 높은 제품의 경우엔 소비자들이 해당 제품에 대해 바로 구매 의사 결정을 내리기에 앞서 네이버 블로그를 검색해서 해당 제품과 연관된 리뷰 글들을 확인해 보는 경우가 많다. 그렇기 때문에 최근 비록 네이버 블로그 마케팅이 예전처럼 효율이 좋진 않다고는 하지만, 해당 상품의 경우엔 제품 런칭 전 최소 5,6개 정도의 리뷰 글 정도는 네이버 블로그에 포스팅을 해 놓는 것을 추천한다. 제품을 리뷰해 줄 블로거를 찾는 방법은 앞서 언급한 리뷰노트를 사용해도 좋고, 셀러 스스로가 자신의 제품과 유사한 상품을 과거에 리뷰한 경험이 있는 블로거를 네이버에서 검색해서, 그들에게 비밀 댓글이나 쪽지를 보내는 것도 좋다. 이때 중요한 점은 아무리 좋은 블로그 글이라 하더라도 그것을 발행한 블로거가 네이버 상에서 노출 점수를 일정 수준 확보한 경우라야만 해당 글이 네이버에 상위 노출이 된다는 점이다. 이것을 블로그 지수라고 하는데, '블덱스'(Blogdex.space)란 사이트에서 해당 블로그 URL을 입력하면 해당 블로그가 노출에 최적화된 블로그인지 여부를 바로 확인할 수 있다.

리텐션 마케팅 (Retention Marketing)

투자 대비 효과 측면으로 보자면, 신규 고객을 대상으로 하는 것보단 한 번이라도 자사 상품을 구매했던 이력이 있는 기존 고객을 대상으로 하는 마케팅이 훨씬 높은 효율을 낼 수 있다. 이처럼 기존에 모아 놓은 고객 풀과 고객 데이터를 대상으로 마케팅을 집행하는 것을 리텐션 마케팅이라고 부른다. 인스타그램이나 페이스북을 보면 같은 광고가 반복적으로 눈에 띄게 되는 경우가 있는데, 이것이 자사몰에 '픽셀'이라는 프로그램을 연동시켜 특정 자사몰에 접속한 고객을 대상으로 향후 그들이 가는 곳마다 해당 자사몰의 광고가 지속적으로 노출되게 하는 대표적인 리텐션 마케팅이다. 픽셀 리텐션 마케팅을 하려면 고객 정보가 필수적이기 때문에 리텐션 마케팅을 원하는 셀러는 최대한 서둘러 자사몰을 만들고 자사몰에 한 번이라도 방문한 고객들을 카카오나 네이버 회원 연동 방식으로 최대한 간편하게 회원으로 가입시킨 후, 자사몰에 픽셀을 심어 페이스북 광고와 연동시키는 과정이 필요하다.

이외에도 기존 고객의 반복 구매를 유도하기 위해 구매 금액의 일정 부분을 적립금으로 제공하는 것, 할인이나 사은품 증정을 미끼로 등급별 멤버십 프로그램에 가입을 유도하는 것, 해당 브랜드 제품 구매에만 사용할 수 있는 상품권을 할인된 가격에 판매하는 것, 정기 구독 제품을 판매하는 것 등이 기존 고객의 재구매를 활성화시키기 위한 리텐션 마케팅의 대표적인 사례들이다.

시즌 마케팅

시즌 마케팅이라 하면 일반적으로 크리스마스나 신학기, 추석처럼 누구에게나 잘 알려진 일반적인 시즌에 할인 행사나 사은품 증정 행사 등을 진행하는 것을 뜻하지만, 이렇게 잘 알려진 시즌엔 대부분의 셀러들 역시 동시에 행사를 진행하기 때문에 해당 행사가 소비자들의 눈에 쉽게 띄기도 어렵고, 효과 측면에서도 큰 기대를 하기 어렵다. 그리고 무엇보다 브랜드 이미지 차원에서도 누구나 할 법한 뻔한 행사를 한다는 사실이 자칫 해당 브랜드를 고루해 보이게끔 만들 수 있다는 단점도 있다. 그렇기에 특히 신규 브랜드가 시즌 마케팅을 할 경우엔 시즌의 타이틀이 그 이름 자체만으로도 소비자들 사이에서 바이럴이 되기 쉽고, 해당 브랜드의 호감도에 도움이 되는 것이라야만 한다.

예를 들면 애견의 날, 장애우의 날, 대머리의 날, 국제 페미니즘의 날처럼 평소엔 잘 몰랐는데 알고 보니 나름의 개성있는 의미를 가질 수 있는 특별한 기념일이라든지, 올림픽이나 월드컵처럼 누구나 다 아는 빅 이벤트보단 보스톤 마라톤 대회, 모나코 F1 레이싱, 뚜르 드 프랑스 자전거 대회처럼 좁고 진한, 그러면서도 선진적인 라이프스타일스러운 이벤트를 소재로 시즌 마케팅이 이뤄진다면 해당 브랜드는 고객들로부터 더 긍정적인 호감을 얻고 나아가 적극적인 바이럴 효과까지 기대해 볼 수 있을 것이다.

CS 마케팅

많은 기업들이 고객불만에 대응하기 위한 CS (Customer Service) 프로세스를 브랜드의 위기관리(Risk Management)차원에서 접근하지만, 최근 혁신적인 기업들은 CS를 오히려 해당 브랜드의 이미지를 높일 수 있는 효과적인 마케팅 수단으로서 적극적으로 다루고 있다.

브랜드를 운영하다 보면 브랜드의 서비스나 제품에 불만을 가진 소비자들이 반드시 발생하기 마련인데, 간혹 이런 불만을 리뷰 글이나 혹은 직접적인 언행을 통해 과격하게 표현하는 소비자들이 있다. 과거의 CS 정책은 이런 악성 소비자들의 불만이 최대한 외부적으로 노출되지 않고 내부적으로 원만히 해결되는 것에 초점이 맞춰졌었다. 하지만 최근 업계에서 눈에 띄게 발견할 수 있는 CS 정책의 변화는 오히려 이런 악성 소비자들에게 그들이 감화 감동을 받을 정도의 적극적이고 파격적인 리워드를 제공해 줘서, 이 경험이 다른 소비자들에게까지 널리 전파되도록 유도하는데 있다. 일반적으로 자신의 불만을 평범한 사람들보다 더 감정적이고 노골적으로 표현하는 사람들은 작은 일에도 쉽게 삐치지만, 또 한편으론 쉽게 감동하는 성향을 가진, 정서적으로 불안정한 심리 상태를 가진 사람인 경우가 많다. 특이한 점은 이렇게 심리적으로 불안정한 상태를 가진 사람들이 사회 활동면에서도 일반인들보다 더 적극적인 성향을 띠는 경우가 많다는 점이다. 그렇기 때문에 진상 소비자들이 과거 그들이 여타 브랜드들로부터 경험했던 것과는 사뭇 다른, 진정성 있는 CS 대응 과정을 경험하게 되면 오히려 해당 브랜드로부터 경험한 미담을 주변에게 적극적으로 전파하는 브랜드 홍보대사가 될 수 있는 것이다.

한편 CS는 브랜드가 추구하는 가상의 인격이 실제 인간으로 구체화되어 고객과 만나는 수단이기 때문에, CS 과정에서 고객과 커뮤니케이션을 담당하는 직원은 해당 브랜드의 페르소나를 정확히 인지해야 함은 물론, 미리 작성된 FAQ 매뉴얼을 통해 동일한 인격에 근거한 통일된 내용으로 고객을 대해야 한다.

대부분의 고객 불만 사례는 주로 배송과 관련된 부분에서 발생하기 때문에 이를 미연에 방지하는 것 역시 중요하다. 이를 위해선 상품 박스, 택배 박스 등이 배달 과정에서 쉽게 파손되지 않는 재질과 형태인지 미리 체크해야 하고, 포장과 배송을 담당하는 직원들도 상품 포장, 피킹 (Picking), 배송 과정에서 반복된 실수를 하지 않도록 관련된 업무 매뉴얼을 만들어 관리를 해야 한다. 개인 셀러의 경우 외부 3자 물류를 사용하는 경우가 많기 때문에 물류 과정에서 반복적인 사고가 발생한다면 3자 물류 업체를 과감하게 교체하는 방법도 고민해 봐야 한다. 최근엔 택배 박스 안에 브랜드가 작성한 땡큐레터를 동봉하는 사례도 많은데, 땡큐레터에 적힌 글로 인해 해당 브랜드가 고객들에게 선하고 호감가는 이미지로 보일 수 있다면, 이 역시 향후 발생할 수 있는 CS 발생률을 줄이는데 도움이 될 수 있을 것이다.

상품 측면에서 고객 불만이 발생할 가능성이 있는 부분이 조금이라도 있다면 그 내용들을 미리 상세페이지에서 구체적으로 언급하고 고객의 이해를 미리 구하는 것도 CS를 미연에 방지할 수 있는 좋은 방법이다. '개중 표면이 울퉁불퉁한 것도 있을 수 있으나, 이건 천연 재료만을 사용할 때 발생하는 자연스러운 현상이니 걱정하지 않으셔도 됩니다'와 같은 문구가 이런 사례이다.

CS는 개인 셀러들이 가장 어려워 하는 업무다. 그런데 최근엔 CS 업무를 대행해 주는 외주 업체들이 많이 생겨서 웬만한 배송 관련 CS 콜은 외주 업체를 통해 해결이 가능하게 되었다. 하지만 CS는 브랜드의 이미지 관리면에서 중요한 역할을 담당하는 영역이니만큼 해당 브랜드의 인지도가 어느 정도 쌓이기 전까지는 셀러가 직접 CS업무를 담당하는 것이 좋다. 고객의 목소리를 최대한 많이 접해야 고객들이 해당 브랜드 제품에 대해 무엇을 어떻게 느끼고 있는지를 정확히 파악할 수 있기 때문이다. CS 업무를 진행하다 보면 간혹 억울한 상황에 처하기도 하고, 고객이 부당하다고 판단될 정도로 무리한 요구를 하는 경우도 생긴다. 하지만 브랜드 런칭 초기 단계에는 일시적으로 이런 불합리한 CS 요구들도 가급적이면 고객이 원하는 대로 들어주는 것이 좋다. 지금은 손익을 따질 시점이라기보단 브랜드 호감도를 올리는 게 더 중요한 시점이기에, 일단은 손해를 보더라도 최대한 브랜드 호감도에 문제가 생기는 일이 일어나지 않도록 방지하는 게 중요하다.

오프라인 마케팅

과거에는 오프라인 판매가 기업의 매출과 손익면에서 가장 중요한 역할을 했지만, 최근엔 오프라인 판매 행위가 온라인 매출에 도움이 되고, 해당 브랜드의 인지도와 호감도를 높이기 위한 마케팅 도구로서 보조적 차원으로 사용되고 있다. 그렇기 때문에 오프라인 판매에 대한 의사 결정은 매출 자체 보단 이를 통해 얻게 될 온라인 판매와 브랜딩 효과를 함께 고려해서 이루어져야 한다. 이런 이유에서 최근 브랜드들이 오픈하는 오프라인 매장들을 보면 과거에 비해 상권이 그렇게 중요하지 않아졌다는 것을 알 수 있다. 일부 셀러들은 사무실과 매장을 겸해서 사용할 수 있는 공간을 얻기도 하고, 임대료가 싼 외진 장소에 널찍한 매장을 얻어, 제품 촬영 스튜디오와 겸해서 매장을 사용하는 경우도 있고, 큰 부피를 차지하는 제품을 판매하는 브랜드의 경우엔 물류 센터의 일부 공간을 매장 겸 사무실로 활용하는 경우도 있다.

오프라인 판매는 셀러가 직접 보증금, 임대료를 지불하고 브랜드 이름을 건 단독 매장을 오픈하는 경우도 있지만, 다른 매장의 일부 공간에 해당 브랜드의 제품을 샵인샵 형태로 입점해서 위탁 조건으로 제품을 판매하는 경우도 있다. 또한 교보문고 같이 여러 셀러들이 판매사원의 인건비를 공통으로 부담하는 조건으로 각자의 매대를 가진 형태로 공동 입점하는 경우도 있다. 대부분의 주요 백화점들의 팝업 매장 역시 이런 조건으로 운영되고 있다.

이 외에도 해당 상품 카테고리와 맞는 국내 상품 박람회에 단독으로 혹은 다른 브랜드들과 공동으로 부스를 얻어 참가하는 방법도 있다. 과거에는 국내 상품 박람회가 도매 판매나 대리점주를 모집하기 위한 목적으로 개최되었는데 최근엔 박람회가 정기적으로 열리는 장마당같은 모습으로 소비자들에게 포지셔닝 되어서 아예 제품 판매를 목적으로 박람회에 참가하는 셀러들도 늘고 있다. 박람회에 참석하는 또 하나의 장점은 해당 상품 카테고리의 메이저 플랫폼에서 온 MD들을 만날 수 있다는 점이다. 실상 별 대단하지 않은 박람회일지라도 대형 플랫폼들이 신규 브랜드들을 발굴하려는 목적으로 해당 카테고리 MD들을 강제로 박람회에 보내는 경우가 많기 때문이다. 이때 MD들은 내부적 보고를 위해서라도 반 강제적으로 신규 업체들을 만나게 되는데, 의외로 이런 경로를 통해 메이저 유통사의 벤더 코드를 따게 되는 사례들도 꽤 많이 발생한다. 한편 최근에는 국내 브랜드 제품에 관심을 가지는 해외 유통 업체에서 온 바이어들도 국내 박람회에 참가하는 경우가 늘어나고 있어 브랜드 제품을 런칭하는 개인 셀러라면 큰 비용이 들지 않는 범위에서 국내 박람회는 최소 1년에 한 번 이상은 참석하는 것이 좋다.

PROMOTION

브랜드 창업 마스터

OPERATION

1) 브랜드의 종류

샵브랜드 VS 상품브랜드

브랜드는 크게 샵 브랜드와 상품 브랜드로 나눠 볼 수 있다. 상품 브랜드는 다이슨, 제니퍼홈, 세라젬처럼 단일 상품 혹은 소수의 패밀리 상품을 거느린 단일 종류의 상품으로서 소비자들에게 브랜드로 인식되는 경우이다. 이에 반해 샵 브랜드는 문고리닷컴, 모던하우스, 마켓비처럼 특정 카테고리의 상품들이나 특정 스타일의 상품들을 한 장소에 모아서 팔고 있는 가게로서 브랜드로 인식되는 경우이다.

ffcollective	○○○ 한 스타일의 가구, 조명, 인테리어 소품을 모아서 파는 샵브랜드
li2(리투)	○○○한 스타일의 양말을 모아서 파는 샵브랜드
Verish	○○○한 느낌의 여성 이너웨어 상품브랜드
re,move	노브라보다 편한 브라 상품브랜드

샵 브랜드가 브랜드로 인정받기 위해선 해당 브랜드는 소비자들에게 그들이 왜 굳이 이 가게에 찾아올 필요가 있는지 명확하고 강력한 이유를 줄 수 있어야 한다. 즉 샵 브랜드는 소비자의 방문을 강제할 수 있는 명확한 용도를 가지고 있어야 하는 것이다.

소비자들이 특정 매장을 찾는 용도는 다양하다. 특정 상품 카테고리 제품을 가장 구색있게 갖춘 곳, 특정 스타일의 상품을 가장 전문성있게 갖춘 곳, 오너가 특별한 안목으로 고른 상품만 모아 파는 곳, 특별한 상황에 필요한 상품만을 전문적으로 파는 곳, 오너나 점원이 마음에 드는 곳, 혹은 유통기간 임박 화장품만 전문으로 파는 쇼핑몰처럼 특정 이유에 근거해서 특정 상품들을 가장 싸게 파는 곳 등이 있을 것이다.

중요한 점은 오프라인의 경우라면 가던 길에 우연히 가게가 눈에 띄어 그곳에 들를 수도 있겠지만, 온라인 상에선 소비자들이 방문할 구매 용도를 갖춘 매장들 중 가장 경쟁력이 높다고 생각하는 곳, 즉 마음 속 해당 용도의 사다리 중 가장 높은 순위에 위치한 장소만 방문하려 든다는 점이다. 그렇기 때문에 개인 셀러가 온라인 샵을 성공시키고 더 나아가 그것을 브랜드화 시키기 위해선 본인이 오픈하려고 하는 샵이 유사한 용도를 만족시켜주는 여타 경쟁 샵들과 비교해서 1등이 될 수 있는 조건을 갖출 수 있는지 체크해야 하고, 상품 소싱 역시 이 목적을 달성하기 위해서 이루어져야 한다.

샵브랜드를 만들기 위해 필요한 상품의 종류에는 본인의 가게가 어떤 용도를 만족시켜 주는 가게인지를 고객들에게 확실하게 전달하기 위한 '얼굴 상품', 샵이 만족시키고 있는 방문 용도의 내용을 더 구성지게 만들어주기 위한 '구색 상품', 실제 매출과 손익을 내기 위한 '매출 상품', 그리고 소비자들의 관심을 끌어 고객 유입을 활성화시키기 위한 '미끼 상품' 등이 있다. 매출 상품은 셀러의 대부분의 수익을 책임지는 주요 상품이니만큼 마진이 높아야 하고 주문 수량도 많아야 하기 때문에 해외 공장 소싱을 통해 다량 소품종으로 최대한 낮은 가격으로 상품을 소싱하는 것이 좋고, 얼굴 상품과 구색 상품은 소량만 있어도 되기 때문에 구매 가격이 다소 높더라도 해외 도매 시장에서 소량 다품종으로 소싱하는 것이 일반적이다.

샵 브랜드의 장점은 방문할 가치가 확실한 가게, 즉 용도가 명확한 가게를 만들 수만 있다면 단일 제품을 운영할 때보다 훨씬 수월하게 브랜드가 될 수 있다는 점이다. 소비자들은 과거의 경험을 통해 확실한 용도를 가진 가게가 확실한 용도를 가진 상품보다 훨씬 드물다는 것을 알고 있기 때문에 방문할 용도가 명확한 가게의 이름은 웬만해선 머리속에 기억해 두려고 하기 때문이다.

하지만 용도가 명확한 샵브랜드를 만들기 위해선 필연적으로 상품의 가지 수가 많아야만 하고, 그 결과 상품 소싱 자금이 여러 제품들로 분산되며, 자칫 재고 관리에 소홀해지면 자본이 악성 재고로 묶이는 결과가 발생하기도 한다. 과거에는 상품 구색을 1688같은 도매 소싱처에서 소량으로 소싱해 온 상품으로 채울 수 있었지만, 지금은 1688에서 구매하는 가격으로는 가격 경쟁이 어려워져 현지 공장을 통해 상품을 저렴한 가격으로 대량 수입해야 하는데, 공장 소싱은 상품당 MOQ(최소주문수량)가 높아 소싱에 많은 자금이 묶이게 된다. 또한 샵이란 무릇 상품이 자주 바뀌지 않으면 소비자들의 방문이 반복될 수록 지겹게 느껴질 수 있어 신상품 비율을 항시 일정 수준 이상으로 유지해야 한다. 그러다 보면 상대적으로 매출이 처지는 상품은 노출이 안 되는 곳으로 밀려 나게 되고 이런 상품들은 고스란히 악성 재고로 남게 된다. 즉 샵브랜드를 운영하기 위해선 기본적으로 상품수(SKU)도 많아야 하고 재고 이슈도 피할 수 없기 때문에 샵 브랜드는 자본이 부족한 개인 셀러보단 오히려 시간과 자본이 넉넉한 중견 기업에 더 적합한 비즈니스모델이라고 볼 수 있다.

개인 셀러들을 많이 만나 볼 수 있는 '리빙 디자인 페어'나 '홈데코 & 테이블페어' 같은 국내 박람회에 가보면 개인 셀러들이 운영하는 샵 브랜드들을 많이 만날 수 있다. 개중에는 오프라인 매장을 운영하시는 분들도 있고, 네이버 리빙윈도우 시절부터 꽤 큰 매출을 내고 있는 나름 업계에서 유명한 브랜드들도 있지만, 대부분 앞서 설명한 상품 구색 이슈, 재고 관리 이슈 탓에 실제로 유의미한 이익을 내고 있는 곳을 찾아 보기 어렵다. 그렇기 때문에 자본이 부족한 가운데 브랜드를 꿈꾸는 셀러라면 샵 브랜드보단 상품 한 개에 집중해 규모 있는 승부를 볼 수 있는 상품 브랜드에 도전하는 것을 더 추천한다.

식당의 경우도 소비자들의 인식 속에 강렬한 브랜드로 자리 잡은 곳들은 대부분 단일 메뉴로 승부를 보는 곳이 많고, 매출 규모나 수익 면에서도 이것 저것 잡다한 메뉴를 파는 곳에 비해 월등함을 보여 주고 있다. 물론 단일 메뉴를 파는 식당이 아니라도 큰 매출을 내는 유명 브랜드 식당이 많이 있지만, 이 경우는 식당의 입지나 규모가 경쟁 식당들을 압도하거나, 해당 음식 쟝르가 상당히 특별하고 전문적이어야만 가능한 일이다. 개중에는 쉐프의 유명세나 음식 솜씨를 내세워 예약하기가 어려울 정도로 장사가 잘 되는 곳들도 있다. 하지만 과연 이런 스타 쉐프들 중에 식당 운영 자체만으로 큰 돈을 번 사람이 얼마나 되는지를 따져 봐야 한다. 이런 스타 쉐프의 식당은 비록 명소는 될 순 있겠지만 유명한 냉면집이나 설렁탕집, 고기집처럼 단일 메뉴로 유명해진 식당들과는 그 매출면이나 수익면에서 견주기가 어려울 것이다.

그렇기 때문에 개인 셀러가 추구해야 할 비즈니스 모델은 식당으로 치자면 전국에서 손 꼽히는 유명한 냉면집이어야 한다. 물론 개인 셀러 차원에서 이것은 쉬운 일은 아니다. 아마도 가장 큰 진입장벽은 기존에 대중들로부터 인정받고 있는 필동면옥, 평양냉면, 우래옥 같은 기성 냉면 브랜드들과 어깨를 나란히 할 수 있는 수준의 육수와 면발을 만들어 내는 일일 것이다. 그렇기 때문에 개인이 냉면집 브랜드로 성공하기 위해선 본인이 가진 제한된 모든 자본과 노력, 시간을 육수와 면발을 개발하는 데에 집중적으로 투자해야 한다. 이것이 개인 차원에서 불가능한 일이라고 생각되는 분들은 현재 네이버에 우리나라 평양냉면집 순위를 한 번 검색해 보길 바란다. 놀랍게도 최근에 개인들이 런칭한 신흥 냉면집들이 해당 순위 상단 곳곳에 위치해 있는 것을 발견할 수 있을 것이다. 이들이 바로 장사로 치면, 브랜드 DNA가 진하고 매출 POTENTIAL이 높은 단일 상품에 집중해서 성공을 거둔 개인 셀러들인 것이다. 개인 셀러는 전선이 넓으면 결코 전쟁에서 이길 수 없다. 그렇기 때문에 자본이 부족한 개인 셀러가 브랜드로 성공하기 위해선 샵 브랜드보단 단일 상품으로 크게 승부를 걸어 볼 수 있는 상품 브랜드에 집중하는 것이 좋다. 나보다 강한 적을 상대로 하는 전쟁에서 이기기 위해선 반드시 적의 헛점을 틈타 좁은 한 곳을 깊고 빠르게 파고 들어야 한다.

이성적 브랜드 VS 감성적 브랜드

브랜드는 해당 상품이 소비자를 만족시키는 용도의 종류에 따라 이성적 브랜드와 감성적 브랜드로 나눠 볼 수 있다. 일반적으로 세련되고 부티 나는 용도를 만족시켜 주는 경우를 감성적인 브랜드라고 부르고, 특별하고 신박한 용도를 만족시켜 주는 경우를 이성적인 브랜드라고 부를 수 있겠지만, 대부분의 상품은 감성적인 용도와 이성적 용도 모두를 만족시켜 줘야 매출이 발생한다. 물론 상품의 특성에 따라 감성적 용도가 매출에 더 중요한 역할을 하는 상품도 있고 반대로 이성적 용도가 매출에 더 중요한 역할을 하는 상품도 있겠지만, 상품성이 너무 한 쪽에만 치우쳐, 다른 쪽 부분이 결여되어 있는 상품은 시장에서 경쟁력을 가지기 어렵다.

대부분의 셀러들은 본인이 팔고 있는 상품이 이성적인 용도를 채워 주는 상품이란 판단이 들 경우 마케팅을 진행할 때 이성적으로만 접근하려는 경향이 있고, 반대로 감성적인 용도를 채워 주는 상품에 대해선 감성적인 태도로만 접근하려고 한다. 하지만 해당 브랜드를 소비자들에게 보다 효과적으로 인지시키기 위해 셀러는 이와 정반대로 접근해야 한다. 이성적인 상품은 상품 스펙 정보만으로도 충분히 그 상품이 가진 이성적 장점이 소비자들에게 커뮤니케이션 될 수 있기 때문에 마케팅에서만큼은 보다 감성적으로 접근할 필요가 있다. 그래야만 여타 이성적인 광고 문구들로만 점철된 경쟁 제품들 사이에서 해당 브랜드 상품이 더 돋보일 수 있게 된다. 감성적인 제품의 경우엔 특히 이러한 역발상적 접근이 브랜딩적 측면에서 중요한 역할을 하는 경우가 많다. 인간은 본능적으로 본인의 소비 판단이 감성적인 측면에서 연유됐다는 느낌을 받을 때 일종의 죄책감을 느끼는 경향이 있기 때문이다. 그래서 감성적 상품을 구매할 때의 소비자들은 자신의 선택이 감정에 치우치지 않은 합리적 결정임을 확인받을 수 있는 이성적인 구매 명분을 찾게 된다.

일전에 현대백화점 압구정점에 있는 로로피아나 매장에서 한 점원이 천만원이 넘는 코트를 나이 지긋한 여성 고객분에게 권하면서, 코트 안 쪽에 동전을 넣을 수 있는 작은 주머니가 있다며 그것이 마치 대단한 것인 양 강조하던 장면이 기억난다. 우스운 얘기처럼 들릴 수 있겠지만 천 만원짜리 로로피아나 코트를 구매하려고 매장에 들어온 손님에게 로로피아나 제품이 가진 감성적인 장점들을 굳이 늘어 놓기 보단, 하찮아 보일 수도 있겠지만 해당 제품이 가진 이성적인 장점을 농담처럼 귀엽게 얘기하는 것이 더 효과적일 수도 있는 것이다. 즉 누가 봐도 세련돼 보이는 제품, 부티나는 제품일수록 뻔한 감성적인 이야기로 고객들의 구매 죄책감을 자극하기보단, 성능이나 기능, 내구성 같은, 제품이 가지고 있는 이성적인 장점을 이야기하는 것이 매출적 측면에서 더 도움이 되기도 한다.

2) 브랜드의 운영

브랜드 라이프 사이클

　지구 상에 태어난 모든 생명체는 출생 이후 성장을 거쳐 젊음의 정점을 찍은 후엔 늙고 병들어 결국 죽음에 이르게 되며, 이 생명의 원칙은 상품의 경우에도, 브랜드의 경우에도 똑같이 적용된다. 우리는 이것을 프로덕트 라이프 사이클(PRODUCT LIFECYCLE)이라고 부른다. 상품이 시장에 진입하고, 성장하고, 매출의 정점을 찍은 후, 서서히 꺾이기 시작하고, 이후 매출이 점점 줄어 들어, 결국엔 땡처리로 그 생명을 다하듯, 브랜드 역시 이와 동일한 라이프 사이클을 겪는다. 다만 브랜드는 상품보다 상위 개념이므로 상품 혁신과 새로운 브랜딩 작업을 통해 죽어 가는 브랜드의 생명을 연장시킬 수도 있는데 이것을 리브랜딩 작업이라고 한다. 다만 이 작업은 이미 소비자들의 인식 속에 각인된 기존 브랜드의 이미지를 새롭게 바꿔야 하는 일인만큼 그 기간도 오래 걸리고 비용도 많이 드는 작업이라 전국적으로 인지도가 있는 브랜드의 경우가 아닌 이상 만족할만한 투자 비용 대비 효과를 보기 어렵다. 그렇기 때문에 개인 셀러의 경우 그 라이프 스타일을 다했다고 판단되는 브랜드는 그것을 새로 살리기 위해 시간과 노력을 투자하기 보단 과감하게 해당 브랜드를 폐기 처분해 버리고 새로 신규 브랜드를 런칭하는 것이 훨씬 효과적일 것이다.

　이 같은 브랜드의 생노병사 라이프사이클 전체를 놓고 봤을 때, 브랜드를 운영하는 셀러 입장에서 최상의 시나리오는 최대한 짧은 기간 안에 브랜드를 띄우고, 최대한 빠르고 가파르게 브랜드를 최고점까지 올린 후, 최대한 오랫동안 브랜드의 인기를 유지하며 고점에서 떨어지지 않도록 시장에서 버티는 것이다. 이 말인즉슨 브랜드 라이프사이클의 각 스테이지마다 셀러가 추구해야 할 목표가 각기 다르고, 그에 따라 셀러가 중점적으로 해야 할 일들 역시 달라져야 한다는 것이다. 브랜드가 처음 시장에 런칭되고 이후 성장하여 매출의 고점을 찍는 시점까지의 구간을 살펴 보자면, 겉보기엔 이 구간에서 회사가 큰 돈을 버는 것처럼 보일 순 있겠지만, 이때는 해당 브랜드의 인지도와 매출액을 최대한 짧은 시간 안에 가능한 높은 지점까지 올리는 것이 지상 과제이기 때문에 과감하고 공격적인 투자가 필요한 시점이다. 그렇기에 이 시기의 셀러는 실제로 돈을 벌기 어렵고, 벌어서도 안 된다. 셀러가 실제로 돈을 챙길 수 있는 시점은 브랜드가 서서히 맛이 가기 시작할 때부터이다.

한 번 매출의 정점을 찍은 브랜드는 그것이 내셔널 브랜드로 진입하는 극히 예외적인 경우가 아니라면, 결국 새롭고 싱싱한 다른 신규 브랜드들에게 그 자리를 주고 밑으로 내려 오기 때문에 이때부터는 해당 브랜드를 다시 살리려고 노력할 게 아니라, 어떻게 하면 이미 맛이 가기 시작한 브랜드를 활용해 최대한 돈을 많이 벌 것인지를 고민해야 한다. 이 시기에 브랜드 오너 입장에서 가장 이상적인 시나리오는 해당 브랜드를 매각하거나, 그게 어렵다면 외부 투자를 받아 하루라도 더 브랜드가 시장에서 버틸 수 있게 연명 치료를 하는 것이다. 또한 브랜드 판매 채널을 보다 저가 시장으로 확장하거나 브랜드 벨류를 최대한 활용할 수 있는 대리점이나 도매 영업 같은 부가적 매출을 발생할 수 있는 방법들을 모색하는 것도 좋은 선택이다. 이와 같은 브랜드 쇠락기에는 브랜드를 띄우기 위한 특별한 마케팅이나 브랜딩 작업 없이도 매출이 발생하기 때문에, 브랜드 자체는 맛이 가기 시작했지만 회사의 손익 구조는 훨씬 좋아지기 마련이다. 그렇기 때문에 브랜드를 띄우는 기술도 중요하지만 이미 뜬 브랜드를 최대한 서서히 가라 앉게 만드는 기술 역시 중요한 스킬인 것이다.

아무튼 이건 브랜드가 잘 된 이후에 필요한 이야기고, 대부분의 개인 셀러들이 당면한 지상 과제는 런칭된 신규 브랜드를 시장에 빠르게 안착시키는 일일 것이다. 특히 개인 셀러가 런칭하는 브랜드는 예, 특, 신, 부의 특징을 가지고 소비자들의 잠재 수요를 공략하는 NEEDS 상품이기 때문에 소비층이 대중적으로 확산되기 전, 런칭 초기의 캐즘(Chasm)구간을 반드시 넘어서야 한다. 그래서 개인 셀러의 경우엔 이 상품 런칭 극 초반기가 상품 라이프사이클에서 가장 중요한 지점인 것이다. 이때는 그야말로 수단과 방법을 가리지 않고 해당 브랜드가 더 빨리 더 많은 대중들에게 알려지도록 온갖 노력을 다 해야 한다. 여러 플랫폼들에서 이미 안정된 상품 노출 구좌를 확보하고 있고, 광고 운영에 대해 일정 수준 이상의 노하우가 쌓인 중견 업체들의 경우엔 이 시기를 놓쳐도 이 후 얼마든지 만회할 수 있는 기회가 주어지지만, 그런 조건을 갖추지 못한 개인 셀러들의 경우엔 상품 런칭 직후 초반 3~4개월 내에 반드시 가시적인 결과를 만들어 내야만 한다. 브랜드 입장에서 이때 반드시 필요한 마케팅 전략이 바로 수면 아래에서 내는 남의 목소리이다.

내 목소리와 남의 목소리

마케팅 커뮤니케이션에는 일반 대중들 눈에 보이는 수면 위의 것과 겉으로 드러나지 않는 수면 아래의 것이 존재한다. 즉 해당 브랜드가 수면 위에서 브랜드 본인의 목소리로 내야 하는 소리가 있는 한편, 브랜드가 내고 싶은 소리를 수면 아래서 남의 목소리로 대신해서 내야만 하는 경우가 따로 있는 것이다.

남의 목소리를 효과적으로 활용할 수 있는 가장 대표적인 방법은 브랜드가 원하는 방향으로 상품평을 만들어내는 것이다. 브랜드를 운영하는 셀러가 내는 목소리가 아니라, 불특정 소비자가 내는 소리이기 때문에 이는 브랜드의 인격 관리로부터 자유로운 공간이다. 이 공간에선 구체적인 경쟁사의 이름까지 거명하며 해당 제품을 원색적으로 비방할 수도 있고, 낯 뜨거운 표현으로 본인 브랜드 제품을 노골적으로 칭찬할 수도 있다. 타사 브랜드 제품을 살 바엔 그 가격으로 해당 브랜드의 제품을 사겠다는 식으로 가성비를 강조할 수도 있으며, '부티가 난다', '섹시해 보인다', '지나가는 젊은 여자들이 쳐다 본다' 등과 같이 셀러의 입으로 말하기엔 다소 민망하지만 매출엔 직접으로 도움이 되는 자극적인 표현도 얼마든지 가능하다. 상품평은 여러 방법들을 통해 셀러가 의도하는 대로 그 내용을 만들어낼 수 있기 때문에, 특히 신규 브랜드는 런칭 초반부터 상품평 관리를 적극적으로 이용해 브랜드의 목소리로 차마 내기 힘든 자극적인 메시지들을 고객들의 입을 통해 대중들에게 노출시켜야 한다.

인플루언서나 블로거들에게 금전적 지원이나 상품 협찬을 해주고 그들의 목소리로 해당 상품에 대한 긍정적인 포스팅을 올리게 하는 것도 남의 목소리를 이용하는 중요한 마케팅 방법이다. 이때는 해당 브랜드 제품을 홍보해 주고 리뷰해 주기로 한 사람들에게 포스팅 내용을 알아서 잘 써달라고 부탁하는 게 아니라, 브랜드의 본인 목소리로 차마 내기 어렵지만 브랜드 인지도나 매출에 도움이 되는 내용의 메시지를 각 인물 별로 건건이 다르게 작성해서 전달해야 한다.

남의 목소리를 활용하는 것은 각종 카페나 SNS에서 해당 상품을 소개하고 홍보할 때도 같은 원리로 사용될 수 있다. 카페 게시판에서 마치 기존의 카페 회원이 올린 것처럼 해당 상품의 장점을 소개하고 판매 링크를 게시하는 카페 침투 마케팅 역시 최근 널리 이용되고 있는 방법이다.

SNS 광고는 플랫폼의 특성상 자극적인 제목이나 눈길을 사로잡는 이미지로 대중들의 어그로를 끌어야 하는 경우도 있고, 소비자들로 하여금 해당 제품을 안 사면 마치 큰 일이 생길 것 같은 위기감을 조성하는, 소위 공포 마케팅이 필요할 때도 있다. 그리고 제품에 따라 구체적인 효능이나 성분, 성적 표현 등 광고 심의에 걸릴만한 자극적인 문구들이 필요한 경우도 생기는데, 이런 광고 역시 브랜드 계정으로 집행하는 것 보단, 타 명의의 계정을 사용해 브랜드와 무관한 사람이 올린 포스팅 글의 형식으로 SNS 상에 게시하는 것이 좋다. 이런 종류의 포스팅은 자주 신고를 당해 게시글이 삭제되거나 해당 계정이 정지를 당하는 경우도 많은데, 최근에는 계정을 무한 생성하는 프로그램까지 개발되어 있어 이런 지저분한 마케팅을 진행하는데 큰 도움이 되고 있다.

수면 위 세일즈 vs 수면 아래 세일즈

　신규 브랜드가 소비자들 사이에서 브랜드로 인정받기 위해선 해당 제품이 런칭 초기부터 어느 정도 수준의 대중적 인지도를 얻는 시점까지는 반드시 브랜드스러운 장소에서만 판매가 되어야 한다. 하지만 개인 셀러 입장에선 브랜드 라이프사이클 상의 초기 캐즘 구간을 넘어서기 위해 반드시 초기 매출이 필요한데, 일반적으로 신규 브랜드 제품은 브랜드스러운 장소에선 런칭 초기부터 큰 매출을 기대하기가 현실적으로 어렵다. 그렇기 때문에 신규 브랜드는 일반 소비자들의 눈에 잘 띄는 수면 위에선 브랜드스러운 태도를 유지하되, 대신 눈에 잘 띄지 않는 수면 아래 시장에선 매출 확보를 위한 적극적인 판매 활동을 이어 나가야 한다.

　수면 아래 세일즈는 제한된 고객을 대상으로만 상품이 판매되는 모든 거래 행위를 뜻한다. 와디즈나 텀블벅같은 펀딩 기반 플랫폼, 각종 크고 작은 홈쇼핑, 쇼핑 라이브, 카페 공구, 심지어 중고 거래 플랫폼까지, 그 장소가 모두에게 오픈 되어 있지 않고 제한적인 소비자들만 사용하는 곳이라면 어디라도 입점해서 브랜드 방향성과는 상관없는 가격과 인격으로 마음껏 매출을 견인해야 한다. 이때 중요한 것은 이런 지저분한 수면 아래 세일즈에서 보여지는 셀러의 모습이 절대로 해당 브랜드의 모습으로 소비자들에게 비춰져서는 안 된다는 것이다. 즉 브랜드가 직접 홈쇼핑에서 해당 제품을 판매하는 것이 아니라, 브랜드 사로부터 해당 물품을 도매로 구입한 중간 셀러가 해당 브랜드 제품을 판매하는 것처럼 보여야 그 영업 활동이 브랜드 이미지에 해를 끼치지 않는다. 그래서 이 두 모습이 최대한 상반되고 도저히 한 셀러의 모습으론 보여지지 않아야지만 소비자로 하여금 수면 아래서 일어나는 영업 활동이 해당 브랜드가 직접 진행하는 것이 아닌 것처럼 느껴지게 할 수 있다.

아주 오래 전 일이지만, 저자가 코즈니란 브랜드를 운영하던 시절 전국적으로 크게 유행시켰던 말캉말캉한 비즈쿠션이란 상품이 있었다. 이미 일본에서 크게 히트를 친 제품이라 상품성만큼은 자신이 있었는데, 막상 수천만원이 넘는 돈을 주고 상품을 수입하고 나자 당장 이 제품을 어떻게 국내 시장에서 유행을 시킬지가 막막해졌다. 그때 사용했던 방법이 바로 남의 목소리를 이용하는 것이었다. 당시 명동, 강남역 일대에는 유명 브랜드들의 짝퉁 상품을 팔던 리어카 업자들이 많이 있었는데, 그들을 관리하는 중간 관리자에게 중계 비용을 주고 리어카 업체 100개를 섭외했다. 그리고 종이 박스를 오려 '전국 대히트 코즈니 정품 비즈쿠션'이라고 손 글씨로 쓴 POP를 리어카에 크게 붙이고 매일 밤 길거리 곳곳에서 비즈 쿠션을 팔게 했다. 주로 짝퉁 명품 브랜드 제품을 팔던 리어카 상인들이 어느 날부터 경쟁적으로 비즈 쿠션을 파는 모습을 본 소비자들은 그 상품이 난생 처음 보는 제품임에도 불구하고 마치 요즘 비즈쿠션이 유행이라는 착각을 하게 된 것이다. 이후 지인들로부터 명동 리어카에서 코즈니 짝퉁 제품을 팔고 있으니 그들을 신고 해야 하지 않느냐는 제보 전화를 여러 통 받은 후에 비로소 의도대로 일이 잘 진행되고 있음을 알 수 있었다. 이처럼 수면 아래 세일즈와 남의 목소리를 잘 활용하면 브랜드 이미지에 해를 끼치지 않으면서도 셀러가 원하는 소기의 목적을 달성할 수 있게 된다.

신규 브랜드는 해당 브랜드의 인지도가 일정 수준 이상에 도달하기 전까진 항상 브랜드스러운 모습으로, 브랜드다운 이야기만 해야 한다. 많은 소비자들을 팬으로 확보한 이후엔 다소 자유로워질 수 있지만, 런칭 초반에는 특히 경거망동을 각별히 조심해야 한다. 주변에 보면 시장에서 이제 막 브랜드로 인정받기 시작한 브랜드들이 그들의 공식 홈페이지나 인스타 피드에서 브랜드답지 않은 모습을 보여 힘들게 만든 브랜드 이미지를 망치는 경우가 있다. 일본 명인이 런칭한 명품 칼이란 컨셉으로 런칭한 칼 브랜드의 공식 인스타그램에 사장으로 추정되는 인물의 신변 잡기스러운 글들이 여기 저기 포스팅 되어 있는 경우나, 모든 소비자들이 독일 브랜드인 줄로만 알았던 와인잔 브랜드의 공식 홈페이지에 게시된 '고객님들이 저희 브랜드에 보내 주신 열렬한 성원에 너무 감동해서 제가 특별히 제작한 사은품을 준비했다'는 등의 글의 경우도, 소비자들 입장에선 오히려 해당 브랜드에 친근감과 고마움을 느끼기기는 커녕, 속았다는 일종의 배신감을 느낄 가능성이 크다. 브랜딩을 잘 한다는 것은 본디 연기를 잘 해야 하는 것인데, 셀러가 상품 런칭 초기에 기대치 않았던 큰 성과를 경험하다 보니 빙의했던 인격을 잠시 잊고 본인도 모르게 본캐(본 캐릭터)의 모습이 불쑥 불쑥 튀어나오는 것이다. 그래서 브랜드는 뜰수록 더 긴장해야 한다.

상품 브랜드는 어느 시점에선 반드시 샵 브랜드화 시켜야 한다

모든 브랜드는 생로병사의 운명에서 벗어날 수 없기 때문에 아무리 공전의 히트를 친 브랜드 상품이라 하더라도 시간이 흐르면 시장에서 퇴출되는 운명을 맞이하게 된다. 그런데 이렇게 상품 하나로 큰 성공을 경험한 셀러는 이 후 또 다시 히트를 칠 상품을 찾게 되는데, 문제는 이미 이전 성공으로 인해 어느 정도 돈 맛을 봤고 그 결과 본인의 씀씀이도 커진 상태에서 브랜드 상품의 매출이 고꾸라지는 것을 경험한 대부분의 셀러는 미래에 대한 불안감에 휩싸여 브랜딩은 안중에서 사라지고 온통 관심은 큰 매출을 낼 수 있는 히트 상품에만 가 있는 채로 소싱처를 찾아 헤매는 경우가 많다. 물론 운이 좋아서 후속 상품이 또 다시 히트를 칠 수도 있겠지만, 이런 경우 대부분은 후속 상품으로 기존 브랜드 제품과 브랜드 이미지 차원에서 연결점을 찾기 어려운 상품을 소싱하게 될 가능성이 높다. 그 결과 첫번째 성공을 통해 얻은 브랜드 인지도 레버리지를 전혀 활용하지 못한 채 처음부터 브랜딩을 다시 시작해야 하는 상황에 놓이게 되는 것이다. 브랜드가 되는 건 사실 운도 따라야 하고 예상치 못했던 외부 변수들이 잘 맞아 떨어져야 가능한 일인데 매번 그런 운이 따라 준다는 보장은 없다. 힘들게 인지도 있는 브랜드로 자리 잡은 브랜드를 후속 제품에 이어서 활용하지 못하는 것은 셀러 입장에서 상당히 안타까운 일이라고 할 수 있다.

그래서 지금 당장은 단일 상품 한 개로 승부를 걸더라도 본인의 머리 속엔 항시 미래의 청사진을 가지고 있어야 한다. '동일한 브랜드로 맨 처음엔 이 상품을 런칭하고, 만일 이 상품이 계획대로 잘 진행되면 뒤 이어 이런 상품을 런칭하고, 그것이 잘 되면 또 이 상품을 런칭해서, 종국적으로 시간이 흐른 후엔, 런칭된 여러 상품들이 한 자리에 모여 최종적으로 이러한 모습을 가진 샵이 구성이 되겠고, 그래서 이 샵은 소비자들에게 이런 종류의 용도를 만족시켜주는 샵 브랜드가 되겠구나'라는 비즈니스의 빅픽쳐를 첫 상품을 런칭하는 시점에서부터 머리 속에 가지고 있어야 하는 것이다.

물론 하나의 상품은 여러 가능성을 가지고 향후에 다양한 방향의 샵브랜드로 전개될 수 있다. 하나의 상품 브랜드에 점점 특정 카테고리에 전문성을 가진 상품들이 점차 추가되어 '카테고리 킬러 샵브랜드'로 성장할 수도 있고, 상품 브랜드가 육아나 반려동물 같은 특수한 용처에 맞는 여러 상품들이 모인 '용처 샵 브랜드'로 성장할 수도 있으며, 상품 브랜드에 특별하고 통일된 스타일을 갖춘 여러 상품들이 추가되면서 특정 스타일을 대변하는 '라이프스타일 샵브랜드'로 성장할 수도 있다. 그래서 셀러는 하나의 상품을 런칭할 때부터 이와 같이 여러 방향으로 향후 브랜드 진행 가능성을 열어 놓고, 고객들의 반응을 수시로 살피면서 이 후 어떤 종류의 후속 상품들을 런칭할지를 고민해야 한다. 이 과정을 보다 원활하게 진행하기 위해서 셀러는 소싱처를 다닐 때도 비단 첫번째 런칭한 상품이 속한 상품 카테고리 소싱처만 다닐 것이 아니라, 여러 가능성을 열어 놓고 다양한 종류의 상품 카테고리의 소싱처를 두루 조사하는 것이 좋다.

후속 상품이 런칭되는 시점 또한 중요하다. 대부분의 셀러들은 하나의 상품을 런칭하면 본인이 가진 모든 시간과 노력을 온통 이 하나의 상품을 판매하는 데에만 쏟아 붓는다. 운이 좋아 해당 상품의 라이프사이클이 길게 이어지면 그나마 다행이지만 상품 사이클이 짧은 경우나, 상품이 실패했을 경우엔 다시 맨 처음 단계로 돌아가 상품 기획 단계부터 일을 새로 시작해야 한다. 하나의 상품을 기획하고 공장을 찾아 소싱 조건을 조율하고 검수를 하고 인증을 받고 마케팅을 준비하고 판매를 개시하기까지 소요되는 시간은 최소 4, 5개월 이상, 길게는 1년까지 걸리는데, 첫 상품의 매출이 끊긴 상태에서 후속 상품 런칭을 위해 처음부터 다시 이 긴 시간을 투자해야 한다면 매출이 없는 상태에 그 기간을 버티기 힘들 것이다. 바로 이런 이유 때문에 첫번째 상품 런칭에 실패한 셀러의 대부분이 장사를 그만 두게 되는 것이다. 물론 자본이 많은 기업의 경우라면 처음부터 여러 개의 상품을 복수로 런칭해 매출의 공백기를 피할 수 있겠지만 자본이 부족한 개인 셀러는 여러 개의 상품에 자본을 분산해서 투자하기 어렵다. 그래서 개인 셀러는 한 개의 상품을 런칭을 하되, 그 과정을 진행하는 동안 두 번째, 세 번째로 런칭할 상품을 동시에 준비해야 한다. 여기서 준비라 함은 돈이 들어가는 준비를 의미하는 것이 아니다. 시장 조사를 통해 비어 있는 잠재 시장을 찾아 내고, 소싱할 후보 상품을 선정하고, 그와 유사한 제품을 구매할 수 있는 소싱처를 찾고, 소싱처와 여러 조건을 조율하면서 최종적으로 선금만 내면 바로 제품이 생산에 들어갈 수 있는 단계까지 이르는데 필요한 모든 업무가 준비 과정에 해당하는 일인 것이다. 이런 준비는 해외 출장 경비를 제외하곤 큰 투자를 필요하는 부분이 아니며, 어차피 대부분의 업무가 첫 번째 상품의 런칭을 준비하는 과정과 동시에 병행해서 진행할 수 있기 때문에, 셀러는 하나의 상품 런칭을 준비하면서 항시 다음 상품, 또 그 다음 상품의 런칭을 미리 준비해야 한다. 상품이 잘 안 팔리면 수익이 줄어들지만 팔 상품이 없으면 아예 수익이 끊어진다는 사실을 명심해야 한다.

샵브랜드는 반드시 상품브랜드를 만들어야 한다

한편 샵 브랜드를 본인의 비즈니스 모델로 운영하고 있는 셀러는 반드시 빠른 시간 내에 소비자들로부터 인정받는 상품 브랜드를 런칭해야 한다. 샵 브랜드는 런칭 초기엔 나름의 성과를 거둘 수 있으나, 문제는 자본이 부족한 개인 셀러 입장에선 시간이 흐를수록 오픈 당시의 신선한 상품 구색을 유지하기 어렵다는데 있다. 매번 새로운 상품을 소싱하기도 힘들고, 기존 제품들을 이렇게 저렇게 구성지게 재 배치시키는 것도 곧 한계에 봉착하게 마련이다. 최근엔 구매대행 방식으로 해외 쇼핑몰에서 판매되고 있는 상품을 프로그램으로 긁어와 자신의 샵에 등록시키는 방식으로 상품의 구색을 채우는 방법도 사용되고 있지만, 이 경우엔 상품 마진이 낮아 원활한 수익 모델을 만드는데 어려움이 있다. 그래서 샵 브랜드는 어느 시점부턴 반드시 폭발적인 매출과 수익을 담당할 수 있는 강력한 상품 브랜드가 필요하다. 이것은 비단 온라인 상의 샵 브랜드에만 해당하는 것 뿐 아니라 오프라인 샵의 경우에도 동일하게 적용되는 이야기이다. 샵 브랜드로서 나름 탄탄한 경쟁력을 가지고 있는 많은 가게들이 결국엔 오래 가지 못하고 문을 닫게 되는 이유가 바로 이 때문인 것이다.

얼마 전 문을 닫은 베르누아젯이란 버터 크림 케익 전문 카페의 경우도 당시 인스타그램상에서 엄청난 인기를 끌고 원데이 클래스도 항상 대기 명단이 있을 정도로 입소문이 자자한 곳이었지만, 결국 매장에서 발생하는 매출만으론 성장의 한계에 부딪혀 안타깝게도 시장에서 오래 버티지 못한 사례이다. 이런 종류의 카페가 비즈니스적으로 성공하기 위해선 반드시 전국적으로 히트를 칠 수 있는 상품을 개발해서 그 상품을 브랜드화 시키고 그 상품이 택배 배송을 통해 전국적으로 판매되게 끔 만들어야만 한다. 이 경우는 버터 크림 케익 전문 매장이다보니, 매장 이름을 따서 베르누아젯이란 이름으로 수제 버터 브랜드를 런칭했더라면 좋은 결과가 나오지 않았을까 생각된다. 셀러가 하나의 상품에 집중하게 되면 그만큼 생산량이 늘어나게 되고, 생산량이 늘어나면 제조 원가가 떨어져서 상품 마진도 더 커지게 된다. 그 결과 샵 브랜드로 수 십개의 상품을 팔아야만 벌 수 있었던 금액보다 단일 상품 브랜드로 벌어들이는 금액이 훨씬 더 많아질 수 있게 되는 것이다. 결국 오늘날 매장의 가치는 매장 장사를 위한 것보단, 그 매장이 상품 브랜드를 더 많이 판매하기 위해 존재할 때 더 값어치 있게 된 것이다.

참아야 한다, 하지만 버릴 땐 빠르고 과감해야 한다

브랜드 상품을 런칭한 셀러는 아무리 매출이 급해도 인스타, 자사몰 마케팅을 포기하고 런칭 초기부터 네이버, 쿠팡 시장으로 뛰어 들어선 안 된다. 만일 인스타그램 마케팅이 생각만큼 활성화 안 되더라도 셀러는 인스타그램이라는 테두리 내에서 해결책을 찾아야 한다. 소비자들이 네이버와 쿠팡을 찾는 목적은 이미 본인들이 아는 브랜드 제품을 더 싸게 사기 위해서거나 브랜드와는 아예 무관한 가성비 좋은 제품을 사기 위해서이다. 그렇기 때문에 신규 브랜드가 사전에 소비자들 사이에서 브랜드 인지도를 쌓지 못한 경우라면 해당 상품은 쿠팡, 네이버에서는 아무런 대접을 받지 못한다. 쿠팡, 네이버 소비자들에게 비싸고 낯선 신규 브랜드는 그것이 아무리 상품성이 뛰어나고 브랜딩이 잘 되어 있다 한들 가성비 안 좋은 수많은 상품들 중 하나에 불과할 뿐이다.

또한 브랜드 상품을 런칭한 셀러는 가격 인하의 유혹을 참아야 한다. 가격을 내리면 일시적으로는 매출이 증가하는 것처럼 보이지만, 그것은 전체 소비자 중 가성비에만 반응하는 소수의 '체리 피커'(CHERRY PICKER) 고객이 일시적으로 만들어 준 매출일 뿐이다. 그런 부류의 소비자들은 이번엔 가격이 인하된 해당 상품을 샀지만, 다음엔 더 가성비 좋은 상품을 찾아 떠날 사람들이기 때문에 해당 제품은 가격을 더 낮추지 않는 이상 향후 재구매로 이어지기가 어렵다.

브랜드 상품의 가격이 일정 수준 이하로 인하되면 해당 제품은 소비자들 사이에서 더 이상 브랜드의 범주가 아닌 보따리 제품으로 인식된다. 해당 제품이 일단 보따리 시장으로 진입해 다른 저가 상품들과 가격 경쟁을 하기 위해선 결국 제품을 거의 마진이 없는 상태로 판매해야 하고, 이 지점까지 이르게 되면 브랜드의 꿈은 요원해진다. 보따리 시장은 해당 상품이 가진 예, 특, 신, 부의 소구점과는 무관하게 가성비만 좋으면 팔리는 곳이기 때문에 어차피 저가 시장을 공략할 것이었으면 셀러 입장에선 차라리 처음부터 저가 시장에 적합한 보따리 상품을 소싱하는 편이 훨씬 더 현명한 의사결정이었을 것이다.

브랜드 인지도나 호감도는 좋은데 정작 원하는 만큼의 매출이 발생하지 않는 경우에도 일단은 버텨야 한다. 이는 공략하는 시장이 너무 좁거나, 지나칠 정도로 소수의 고객만을 대상으로 하는 상품을 런칭하는 경우 자주 발생하는 현상인데, 이럴 땐 어쩔 수 없이 시장이 자연스럽게 성장하기를 기다려야 한다. 이런 좁은 시장은 셀러의 노력과는 무관하게 시장 내에서 자체적인 변화가 발생한다든지, 혹은 특정 인물이나 외부적 사건 등을 이유로 수요가 갑자기 커지는 수도 있기 때문에 해당 상품 런칭에 투자된 금액이 너무 크지만 않다면 긴 호흡을 가지고 차분히 기다려 볼 가치가 있다.

하지만 어떤 이유에서든 간에 셀러 스스로 더 이상 해당 브랜드를 계속 끌고 갈 필요가 없다고 판단된다면 최대한 빠르고 과감한 의사결정을 내리는 게 좋다. 만일 해당 상품이 상품 가격을 인하할 경우, 쿠팡, 네이버에서 메이커나 보따리 제품으로서 경쟁력이 있다고 판단된다면 지금까지의 브랜딩 작업은 과감하게 포기하고 본격적인 보따리 장사에 뛰어 들어야 한다. 상세페이지도 보따리스럽게 해당 제품의 소구점이 한 눈에 자극적으로 들어오도록 바꾸고, 제품 사진도 직관적으로 바꾸고, 키워드 노출 광고도 공격적으로 집행해서 무조건 단기적인 매출만을 목표로 달려야 한다. 그래도 매출이 원하는 만큼 나오지 않는다면 가격을 더 낮추고, 필요하다면 원가 이하로라도 팔아서 재고를 최대한 빠르게 없애야 한다. 재고 떨이는 항상 오늘이 내일보다 유리하다는 것을 알아야 한다. 시간이 지날수록 시장 상황은 점점 더 셀러에게 불리해진다. 지금 당장은 나름 소구성이 있는 상품이라도 시간이 지나면 시장에 가격이 더 싼 유사 제품들이 속속 등장하기 때문이다. 그래서 일단 재고를 털겠다는 마음을 먹은 셀러는 수익률 따위는 생각하지 말고 최대한 짧은 기간에 재고를 빨리 털어 내겠다는 마음을 가져야 한다. 이미 지금까지 팔린 제품만으로도 어느 정도 수익금은 발생했기 때문에 설령 지금부터 해당 제품을 원가 이하로 판다고 해도 실상 큰 손해는 아닐 수 있는 것이다. 그래서 셀러는 이번에 얻은 교훈으로 다음 상품엔 더 좋은 퍼포먼스를 낼 수 있을 것이란 마음을 먹고,

보다 화끈하게 재고를 소진해야 한다. 이런 과정을 거쳐도 재고가 원하는 만큼 소진이 안 되는 경우엔 차라리 땡처리 업체를 수소문 해 재고를 헐값에 넘기는 것도 좋다. 땡처리도 타이밍이 중요한데, 상품이 어느 정도 구색을 유지하고 있고 물량이 충분할 경우엔 땡을 치더라도 제 값을 받을 수 있지만, 쿠팡, 네이버에서 되지도 않는 할인 행사를 너무 오래 하다 보면, 나중엔 상품 구색에도 구멍이나 땡처리 업체로부터도 제 값을 받지 못하거나 아예 땡처리 자체를 거절당하는 경우까지 생긴다. 그래서 일단 재고를 떨기로 마음 먹었다면 쿠팡, 네이버에서 괜히 시간 낭비하지 말고 처음부터 땡업체와 미팅을 잡아 현재 컨디션을 놓고 가격을 협상한 후 과감한 의사 결정을 내리는 것이 좋다.

땡처리도 여의치 않는 경우엔 폐기 업체에 돈을 주고 상품을 폐기하거나 계산서를 받고 자선 업체에 해당 제품 전체를 기부하는 편이 불필요한 창고 비용이 발생되는 것보단 더 현명한 의사결정 일 수도 있다.

재정적 안정 확보

운은 모두에게 공평하게 내려 온다. 그래서 모든 셀러는 운을 기다리는 인내심을 가져야 한다. 하지만 실상 인내심은 자본에서 비롯되는 것이다. 누구라도 돈이 급한 상황에 처하면 인내심을 가질 수 없게 된다. 그래서 아무나 브랜드를 못 만든다는 이야기는 자금에 쫓기지 않는 사람만이 브랜드를 만들 수 있다는 뜻이기도 하다.

인간은 항상 급할수록 악수를 두게 된다. 돈에 여유가 있어야 비로소 올바른 의사 결정을 할 수 있다. 그래서 개인 셀러가 브랜드를 성공적으로 런칭하기 위해선, 그리고 이후 브랜딩 작업을 진행하는 동안에도 심리적으로 돈에 쫓기지 않기 위해선 일정 금액 이상의 목돈이 필요하다.

이 말은 브랜드를 단기적인 현금 흐름을 만드는 수단으로 접근해서는 안 된다는 뜻이다. 브랜드는 주식으로 치자면 장기 투자 종목으로 생각하고 접근해야 한다. 주식 전문가들이 주식을 단기적, 장기적인 관점에서 여러 종목에 분산 투자하듯이 셀러 역시 장사의 포트폴리오를 보따리 상품, 메이커 상품, 브랜드로 나눠서 다각도로 접근해야 한다. 인내심을 가지고 올바른 방향으로 브랜드를 키우기 위해선 반드시 다른 한 쪽에선 보따리나 메이커 장사를 통해 목돈을 만들어 안정적인 현금 흐름을 유지할 수 있어야만 한다.

이런 배경에서 브랜드 런칭에 앞서 낮은 이율로 제도권에서 대출을 받는 것도 좋은 방법이다. 브랜드는 결코 없는 돈을 아껴가면서 효율성을 최우선으로 따지며 진행할 수 없는 일이기 때문이다. 정부 자금 지원 프로그램을 통해 운영 자금을 지원받는 것도 나쁘지는 않지만, 금액 자체도 작고, 그 작은 금액을 공짜로 타내기 위해선, 경험해 보신 분들은 잘 아시겠지만, 실제로 하지도 않을 일을 가지고 심사 위원들 앞에서 그럴듯 해 보이는 사업 계획서를 발표하는, 일종의 양심에 가책을 받는 과정을 겪어 내야만 한다. 그럴 바엔 차라리 낮은 이자로 장기간동안 빌릴 수 있는 양질의 대출을 받는 것이 훨씬 더 합리적인 결정이라고 생각한다.

대출을 받을 때도 대부분의 개인 셀러들은 대출 조건이 까다롭지 않는 소형 기관을 통해 소액의 대출을 받는 경우가 많은데, 이렇게 한 번 작은 기관에서 대출을 받으면 향후 더 큰 기관에 대출을 신청하게 될 때 거절당할 가능성이 높아진다. 그래서 시간이 다소 걸리더라도 우선 보따리나 메이커 상품으로 매출 실적을 최대한 올려 놓고, 이후 충분한 경쟁력을 가진 사업계획서를 써서, 기술보증기금나 신용보증기금에 바로 도전하는 것을 추천한다. 자본이 어느 정도 확보되면 셀러가 선택할 수 있는 비즈니스의 종류도 더 다양해지고, 여러가지 종류의 비즈니스를 동시에 진행할 수도 있고, 비즈니스를 진행하는 과정내내 보다 여유 있고 현명한 의사 결정을 내릴 수 있기 때문에, 결과적으로 장사에서 성공할 확률도 그만큼 더 올라가기 마련이다. 자본이 넉넉하지 못한 상태에서 없는 돈을 쥐어 짜듯이 하는 장사는 본인이 선택할 수 있는 장사의 옵션도 제한되고, 성공할 확률도 그만큼 더 떨어지게 된다. 그리고 소규모 장사는 아무리 잘 된다 하더라도 그 대가가 너무 작기 때문에, 이런 작은 규모의 장사를 하는 대부분의 셀러들이 장사를 막상 그만 두지도 못하고, 굳이 한다고 해도 큰 돈도 벌지 못하는, 일종의 진퇴양난의 상태에 빠지게 되는 것이다. 이런 작은 성공은 본인의 인생에 아무런 변화를 만들어 주지 못한다는 사실을 알아야 한다.

개중에는 장사를 시작하기 위해 다니던 회사를 그만 두고 장사에 올인하는 셀러들도 있다. 보따리나 메이커 장사를 하는 셀러의 경우 장사를 통해 직장 생활보다 더 많은 수익이 발생한다면, 장사에 집중하기 위해 직장을 그만 두는 것도 나쁘지 않은 결정이라 생각되지만, 브랜드 장사를 위해 직장을 그만 두는 것은 바람직하지 않은 결정이다. 브랜드는 아무리 일에 집중한다고 해도, 또는 아무리 일을 잘 한다고 한들 빠른 시간 내에 가시적인 성과를 기대하기 어렵기 때문이다. 브랜드는 측정 가능하고 예측 가능한 고객 수요를 기반으로 하는 것이 아닌, 앞으로 발생 할 잠재 수요에 기반한 불확실한 비즈니스이기 때문이다. 그렇기 때문에 셀러 본인은 물론, 배우자 역시 기존의 가지고 있는 안정적인 현금 흐름이 끊기지 않도록 서로 관리하고 내조하는 것이 중요하다.

브랜드는 망해도 셀러는 망하지 않는다

대부분의 초보 셀러들은 장사가 망했다는 뜻을 제대로 이해하지 못하고 있다. 장사가 망했다는 건 도대체 뭐가 망했다는 것일까? 처음 소싱해 온 상품이 잘 안 팔리면 그것이 망했다는 것일까? 아니면 브랜드를 런칭했는데 기대와는 다르게 초기 소비자 반응이 냉담하면 그것이 망한 것일까? 아니면 장사가 안돼서 처음 투자한 금액이 모두 소진되고 더 이상 물건 살 돈이 없는 상황에 이르면 그것을 망했다고 부르는 것일까?

장사는 직장 생활과 달리 정년 퇴직이 존재하지 않는다. 본인이 사리 분별을 제대로 할 수 있는 한 장사의 기회는 죽는 순간까지 열려 있는 것이다. 하다 못해 신용 불량자가 된 사람도 얼마든지 합법적으로 할 수 있는 것이 장사이다.

혹시 주변에 장사로 성공한 사람이 있다면 그 사람에게 당신은 과연 어떤 과정을 겪으며 지금 그 자리에 있게 되었는 지를 한 번 물어 보기를 권한다. 장사를 해서 성공한 사람들은 평균적으로 몇 번의 사업체를 거치며, 몇 가지의 상품을 런칭한 후에야 지금의 안정적인 수준에 이르게 되었을까? 아마도 그 대답은 지금 여러분들이 예상하는 것과는 상당히 다를 것이라고 확신한다.

일단 장사라는 세계에 발을 디딘 셀러는 본인이 1년 2년이 아닌 앞으로 10년, 20년 혹은 그 이상의 시간동안 치러야 할 게임을 하고 있다는 사실을 알아야 한다. 이런 장거리 마라톤에서 최후의 승자가 되기 위해선 단순히 처음 몇 킬로 구간에서 성과를 내는 건 큰 의미가 없다. 초반의 성과보단 그 경험이 앞으로 남은 더 많은 구간에서 더 좋은 성과를 내기 위한 초석의 역할을 할 수 있는지가 더 중요하다. 장사 초반엔 성과의 크기보단 내용이 더 중요한 것이다.

비록 그 초반의 결과가 그 당시 기준으로는 실패라고 여겨지더라도, 초반에 겪었던 실패가 장기적인 관점에서 긍정적인 역할을 하는 경우라면 초반의 실패는 실패가 아닌 성공을 위한 과정으로 평가받아야 한다. 이것이 브랜드를 사업 모델로 삼는 셀러만이 누릴 수 있는 혜택이다. 브랜드를 운영하는 셀러와 단순 보따리 상품이나 메이커 상품을 파는 셀러를 비교해 보면, 사업의 초반 모습은 대부분 브랜드 상품을 파는 셀러가 더 초라할 것이다. 하지만 우리는 마라톤이라는 장기 레이스를 하고 있기 때문에 장기적으로 어떤 길이 더 성공에 가까워질 확률이 높은 지를 따져 봐야 한다.

사업이 망했을 경우도 마찬가지다. 브랜드를 추구하다 실패한 셀러와 수 년간 계속 보따리 상품만 팔다가 실패한 셀러는, 망한 시점에서는 같아 보이겠지만, 이 후 두 사람의 모습은 확연하게 달라진다. 비록 똑같이 실패했지만, 브랜드를 추구하다 망한 셀러는 그 과정을 통해 얻게 된 정보와 노하우, 그리고 그 과정에서 만난 사람들, 회사들의 수준이 보따리 장사를 했을 때와는 근본적으로 다를 수 밖에 없다. 또한 브랜드를 추구하다 망하는 경우엔 당시 부진했던 매출과는 무관하게 해당 브랜드의 인지도는 소비자들 사이에서 어느 정도 쌓여 있기 마련이기에, 이후 같은 브랜드로 상품을 런칭하게 되면 처음 브랜드를 런칭했을 때보다 훨씬 더 유리한 상황에서 장사를 시작할 수 있게 된다. 즉 브랜드 장사를 하는 경우엔 비록 실패를 하더라도 그 실패의 과정에서 얻게 되는 부가적인 요소들이 이 후 다시 장사를 할 때 플러스 효과로 작용하기 때문에 처음의 실패가 실패가 아닐 수 있다는 것이다. 하지만 단순히 시장에서 잘 팔리는 상품을 낮은 가격으로 따라 팔기만 했던 보따리 장사의 경우엔 아무리 시간이 흘러도 매번 똑같은 방식의 장사를 반복할 뿐이다. 보따리 장사나 메이커 장사는 모든 성공과 실패의 기준이 단일 상품의 운명에 따라 매번 결정되기 때문에, 매번 장사를 할 때마다 업 앤 다운을 반복하는, 이자로 따지면 복리가 아닌 단리 조건의 소모적인 장사를 할 수 밖에 없는 것이다.

어느 정도 소비자들 사이에서 인지도를 얻은 브랜드를 만든 개인 셀러는 그 브랜드가 시효를 다해 사라져도, 해당 브랜드의 운명과는 별개로 본인 스스로 더 나은 커리어를 꾸려 나갈 수 있다. 인지도 있는 브랜드를 런칭하고 운영했다는 공로로 본인의 몸 값이 그만큼 올라갔기 때문이다. 이런 셀러는 투자자의 도움을 받아 과거 브랜드 런칭 경험을 통해 얻은 노하우를 기반으로 또 다른 브랜드에 새롭게 도전할 수도 있고, 혹은 취업을 할 수도 있다. 그래서 성공적인 브랜드 런칭을 경험한 셀러들이 브랜드 매각 후 브랜드 파운더의 신분으로 큰 기업에서 일반인들보다 중요한 직책에서 더 좋은 조건으로 일하게 되는 경우가 많은 것이다. 브랜드는 일단 유명해지기만 하면, 그 사업 자체의 수익성과는 별개로 그것을 만들고 운영했던 셀러는 시장에서 좋은 대우를 받게 되는 것이다. 하지만 보따리나 메이커의 경우라면, 그 장사를 통해 아무리 높은 매출을 기록했던 셀러라 하더라도 그런 셀러를 중요한 자리에 스카우트하려는 기업은 없을 것이다.

성공적인 브랜드 런칭을 경험한 셀러가 직장 생활을 하게 되면 월급쟁이 마인드로 직장 생활을 했던 여타 직원들에 비해 해당 업무를 하는 과정에서 배우게 되는 정보나 노하우 또한 질적으로 달라지게 된다. 또한 큰 회사에서 일을 하게 되면 만날 수 있는 사람들의 수준도 달라지고, 접근할 수 있는 정보의 깊이와 양도 달라지게 마련이며, 심지어 회사 돈으로 본인이 평소에 해 보고 싶었던 신규 사업을 추진하게 되기도 한다. 이를 통해 향후 회사를 그만 두고 다시 창업을 할 때 필요한 여러가지 정보들과 노하우, 인맥을 짧은 기간 안에 효과적으로 습득할 수 있게 되는 것이다. 이런 이유에서 많은 경우 기업에 취업한 브랜드 파운더 출신 인물들중 회사를 그만 두고 이전 회사에서 취득한 고급 정보와 인맥을 활용해 다시 본인의 브랜드를 새롭게 런칭하는 경우가 많은 것이다.

브랜드 창업 마스터

EXECUTION

7

1) 브랜드가 되는 ACTION PLAN

셀러에 따라, 상품에 따라 브랜드가 되는 방법이 다르다

　브랜드 런칭은 셀러 각자가 가지고 있는 고유의 성향에 따라 그 전개 순서와 내용이 달라져야 한다. 모두가 브랜드 런칭이란 똑같은 목적을 향해 달려 가지만, 만일 그 방법이 본인과 맞지 않는다면 시간, 비용 측면에서 효율적이지 않고, 그 과정에서 재미를 느끼기 어려우며, 무엇보다 결과 역시 좋지 않을 가능성이 높다. 그렇기 때문에 개인 셀러는 브랜드 런칭에 앞서 본인 스스로가 어떤 종류의 사람인지를 객관적으로 판단하고, 이 정보를 기반으로 본인이 런칭하려고 하는 상품의 특징과 맞는 방법으로 그 과정을 밟아 나가야 한다.

　이과 스타일과 문과 스타일이 서로 다르듯이, 사람에 따라 '어떤 내용이 옳다'라는 최종 결론을 이끌어 내는 변증법적 태도가 서로 다르다. 어떤 사람은 확보된 자료들을 분석해 논리적으로 타당해 보이는 작은 결론들을 만들어 가며, 이 과정을 통해 모인 일련의 작은 결론들을 토대로 최종 결론에 도달하려는 성향을 가지고 있다. 우리는 이런 방식을 '귀납적 추론'이라고 부른다. 반대로 어떤 사람은 본인이 상식적이라고 판단하는 복수의 가설에서 출발한 후, 논리적인 검증 과정을 통해 최종 결론에 도달하려는 성향을 가지고 있는데, 이런 방식은 '연역적 추론'이라고 부른다.

　비즈니스에 있어 귀납적 방식과 연역적 방식 중 뭐가 더 효과적인지를 논하는 것은 무의미하다. 물론 두가지 방법 모두를 골고루 사용해서 서로의 취약점을 보완하라는 이야기는 그럴듯 해 보일 수 있겠지만, 그건 조직을 통솔해야 하는 큰 기업들에나 어울리는 이야기고, 대부분 모든 업무를 혼자 해 내야 하는 개인 셀러 입장에선 본인이 가진 성향과 더 맞는 방식으로 일을 해야 일의 성과도 더 잘 나올 수 있고, 시간이나 비용을 절약할 수 있으며, 그 과정에서 즐거움도 느낄 수 있게 된다.

상품의 특성 역시 브랜드를 만드는 과정에 큰 변수로 작용을 한다. 브랜드가 되기 유리한 상품의 특징은 예쁘거나 특별하거나 신박하거나 부티나는 것들인데, 이 중 예쁘거나 부티나는 특징이 해당 상품의 구매 용도에 있어 소구 포인트로 작용할 때는 해당 상품은 고객의 감성적인 부분을 더 자극하는 경우가 많고 가격 역시 크게 문제가 되지 않는 경우가 많다. 즉 이런 상품은 소비자들에게 감성적인 방식으로 접근해 상대적으로 비싼 가격으로 판매할 수 있는 상품이다. 반대로 특별하거나 신박한 특징이 구매의 주요 소구 포인트가 되는 경우엔, 이는 고객의 이성적인 부분을 더 자극하는 상품이기 때문에 이런 상품은 소비자들에게 이성적인 방식으로 접근해 합리적인 가격으로 판매하는 것이 좋다.

그렇기 때문에 개인 셀러가 브랜드 런칭을 위해 거쳐야 하는 과정은 첫째 셀러 자신이 가지고 있는 귀납적 혹은 연역적 성향에 따라, 둘째 판매할 상품이 가진 감성적, 혹은 이성적 특징에 따라 그 순서와 내용이 각기 달라져야 한다. 즉 브랜드 런칭의 액션 플랜은 위와 같이 주어진 두개의 변수를 감안해서 2의 2승인 총 네가지 방법으로 나눠 볼 수 있다.

- 감성적 상품을 귀납적 성향을 가진 셀러가 브랜드로 런칭하는 경우
- 감성적 상품을 연역적 성향을 가진 셀러가 브랜드로 런칭하는 경우
- 이성적 상품을 귀납적 성향을 가진 셀러가 브랜드로 런칭하는 경우
- 이성적 상품을 연역적 성향을 가진 셀러가 브랜드로 런칭하는 경우

감성적 상품으로 브랜드 런칭을 하는 법

감성적 상품을 브랜드로 런칭하는 경우엔 셀러의 성향이 귀납적인지 연역적인지에 따라 다시 두가지로 나눠 볼 수 있는데, 먼저 이과 성향이 강한 귀납적 셀러의 경우를 보자.

감성적 상품, 즉 세련되고, 부티나 보이는 상품성이 고객들에게 셀링 포인트로 작용하는 상품은 해외 시장에서 그 사례를 쉽게 찾아볼 수 있기 때문에 해외 시장 조사가 우선되어야 한다. 먼저 해당 상품 카테고리가 우리나라보다 1, 2년 앞서 있는 해외 국가가 어디인지를 알아 본 후, 해당 국가에서 아마존이나 월마트처럼 중간 시장 고객을 대상으로 하고 있는 플랫폼에 들어가 그 나라에서 현재 대중적으로 잘 팔리고 있는 상품들을 조사하고, 그 중 국내 소비자들의 NEEDS를 만족시키며 향후 시장이 성장할 수 있다고 판단되는 상품들을 소싱 후보 상품으로 다수 선정한다.

해외 시장 조사를 통해 다수의 소싱 후보 상품들이 선정되면 그 다음으로 할 일은 이런 상품들을 팔고 있는 해당 셀러의 판매 페이지에 들어가

서, 그들이 어떤 브랜딩과 마케팅으로 해당 상품을 판매하고 있는지에 관한 정보들을 꼼꼼히 스크랩하는 것이다. 해당 상품과 연결된 구색 상품, 자매 상품들은 어떤 것들이 있는지, 브랜드명은 무엇인지, 그것은 어떤 파동을 주는지, 그것을 위해 어떤 컬러와 디자인 요소들을 사용하고 있는지, 어떤 느낌을 주는 사진으로, 어떤 스타일의 모델을 어떤 방식으로 사용하고 있는지, 어떤 문구, 수식어들을 사용하는지에 대한 내용들을 자세히 파악하고, 소비자들이 남긴 상품평 내용까지 포함한 해당 상품과 관련된 모든 마케팅, 브랜딩 내용들을 수집한다. 이 내용들은 향후 본인이 해당 상품과 유사한 상품을 전개할 때 유용한 컨닝페이퍼로 활용될 것이다.

다음으론 이렇게 선정된 상품들을 대상으로 '알리프라이스'(ALIPRICE)라는 앱을 활용해, 후보 상품들과 동일한 혹은 유사한 제품을 만드는 중국 공장이 현재 존재하고 있는지를 확인한다. 이 공장들은 향후 직접적인 소싱 공장으로 활용된다기 보단, 현재 중국의 공장 상황이 이런 류의 상품을 생산하고 있는지, 그래서 향후 우리가 무역 박람회에 갔을 때 이런 종류의 상품을 제조하는 공장을 찾을 수 있는 상황인지를 확인하는 용도로만 사용된다. 설사 똑같진 않더라도 후보 상품과 유사한 제품을 생산하는 공장을 알리프라이스에서 발견할 수 있다면 조만간 이런 종류의 상품이 중국 공장들에 퍼진다는 의미인 것이고, 만일 아예 유사한 상품을 알리프라이스에서 발견할 수 없다면 해당 상품을 중국 공장에서 소싱하기 위해선 너무 오랜 시간을 기다려야 하는 경우이므로 이런 상품은 후보군에서 과감하게 제외하는 편이 좋다.

다음 단계는 알리프라이스에서 유사한 제품이 존재하는 소싱 후보 상품들을 대상으로 해당 상품을 소싱할 수 있는 최적의 조건을 가진 공장을 적극적으로 찾아 나서는 것이다. 이를 위해 캔톤 페어를 비롯한 여러 무역 박람회에 방문해야 하는데, 이미 알리프라이스 검색을 통해 어느 정도 소싱 후보 상품군이 좁혀진 상태이므로 셀러는 방문할 무역 박람회를 구체적으로 선정할 수 있게 되고, 무역 박람회에 가서도 선정된 상품 카테고리에 집중해서 시간을 더 효율적으로 보낼 수 있게 된다.

만일 본인이 문과스러운 연역적 성향의 셀러라면, 바로 해당 상품을 소싱할 수 있는 공장을 찾기 보단, 애초에 해외 시장 조사를 할 때부터 소싱 희망 상품들의 범위를 최대한 얕고 넓게 잡아 놓고, 곧장 여러 종류의 해외 소싱 박람회들을 두루 다니면서 소싱 가능한 상품을 고르는 방법이 더 효과적이다. 즉 소싱할 상품을 구체적으로 정하지 않은 상태에서 박람회부터 먼저 가는 식으로 일을 거꾸로 하는 것이다. 귀납적인 셀러는 실현 가능성이 높은 일을 집중적으로 할 때 일의 효율이 더 오르고, 연역적인 셀러는 이와 반대로 일단 모든 가능성을 열어 놓고, 소싱 가능성 있는 상품들을 추려 가는 방식으로 일을 하는 편이 그 과정도 재미있고, 일의 효율도 더 높일 수 있기 때문이다.

이후 진행 과정은 셀러의 성향이나 상품의 특징과 무관하게 동일하게 진행된다. 상품을 소싱할 수 있는 공장을 찾은 후에, 공장 측과 최소주문수량(MOQ)와 구매 가격을 조율하고 해당 상품의 샘플을 확보한 후, 주변인들로부터 검증을 받는다. 이때 주의할 점은 검증은 상품의 단편적인 정보만으로 받아서는 안 된다는 점이다. 검증을 받을 때는 반드시 상품의 실제 모습, 패키지 모양, 판매 가격, 브랜드명, 해당 상품이 어떤 식의 메시지로, 어디서 어떻게 팔릴지 등 가능한한 최대로 구체적인 모습으로 물어봐야만 의미 있는 답변을 얻게 된다. 이런 검증 과정을 통과한 해당 상품을 셀러가 주문하기로 마음을 먹으면, 이후 관세사와 포워더를 선정하고, 필요한 인증과 비용, 소요 시간등을 체크 한 후, 해당 공장에 선금을 지불한 후, 해외 시장조사를 통해 이미 확보한 브랜드 컨닝페이퍼를 참고해서 해당 상품의 브랜드명, 한글표기 사항, 패키지 디자인 등의 내용을 담은 세부 지시서를 만들어 공장 측에 AI, PDF 파일을 넘긴다.

이후 셀러는 상품이 공장에서 생산되는 2, 3개월간의 기간을 활용해 사전 브랜딩, 마케팅 작업을 진행한다. 브랜드 인격을 확정하고 브랜드 커뮤니케이션 시나리오를 작성하며, 확보된 샘플이 있다면 미리 사진 촬영을 하고, 상세페이지를 제작하고, 자사몰을 만들고 SNS 포스팅, 릴스 작업을 시작한다. 인플루언서 협찬을 위한 사전 모집 작업도 이때부터 들어가야 한다. 필요하면 브랜드 매거진 발행 같은 사전 프로모션을 진행할 수도 있고, 만일 셀러가 와디즈를 런칭을 생각하고 있다면, 와디즈는 주문 이후 상품 배송까지 꽤 오랜 기간을 벌 수 있기 때문에, 샘플만 미리 확보할 수 있다면 이 시점에서 바로 와디즈를 통해 브랜드를 런칭해도 무방하다.

세련되거나 부티나 보이는 상품의 특성상 해당 상품이 처음 런칭될 공간은 인스타그램을 활용한 자사몰이 적당하다. 이를 위해선 브랜드가 직접 포스팅하는 광고, 릴스 외에도 최대한 많은 외부 인플루언서들을 통해 런칭과 동시에 해당 브랜드 상품이 홍보되도록 만들어야 한다. 중요한 것은 본격적인 인스타 작업에 들어가기 앞서 쿠팡, 네이버에 해당 상품을 등록한 후 충분한 구매량과 댓글을 확보해 놓아야 한다는 점이다. 그래야 인스타 광고 효율도 올라가고 외부 협찬을 받기도 용이해지기 때문이다. 인스타그램 홍보를 통해 자사몰에서 자연적 매출이 발생하기 시작하면 소비자들 사이에서 해당 제품에 대한 인지도가 어느정도 생겼다고 판단할 수 있기 때문에, 점차적으로 여러 외부 플랫폼 들에도 입점 작업을 시작한다. 이런 과정을 통해 해당 브랜드 인지도가 어느 수준 이상을 넘어가게 되면 네이버, 쿠팡에서도 자연 매출이 증가하기 시작하고, 키워드 노출 광고 효율도 높아지면서 브랜드 인지도와 매출 측면에서 모두 선순환 작용이 발생하게 된다.

이런 과정을 통해 상품이 어느 정도 시장에서 자리를 잡은 이후엔 동일한 브랜드 컨셉으로 2차, 3차 후속 상품을 바로 런칭해야만 초기에 확보된 브랜드 인지도의 흐름을 지속적으로 이어갈 수 있다. 만일 상품 라이프사이클 측면에서 해당 상품의 매출이 끊어진 이후에 후속 상품을 런칭하게 되면 그 때는 이미 고객들의 머리 속에서 해당 브랜드의 이름이 잊혀진 시점이기 때문에 다시 처음부터 브랜드 인지도를 올리는 작업을 해야 하기 때문이다.

결론적으로 세련되고 부티나 보이는 상품성이 셀링 포인트로 작용하는 감성적 상품을 브랜드화 하는 경우, 귀납적 성향을 가진 셀러와 연역적 성향을 가진 셀러의 차이는 상품을 소싱하는 방식에 있다. 전자는 구체적인 상품을 놓고 공장을 찾는 것이고, 후자는 소싱 가능한 상품들을 먼저 찾은 후에 그 중에 최종적으로 소싱할 상품을 고르는 것이다. 전자의 경우엔 한 번 상품군이 정해지면 이후 투자되는 시간과 비용이 한 상품에 집중되기 때문에 초기에 후보 상품을 잘 고르는 과정이 무엇보다 중요하다. 즉 해당 셀러는 시장 조사 과정에 더 많은 시간을 쏟아야 하는 것이다. 하지만 후자의 경우엔 저인망 그물 방식으로 박람회장에서 실제로 소싱 가능한 상품들을 보면서 소싱할 상품을 걸러내는 것이기 때문에, 사전 시장 조사는 어느 정도 해당 시장의 분위기만 습득하는 차원에서 최대한 얇고 광범위하게만 진행하면 된다. 즉 하나의 프로젝트를 집요하게 파고 드는 성향을 가진 사람은 전자의 방식이 좋고, 컴퓨터 앞에 앉아 있는 것보단 밖으로 돌아 다니면서 이것저것 다양하게 경험하며 직접 몸으로 부딪히는 방식으로 일하는 것을 좋아하는 사람은 후자의 방식이 업무의 효율을 높이는 데 더 효과가 있을 것이다.

이성적 상품으로 브랜드 런칭을 하는 법

특수하거나 신박한 이성적 용도를 가진 상품은 세련되고 부티나 보이는 감성적 상품의 경우와는 달리 국내 시장 조사가 우선되어야 한다. 세련되고 부티나 보이는 상품성은 해외 시장의 트랜드에 기인하는 경우가 많지만, 특별하고 신박한 상품성은 국내 시장이 가지고 있는 특수한 환경에서 기인한 것들이 많기 때문에 해당 상품의 시장 트랜드는 해외 시장의 트랜드와는 별개로 국내 시장 고유의 방향으로 전개될 가능성이 높기 때문이다. 그래서 이런 특성을 가진 상품을 후보 소싱 상품으로 선정하기 위해선 해외 시장조사에 의존하기 보단, 국내 시장을 관찰하는 데 더 공을 들여야 하고, 현재 국내 시장에서 잘 팔리고 있는 제품들에 어떤 부분이 더 추가되고 변형되어야 국내 고객들에게 더 큰 특별함과 신박함을 줄 수 있을지를 고민해야 한다.

이 과정 또한 셀러가 가진 변증법적 성향에 따라 일하는 방식이 달라지는데, 귀납적 성향을 가진 셀러의 경우엔 소싱 후보 상품을 국내 시장 조사를 통해 바로 결정하는 것이 좋다. 즉 국내 시장 조사를 통해 추가적인 기능이 요구되거나, 기능적 측면에서 개선이 필요하다고 생각되는 기존의 국내 제품들을 먼저 찾고, 알리프라이스를 통해 그것과 유사한 제품을 만드는 공장이 존재하는지를 확인한 후에, 해당 공장과 컨택을 해서 필요한 해당 개선 사항이 반영 가능한지를 확인하고, 그런 작업을 의뢰할 수 있는 해외 공장을 찾아 해당 상품 카테고리 제품을 주로 생산하는 공장들이 나오는 해외 무역 박람회를 방문하는 것이 좋다.

이와는 반대로 연역적 성향을 가진 셀러의 경우엔, 깊이는 얕지만 방대한 범위로 일정 수준 이상으로만 국내 시장조사를 한 후, 바로 무역 박람회에 가서 국내 소비자들에게 신박하거나 특별한 상품성을 셀링 포인트로 판매될 수 있다고 판단되는 상품을 찾는 것이 좋다. 박람회에서 이와 같은 셀링 포인트를 가진 다수의 소싱 후보 상품들을 고른 후엔, 그 상품들을 하나씩 국내 시장 상황에 견주어 보며 각각의 상품성을 검증하면 된다.

이후의 과정은 앞서 설명한 감성적 상품을 브랜드로 전개할 때와 크게 다르지 않다. 차이가 하나 있다면 신박하고 특별한 매력이 있는 상품은 그 신박함과 특별함의 종류가 대단히 남다르거나 그 강도가 아주 큰 경우가 아니면 인스타그램 상에서 소비자들의 큰 반응을 이끌어 내기 어렵다는 점이다. 그렇기 때문에 이성적 셀링 포인트가 강한 상품은 인스타그램을 통한 자사몰 판매에만 의존하기 보단, 바로 네이버나 쿠팡에서 판매해도 브랜드가 되는데 큰 장애가 되지는 않는다. 대신 이런 종류의 상품은 노출 대비 전환률이 높기 때문에 런칭 초기부터 공격적인 광고비 지출이 요구된다.

광고비 집행 비율

감성적 셀링 포인트를 가진 제품의 경우엔 아무리 광고비를 많이 써서 해당 상품의 노출량을 늘린다 해도 매출이 그에 따라 비례해서 바로 발생하지 않는 경우가 많다. 런칭된 제품이 해당 상품의 셀링 포인트를 이해하는 좁고 진한 고객에게 제대로 전달되고 그들의 마음을 사기까지 절대적인 시간을 필요로하기 때문이다. 반면 이성적 셀링 포인트를 가진 제품의 경우엔 소수가 아닌 대다수의 소비자들을 대상으로 한 상품이기 때문에 이때는 빠른 시간 안에 최대한 많은 소비자들에게 해당 제품을 노출시키는 것이 중요하다. 또한 이성적 제품의 특성상, 근 미래에 해당 제품보다 더 개선된 기능을 가진 경쟁 상품이 시장에 출시될 가능성이 높기 때문에, 런칭 직후 빠른 판매가 필요하다. 그렇기 때문에 이성적 셀링 포인트를 가진 상품을 런칭한 셀러는 런칭 초반부터 많은 광고비를 집행하며 초기 판매에 집중해야 한다. 이후 해당 상품이 어느 정도 인지도를 쌓게 되면 그 시점부턴 점점 광고비를 줄여가며 효율적인 예산 운영을 하면 된다. 예를 들어 월 1억 매출을 예상하는 상품이라면 초기 광고비로 3~4천만원 정도를 집행하는것이 일반적이고, 이후 해당 브랜드의 인지도가 확보되고 매출이 안정되는 시점부턴 광고비를 2천만원 이하로 낮춰도 애초의 매출이 유지되는 경우가 많다. 여기서 한가지 중요한 점은 광고 집행 절대 금액이 월 삼백만원 수준이 안되는 경우라면, 아무리 예상 매출의 50퍼센트 이상의 금액을 광고비로 집행한다 하더라도 별다른 광고 효과를 기대할 수 없다는 점이다. 그렇기 때문에 이성적 셀링 포인트를 가진 상품을 브랜드로 런칭하는 셀러는 최소 월 매출을 2~3천만원 이상을 기대할 수 있는 매출 포텐셜이 높은 상품을 선정해서 그에 맞는 물량으로 해당 제품을 소싱해야 하고, 광고비 역시 런칭 초기에 매출의 20~30% 이상을 집행할 수 있도록 여유있는 자금 계획을 가져야 한다.

감성적 셀링 포인트를 가진 제품의 경우엔 초기 마케팅 비용을 아무리 많이 투자한다고 한들 원하는 만큼의 매출을 바로 기대하긴 어렵다. 이런 상품은 노출의 양보단 노출의 내용이 얼마나 효과적으로 해당 소비자들의 마음을 사로잡느냐가 더 매출에 영향을 주기 때문이다. 그래서 이 경우엔 런칭 초기엔 노출 광고보단 해당 제품의 상품성을 타겟 고객들에게 전달하는데 더 효과적인 인플루언서 협찬에 더 많은 노력과 비용을 투자하는 것이 좋다. 감성적 상품의 경우 마케팅 예산 집행은 상품 런칭 초기엔 기대 매출 대비 20% 이하 정도로 진행하는 것이 적당하며, 브랜드 인지도가 어느 정도 높아지고 매출도 그에 따라 상승하는 시점부터는 노출 광고에 보다 공격적으로 비용을 집행해도 된다.

브랜드 창업 마스터

SUPPLEMENT

8
—

1) 브랜드가 성장하지 못하는 이유, 브랜드가 맛이 가는 이유

브랜드가 맛이 가는 9가지 이유

최근 온라인 시장에서 우리는 개인 셀러들이 런칭한 브랜드 제품들을 많이 만나 볼 수 있다. 개중에는 멋진 브랜딩과 예, 특, 신, 부 스러운 상품성으로 잠재 시장을 공략해 소비자들 사이에서 큰 인기를 얻고 있는 브랜드들도 있다. 하지만 이렇게 런칭 초기에 소비자들로부터 많은 사랑을 받던 브랜드들 중 대중적으로 인지도 있는 브랜드로 롱런하며 성장하는 케이스는 좀처럼 찾아 보기 어렵다. 이처럼 충분히 메이저 브랜드로 성장할 수 있는 자질을 갖춘 좋은 브랜드들의 대부분이 찻잔 속의 태풍처럼 반짝 히트로 그 수명을 다하는 이유는 무엇일까? 많은 사람들은 그 이유를 해당 브랜드의 브랜딩이나 마케팅에서 찾으려고 하지만 실상 대부분의 원인은 해당 브랜드의 후속 상품과 관련된 문제에 기인하고 있다.

잠재 수요를 공략한 훌륭한 상품성과 고객의 마음을 사로잡은 브랜딩 작업으로 운좋게 런칭 첫 상품부터 큰 성공을 거둔 셀러일지라도 일정 시간이 지나면 매출 하락 시점을 맞이하게 된다. 특히 첫 브랜드 상품부터 성공을 경험한 셀러는 장미빛 미래에 대한 희망으로 가득 차 회사 운영이나 개인적인 측면에서 씀씀이가 자연스럽게 커지게 마련인데, 해당 상품의 매출 라이프사이클이 정점을 찍은 이후 갑작스러운 매출 하락을 경험한 셀러는, 이미 늘어난 고정비를 감당하기 어려워지게 되고 마음이 다급해진 나머지 여러가지 악수를 두게 되는 경우가 많다. 마케팅 예산을 늘려

떨어진 매출을 다시 끌어 올려 보려 하기도 하고, 플랫폼을 무분별하게 확장하기도 하고, 그것마저 안 통하면 상품 가격을 건드리기 시작한다. 이윽고 해당 상품만으론 도저히 매출을 유지하기 어렵다는 판단이 들게 되면 그제서야 부랴 부랴 런칭할 다음 상품을 찾게 되는데, 매출에 쫓기는 다급한 상황에서 제대로 된 상품 기획과 브랜딩에 집중하기란 쉬운 일이 아니다. 이 경우 대부분의 셀러는 당장의 매출을 만들어 내기에 용이해 보이는 상품만을 급하게 소싱해서 판매하기 십상이다. 이런 일련의 과정을 거치면서 해당 브랜드는 초기의 반짝거리던 모습을 잃고, 상품 구색도 초기의 브랜드 컨셉과는 무관한 상품들로 점차 혼탁해지며, 그 결과 수많은 메이커들 중 하나인, 저가 브랜드로 전락하게 되는 것이다. 한 번 메이커로 전락한 브랜드는 다시 예전의 브랜드 가치를 회복하기 어렵다. 일단 가격을 건드려 중저가 브랜드 이미지로 굳어진 메이커가 갈 수 있는 다음 행선지는 더 아래 시장, 보따리 시장 이외엔 없다.

이런 모습은 대중들 사이에서 메이저 브랜드로 자리잡은 유명 브랜드가 일순간 몰락하는 과정과도 흡사하다. 그렇기 때문에 이제 막 시장에서 인정받기 시작한 브랜드를 운영하는 셀러는 물론, 이미 안정적인 위치에 자리 잡은 브랜드를 운영하는 셀러들 또한 브랜드의 미래를 망치지 않기 위해서 브랜드가 저지르면 안되는 잘못된 의사 결정들에는 무엇이 있는지, 소위 브랜드가 맛이 가는 이유가 무엇인지 미리 아는 것이 중요하다.

후속 상품 출시가 더딘 경우

모든 셀러는 브랜드 인지도를 끌고 가는 수단이 매출이란 점을 반드시 알아야 한다. 아무리 소비자들 사이에서 좋은 이미지로 인식된 브랜드라 하더라도 지금 당장 구매할만한 마땅한 상품이 없는 브랜드는 곧바로 기억에서 잊혀진다. 비록 해당 브랜드가 판매하는 상품이 반복 구매가 가능한 상품일지라도, 새로운 디자인이나 기능을 탑재한 후속 상품이 곧이어 출시되지 않으면, 제 아무리 처음에 큰 히트를 기록한 브랜드라도 곧 소비자들의 기억 속에서 잊혀지게 된다.

특정 브랜드의 상품이 시장에 출시돼서 큰 히트를 치면 곧이어 그 제품과 유사한 디자인, 기능을 가지고 있는 미투 상품들이 속속 시장에 등장하게 되고, 이들 대부분은 해당 브랜드 상품보다 훨씬 낮은 가격으로 판매되기 때문에, 아무리 첫 상품이 히트를 쳤다 하더라도 해당 브랜드의 상품을 반복 구매하는 소비자들의 숫자는 점점 줄어 드는 게 최근 시장에서 흔히 볼 수 있는 모습이다. 이처럼 상품의 라이프사이클이 짧아진 현대 시장에선 첫 상품의 히트 이후, 디자인이나 성능 측면에서 개선된 후속 상품이 바로 출시되어야만 매출을 유지 혹은 상승시킬 수 있게 된다. 이처럼 상품 출시가 끊기지 않고 바로 바로 이어지려면, 셀러는 첫 상품이 잘 팔리기 시작한 시점부터 바로 그 다음 상품 런칭을 준비해야 한다. 처음 상품의 매출이 떨어질 때까지 기다리면 때를 놓치게 된다.

일반적으로 브랜드가 처음 런칭한 상품은 해외 공장에서 팔고 있는 상품을 로고와 패키지만 수정한 채 그대로 수입해와 파는 ODM형태가 많지만, 후속 상품의 경우엔 기존 상품에 디자인과 성능을 개선시키는 OEM형태로 소싱을 하게 되는 경우가 많다. 그런데 OEM소싱은 ODM소싱보다 훨씬 더 많은 시간이 소요되기 때문에 후속 상품은 첫 상품을 런칭했을 때보다 훨씬 더 여유있는 리드 타임을 가지고 준비를 시작해야 한다. 첫 상품보다 디자인이나 성능이 개선된 후속 제품을 소싱하기 위해선 기존 제품을 생산하던 공장에 OEM생산을 의뢰할 수도 있지만, 때론 셀러가 원하는 개선 요소들이 이미 탑재된 완성품을 판매하고 있는 새로운 공장을 찾는 것도 대안이 될 수 있다. 이런 이유 때문에서라도 셀러는 항시 본인의 상품 카테고리의 상품을 제조하는 다양한 공장들을 만날 수 있는 해외 무역 박람회를 자주 방문해야 하는 것이다.

기존의 브랜드 방향성과 무관한 후속 제품들이 출시되는 경우

앞서 브랜드가 런칭하는 후속 상품은 반드시 기존 제품보다 디자인이나 성능이 개선된 제품이라야 한다고 했다. 이런 이유에서 후속 상품은 해당 브랜드의 최초 런칭된 상품과 동일 상품 카테고리 내에서 출시되는 것이 일반적인데, 만일 브랜드의 후속 상품으로 이전과 다른 상품 카테고리의 상품을 출시하고 싶다면, 후속 상품의 셀링 포인트는 반드시 기존 제품이 고객의 마음을 사로잡았던 근본적인 이유, 소비자들에게 채워 주었던 특정한 용도와 관계된 것이라야만 한다. 만일 브랜드의 후속 제품이 가진 상품성이, 같은 브랜드 명을 사용하고 있음에도 불구하고 기존 제품이 소비자들의 마음을 사로잡았던 내용과 무관한 것이라면 애초에 소비자들이 해당 브랜드에게 가졌던 용도적인 이미지가 흐려지게 되고, 이는 브랜드 호감도에도 악영향을 주게 된다.

성장기를 앞둔 대부분의 개인 브랜드들이 흔히 저지르는 실수가 바로 이것이다. 혁신적인 기능의 유모차로 소비자들로부터 유명 브랜드로 인정받은 브랜드가 난데없이 아동복 카테고리에 뛰어드는 경우도 있고, 특별한 스타일의 향초로 매니아들의 폭발적인 인기를 얻은 브랜드가 갑자기 평범해 보이는 생활 잡화 상품을 파는 경우도 있다. 특히 29cm같은 감성 편집샵들에서 흔히 볼 수 있는 개인 브랜드들이 매출 성장의 한계에 부딪히는 시점에서 이런 유혹에 빠지는 경우를 흔히 목격할 수 있는데, 이것은 최초에 본인의 브랜드가 어떤 이유에서 소비자들로부터 호감을 받게 되었는지 그 이유를 제대로 분석하지 못한 데에서 기인한 결과이다. 만일 어떤 유모차 브랜드가 소비자들에게 만족시켜 주었던 구매 용도가 브랜드의 특정 스타일 때문이었다면, 그 스타일이 디자인에 반영된 아동복을 후속 제품으로 출시하는 건 아무런 문제가 되지 않을 것이다. 하지만 해당 유모차 브랜드가 소비자들에게 사랑받았던 이유가 제품이 가진 혁신성인 경우라면, 후속 제품으로 런칭된 특정 스타일의 아동복 상품은 브랜드 호감도 차원에서 해당 브랜드에 악영향을 주게 될 것이다.

브랜드는 항상 소비자들이 해당 브랜드에 대해 기대하고 있는 용도를 채워 줘야 한다. 물론 모든 상품은 예, 특, 신, 부의 용처를 복합적으로 지니고 있기 때문에 소비자들은 하나의 용도만으로 상품을 구매하지 않는다. 하지만 예, 특, 신, 부 중 구매 결정에 있어서 상대적으로 많은 부분을 차지하고 있는 요소는 반드시 존재하기 마련이다. 그렇기 때문에 브랜드의 후속 제품은 최초의 브랜드 제품이 소비자들을 만족시켜주었던 용도와 일치되는 셀링 포인트를 가지고 있어야만 하는 것이다.

브랜딩 차원에서 초기에 세팅했던 브랜드의 인격이 시간이 갈수록 점점 평범해지는 경우

브랜드 런칭 초기에는 마케팅과 관련된 의사 결정을 개인 셀러가 직접 진행하는 경우가 많다 보니 해당 브랜드의 인격 관리를 오너가 직접 일관성있게 운영할 수 있다. 하지만 매출이 점점 커지게 되면, 다른 직원들이 마케팅 업무를 대신해서 진행하게 될 수도 있고, 해당 업무를 대행사에 위임하게 될 수도 있다. 인격 작업은 설령 문서로 잘 작성된 브랜드 페르소나가 있다 하더라도 그 업무가 브랜드 파운더의 손을 떠나 제삼자로 넘어가게 되면, 모든 의사 결정에 있어서 해당 인격의 내용이 제대로 적용되기가 어렵다. 이런 이유에서 초기엔 뾰족하고 진했던 브랜드의 인격이 회사의 매출이 늘어날수록 점점 무뎌지고 결국 아무런 특성도 없어 보이는 평범한 브랜드로 전락하게 되는 경우가 많은 것이다. 다행히 해당 브랜드가 매출이 뒷받침되어 전국민에게 인지도 있는 내셔날 브랜드로 성장하게 되면 평범하게 변한 브랜드 인격이 매출에 큰 영향을 끼치지 않을 수도 있지만, 라이프사이클 상 아직 특정 용도를 가진 소수의 고객을 깊이 있게 공략해야 하는 시점에 위치한 브랜드는 인격이 흐려지게 되면 해당 브랜드를 선호했던 초기 고객들에게 실망감을 주게 되어 곧 그들로부터도 외면받게 된다.

한편 런칭 초반에 친근한 인격으로 소비자들에게 호감을 받았던 브랜드가 시간이 갈수록 인격이 점차 교만해져 결국 소비자들로부터 외면받게 되는 경우도 있는데, 이는 성수동같이 최근 힙(HIP)한 지역에서 자신의 브랜드가 소비자들에게 인기를 얻고 있다는 자신에 넘친 나머지, 장사하는 입장에서 지켜야 할 기본적인 선을 넘는 교만한 작태를 보이는 매장들에서 흔히 볼 수 있는 예이다. 이는 오너가 브랜딩에 대한 의욕이 너무 과해서 그럴 수도 있고 직원들이 브랜드 인격을 잘못 이해해서 이런 촌극이 벌어지기도 한다. 이런 곳들은 자신들이 일방적으로 정해 놓은 브랜드 정책들을 소비자들에게 무리하게 요구하기도 하고, 자신들의 정책에 따르지 않는 소비자들에게 불쾌함을 표현하기까지 한다. 스타벅스의 직원들이 음료를 주문한 고객의 이름을 컵에 적은 후 주문한 음료가 준비되면 다른 사람들에게까지 다 들리도록 큰 소리로 고객의 이름을 외치고, 음료 사이즈 이름을 벤티, 톨 같이 본인들이 임의로 정해 놓은 명칭으로 부르지 않는 고객들에게 마치 훈계하는 듯한 태도로 사이즈 명칭을 정정하려고 드는 태도도 이와 유사한 예이다. 소비자를 향한 브랜드의 일방적인 요구는 일부 고객들에겐 신선하게 보일 수도 있지만 그것이 과할 경우엔 자칫 불친절한 이미지로 비춰질 수 있다.

스타벅스처럼 대중적 대세감을 확보한 브랜드는 그나마 넘어가 줄 수 있겠지만, 한창 브랜드 인지도의 저변을 넓혀가야 할 위치에 있는 초기 브랜드들은 이런 부분을 특히 조심해야 한다. 브랜드 초기에는 브랜드의 친근한 이미지가 제도권스럽지 않고 '우리편'같은 느낌을 주어 소비자들의 호감을 이끌어 낼 수 있다. 하지만 친근이 너무 오랜 기간 지속되거나 일정 수준을 넘어가게 되면 그것이 자칫 교만해 보이는 느낌이 들어 소비자들을 불편하게 만든다. 그래서 비록 브랜드 초기엔 친근한 이미지의 인격으로 브랜딩을 했던 경우라도 어느 정도 매출이 성장하고 보다 넓은 고객층을 대상으로 삼아야 할 시점에 이른 브랜드는 고객을 격없이 대하는 친근함보다는 일정 수준의 예의를 차린 친절한 방향으로 인격을 전환시켜야 보다 더 근본 있는 브랜드로 보일 수 있게 된다.

한편 소비자들이 선호하는 인격은 시간이 흐름에 따라 바뀌기 마련이다. 그렇기 때문에 브랜드 런칭 시점에는 그것이 소비자들 사이에서 호감을 줄 수 있는 인격이었더라도 오랜 기간 인격이 정체되면, 해당 브랜드의 이미지가 이미 변해 버린 소비자들의 기호를 따라 가지 못해 자칫 촌스럽거나 거북함을 주는 인격으로 여겨지기도 한다. 과거엔 세련되고 재치 있는 남자가 인기있던 시절이 있었다면 요즘엔 너그럽고 근본있어 보이는 남자가 더 많은 대중들의 호감을 얻듯이, 상품 카테고리별로 소비자들 입장에서 구매 의사 결정에 긍정적인 영향을 끼치는 셀러의 인격 역시 시간이 흐를 수록 변하기 마련이다.

라이프스타일샵 코즈니의 경우도 2000년도 초반에는 당시 소비자들이 선호했던 자유 분방한 20대 홍대 스타일 여성 인격에 맞추어 상품 구색과 마케팅을 세팅했지만, 시대가 변해 성공한 30대 독신 커리어 우먼 스타일이 대중들 사이에서 호감가는 인격으로 부상하자 상품 소싱과 마케팅 의사 결정을 해당 인격에 맞게 바꿨었다. 이처럼 브랜드는 요즘 소비자들이 특정 상품 카테고리에 대해서 어떤 인격을 가진 셀러를 선호하는지를 발빠르게 파악해서 모든 브랜드의 의사 결정을 그것에 맞추어 진행해야 한다. 그렇기 때문에 브랜드를 운영하는 셀러는 소비자들의 내면적 호감과 비호감의 방향성이 잘 반영되어 만들어진 예능 프로그램이나 드라마, 영화, SNS 게시물, 뉴스에 달린 댓글들, 특히 상품에 달린 리뷰 내용들을 주의 깊게 봐야 한다.

납득할만한 이유 없이 가격을 인하하는 경우

브랜드가 상품 가격을 인하하기 위한 명분이란 애초에 존재하지 않는다. 만일 브랜드가 상품 가격을 인하하면 그걸 보는 소비자들은 어떤 이유에서 해당 브랜드가 가격을 내렸다고 생각할까? 대부분의 소비자들은 가격을 내리는 브랜드는 맛이 가기 시작했다고 판단한다. 즉 장사가 안되니까 가격을 내렸다는 것 이외에는 다른 이유를 찾기 어려운 것이다.

매출 하락을 경험한 브랜드들 대부분은 제품 가격을 내려서라도 떨어진 매출을 다시 끌어 올리고 싶은데, 가격을 무작정 내리자니 브랜드 이미지가 걱정이 될 수 밖에 없다. 그래서 어떻게든 가격을 내릴 명분을 찾기 위해 그 대안으로 기간을 한정해서 할인 행사를 진행한다든지, 특정 고객을 대상으로만 할인을 진행한다든지, 특정 시즌이나 특정 사건, 이벤트들을 명분으로 할인 행사를 진행하게 된다. 하지만 세일은 그 어떤 조건이 붙더라도 브랜드 이미지에 치명타로 작용한다. 한번 내린 가격은 다시 올리기 어렵고, 한번 세일하는 브랜드라고 각인된 브랜드는 이후엔 세일을 하지 않으면 절대 제 값으로 팔리지 않는 브랜드가 된다. 이것도 브랜드가 잘 나갈 때의 이야기이지, 브랜드가 세일을 반복하게 되면 소비자들은 점차 세일가를 해당 브랜드의 정상가로 인식하게 되어, 해당 브랜드는 매출을 만들어 내기 위해서 세일에 세일을 더하지 않으면 안 되는 지경까지 이르게 된다. 이런 과정을 통해 브랜드는 맛이 가는 것이다. 즉 가격 인하는 브랜드가 라이프사이클상 더 이상 성장하지 못한다고 판단되는 시점 이후에야 비로소 내릴 수 있는 최후의 의사 결정이다. 그래서 브랜드를 성장시키고자 하는 셀러는 절대로 세일을 해서는 안 된다. 매출이 정 급하면 일반 대중들의 눈에 띄지 않는 수면 아래의 플랫폼에서, 브랜드가 아닌 제3자의 인격으로 영업 활동을 해야 한다.

무분별하게 플랫폼을 확장하는 경우

간혹 플랫폼 확장을 마치 성공의 지표로 삼는 브랜드들도 있다. 하지만 브랜드가 성장하기 위해선, 그리고 성장한 브랜드가 그 자리를 계속 유지하기 위해선, 브랜드가 팔릴 만한 곳에서 브랜드스러운 모습으로 팔려야 한다. 플랫폼이 무분별하게 확장되어 해당 브랜드 제품이 이곳 저곳에서 팔리게 되면 그 브랜드가 내서날 브랜드가 되는 경우를 제외하곤, 브랜드의 희소성을 잃게 된다. 해당 브랜드는 소비자들 사이에서 어디 가도 쉽게 살 수 있는 흔한 상품이란 이미지를 갖게 되는 것이다. 또한 이렇게 플랫폼이 급속도로 늘어나게 되면 셀러 입장에서 플랫폼 하나 하나를 제대로 관리할 수 없게 된다. 플랫폼 측에서 무리한 할인을 요구하는 일도 늘어나게 되고, 그 결과 플랫폼들 간에 가격이 일치하지 않는 현상이 생겨나며, 해당 브랜드와 격이 맞지 않는 타브랜드들, 메이커, 보따리 제품들과 같은 공간에서 제품이 팔리게 되는 경우도 생기고, 브랜드 이미지에 타격을 주는 악성 댓글이나 리뷰들을 일일이 관리하기도 어려워진다. 무엇보다 매출은 입점된 플랫폼 수에 대비해서 늘어나지 않는다는 사실을 알아야 한다. 이미 브랜드 인지도가 일정 수준을 넘어선 내서날 브랜드의 경우엔 플랫폼수가 많을수록 매출도 그만큼 늘어나겠지만, 그 위치에 이르지 못한 대부분의 신규 브랜드는 브랜드의 이미지를 관리하면서 매출을 내야 한다. 그렇기 때문에 플랫폼 입점은 본인의 브랜드 이미지와 맞는 곳으로 선별적으로 이루어져야 하며 그 곳에서 만들어 낼 수 있는 매출이 지금 시점에서 본인의 브랜드가 낼 수 있는 최대의 매출이라는 각오로 그 장소에 집중해서 최고의 퍼포먼스를 내도록 노력해야 한다. 그래서 일부 영리한 브랜드들은 소비자들의 해당 브랜드에 대한 관심이 뜨거워지는 피크 시점에 플랫폼을 확장하는 대신, 한 달 간격으로 플랫폼들을 번갈아 가며 판매를 하는 경우도 있다. 그래야 소비자들 사이에서 특정 브랜드가 이번 달엔 특정 플랫폼에서 판매를 한다는 입소문이 나게 되고, 그 결과 희소성과 매출이란 두 마리 토끼를 모두 잡을 수 있게 된다.

매출 위주로 평가되는 인센티브로 인해 조직 경쟁력을 상실하는 경우

회사 규모가 점점 커지다 보면 직원들의 퍼포먼스를 관리하기 위해 인센티브 제도를 조직에 도입해야 하는 경우가 생긴다. 이때 직원별로 지급할 인센티브 금액을 결정하기 위해 여러가지 KPI (KEY PERPORMANCE INDEX) 평가 기준들이 필요하게 되는데, 가장 흔히 사용되는 KPI 항목이 매출, 수익, 그리고 성장률이다. 그런데 문제는 수치적으로 평가되기 난해한 브랜드 호감도는 현실적으로 KPI에 포함되기 어렵다는 것이다. 모든 회사의 의사 결정은 브랜드 호감도와 매출, 두 가지 요소를 동시에 고려해가면서 이루어져야 하는데, 대부분의 경우 KPI 항목이 매출과 관련된 항목으로만 짜여지다 보니, 월급쟁이 직원 입장에선 본인이 회사의 지분을 가지고 있는 경우가 아니라면 금전적으로 평가받지 못하는 브랜드 호감도 부분에는 관심을 덜 둘 수 밖에 없게 되는 것이다. 그렇기 때문에 더 이상 브랜드 인지도나 호감도 따위엔 관심을 가지지 않아도 될 수준에 이른 내셔날 브랜드가 아닌 경우라면, 섣불리 조직에 인센티브제를 도입하기보단 회사에 큰 기여를 했다고 생각되는 직원을 오너가 직접 선정해 개별적으로 보너스를 지급하는 방법이 더 효과적이다. 그래서 작은 규모 회사의 오너는 스스로의 평가 기준을 섣불리 객관화시키면 안된다. 이 기준이 결국 조직의 단합과 모티베이션을 와해시키는 아킬레스건으로 변질되는 경우가 많기 때문이다.

브랜드 오너가 사회적인 물의를 일으켜 해당 브랜드 가치가 폭락하는 경우

규모 있는 기업의 브랜드는 설사 오너가 세간의 구설수에 오를만한 일에 휘말렸다 하더라도 조직 내부에 PR을 담당하는 부서가 존재해 해당 사건이 더 크게 번지지 않도록 대 내외적으로 콘트롤 타워의 역할을 할 수 있지만, 개인 셀러의 경우는 어설픈 초기 대응으로 인해 걷잡을 수 없는 상태로 사태를 악화시키는 경우가 많다. 특히 젊은 나이의 셀러가 브랜드를 성공시키게 되면, 갑작스럽게 큰 돈을 만지게 되기도 하고 주변으로부터 다양한 유혹을 받게 되는 경우도 많다. 그렇기 때문에 오너는 브랜드 인지도나 호감도가 일정 수준 이상 오르기 전까지 최대한 외부 노출을 꺼리는 것이 좋다.

소비자들은 브랜드 오너를 좋아하는 것이 아니라 브랜드의 인격을 좋아하는 것이다. 그렇기 때문에 소비자들에게 실제 오너의 모습을 보여 주는 건 브랜딩 차원에서 도움이 되지 않으며, 이는 오히려 소비자들이 가지고 있는 해당 브랜드에 대한 환상만 깨뜨리는 결과를 가져올 수 있다. 그래서 브랜드 런칭 초기에는 매체에서 인터뷰 요청이 오고, 외부에서 강의 요청이 들어 오더라도 고사하는 편이 낫다고 본다. 많은 경우, 성공한 브랜드의 오너가 세상 밖으로 모습을 드러나는 시점은 해당 브랜드가 맞이 가기 시작한 이후의 시점이다. 그리 대단하지도 않은 브랜드를 운영하고 있는 젊은 셀러들이 대중들 앞에 나서서 브랜드 파운더라는 타이틀을 달고 마치 본인이 대단한 일을 해 낸 사람처럼 떠벌리는 모습은 결코 대중들에게 호감 있게 보이지 않는다. 일부 대중들은 그 앞에선 박수를 쳐 줄 수 있지만, 그것은 평소 칭찬이 습관화 된 소수 집단의 반사적 반응일 뿐, 침묵하는 대부분의 소비자들 입장에선 그것이 자칫 주제 넘는 듯한 모습으로 비춰질 수 있다. 그렇기 때문에 본인의 등판이 해당 브랜드의 이미지 메이킹이나 매출에 도움이 되지 않는다고 판단된다면 오너는 항시 자중하고 은둔하는 편이 좋다.

무분별한 외부 투자로 현금 유동성에 문제가 생기는 경우

어떤 형태로든 성공을 경험한 개인 셀러는 마치 영원히 현재와 같은 추세로 돈이 벌릴 것 같다는 착각에 쉽게 빠진다. 그래서 향후 예상되는 현금 흐름을 현재 추세에 맞춰 예측하다 보니, 장사를 하는 동안에 모이는 현금의 대부분을 주식이나 부동산 구매와 같이 장사와 무관한 분야에 사용하기도 하고, 현재 브랜드와는 무관한 신규 브랜드를 런칭하거나 아예 전혀 다른 분야에 사업을 벌리기도 한다.

'물 들어올 때 노 저어라'는 말의 의미는 돈이 벌릴 때 번 돈을 장사에 재투자하라는 뜻이다. 브랜드 상품이 판매의 흐름을 타기 시작하면, 벌린 돈을 다른 곳에 쓸 것이 아니라 상품 재구매 비용과 마케팅비에 쏟아 부어야 한다. 그래야 해당 상품이 시장에서 그 수명을 다 하기 전에 개선된 후속 제품이 런칭되어 매출의 흐름이 끊기지 않게 할 수 있다. 그래서 브랜드 런칭 초기엔 셀러의 주머니로 들어갈 돈은 없다. 장사해서 번 돈은 본인의 시장을 더 크게 만드는 데 재투자 되어야만 하는 것이다. 그럼 도대체 셀러는 언제 돈을 벌 수 있을까? 앞서 언급했듯이 진정한 수금은 라이프사이클상 브랜드가 맛이 갈 때, 더 이상 마케팅에 돈을 써 보았자 그만큼의 매출 효율이 안 나온다고 판단되는 시점에서 가능한 것이다. 이때는 비록 매출은 성장을 멈췄지만, 이미 소비자들 사이에선 브랜드 인지도가 형성되어 있는 탓에, 제품의 가격을 조금씩만 꺾어 주면 광고 없이도 매출이 발생할 수 있기 때문이다. 현금 흐름 차원에서는 이때가 가장 이상적인 시기이다. 신규 사업 투자나 부동산 투자 역시 이처럼 현금적으로 여유가 생기는 시점에서야 비로소 가능한 것이다.

만일 한 분야에서 성공적으로 브랜드를 런칭한 회사가 전혀 다른 분야에서 신규 사업을 추진할 경우엔, 해당 신규 사업은 기존의 브랜드와는 무관한 별도의 신규 브랜드로 전개하는 것이 좋다. 과거에는 기업들 사이에서 하나의 마더(MOTHER) 브랜드 밑에 여러 서브 브랜드들이 가지처럼 뻗어 있어, 마치 하나의 나무가 연상되는 모습의 패밀리 브랜드 트리를 만드는 것이 기업 경영의 모범 답안으로 여겨지던 시대가 있었다. 하지만 이건 브랜드가 귀하던 시절의 이야기이다. 요즘 소비자들은 하나의 브랜드에 오래 정을 주지도 않을 뿐더러, 본인이 이미 아는 브랜드, 대중적으로 널리 알려진 유명 브랜드보단 해당 카테고리에 남다른 전문성을 가지고 있는 신규 브랜드를 더 선호하는 경향이 있다. 그래서 신규 사업이나 신규 브랜드는 기존 브랜드와 같은 이름이나 연관된 이름으로 만들려 하지 말고 그 업태에 더 적합하다고 판단되는 새로운 브랜드명으로 전개하는 것이 좋다. 사업의 분야에 따라 소비자들이 해당 브랜드에 기대하는 인격 역시 서로 다르다. 서로 다른 인격을 요구하는 브랜드를 하나의 브랜드로 억지로 묶어 버리게 되면 해당 브랜드는 어느 쪽 소비자들로부터도 제대로 된 호응을 얻지 못하게 된다.

적을 만드는 경우

이것은 비단 브랜드의 경우 뿐 아니라 보따리나 메이커 장사를 하는 일반적인 셀러들에게도 공통적으로 적용되는 이야기다. 국세청에서 세무 조사가 나오는 가장 큰 이유가 퇴사한 내부 직원의 신고 때문이라는 사실을 꼭 기억해야 한다. 그래서 장사를 하는 모든 셀러는, 특히 어느 정도 대중적인 인지도가 쌓인 브랜드를 운영하는 셀러는 항시 적을 만들지 않도록 조심해야 한다. 장사를 하다 보면 꼭 법을 어기지 않더라도 그것이 이슈가 되었을 때 사회적으로 물의가 될 수 있는 부분이 있을 수 밖에 없다. 꼭 그것이 사실이 아니라 할지라도 이슈가 될 만한 분야에서 해당 브랜드의 이름이 언급되는 사실 자체만으로 브랜드 이미지는 큰 타격을 입을 수 있다. 일단 플랫폼이나 관계 기관에 신고가 접수되면 해당 사실의 진위와 관계 없이 회사는 영업에 큰 손실이 생기는 상황을 겪게 되는 경우가 많다. 그래서 셀러는 장사를 하는 내내 적을 만들지 않도록 신경을 써야 한다.

적을 만들지 않는 가장 큰 방법은 상대방을 공격하지 않는 것이다. 장사를 하다 보면 특정 대상으로부터 억울한 모함을 받을 수도 있고, 때론 구체적인 공격을 당할 수도 있는데, 이때 아무리 본인이 죄가 없고 억울하더라도 그 대응이 감정적이거나 상대에게 구체적인 피해를 주는 것이라면 반드시 거기엔 복수가 따르게 마련이다. 장기적으로 봤을 때 이런 경우엔 억울하더라도 일단은 참는 것이 본인에게 이익이 되는 경우가 많다. 가장 현명한 방법은 잠재적인 적들, 경쟁사들과 미리 미리 좋은 관계를 형성해 놓는 것이다. 적들을 내 편으로 끌어들여 서로가 아닌, 소비자를 공동의 적으로 삼는 방법이다. 양강 구도로 자리잡은 대형 편의점 브랜드들이 겉으론 경쟁하는 것처럼 보이지만 내부적으로는 정기적으로 임원들끼리 비밀리에 만나 향후 점포 개설이나 할인 행사같은 중요한 내용들을 사전에 미리 논의하는 것이 바로 이런 이유에서이다. 서로 싸우게 되면 양쪽 모두에게 피해가 가게 마련이고 이틈을 타 예상치도 못한 새로운 적이 등장해서 양쪽 모두에게 피해를 입히는 게 오랜 유통의 역사를 통해 얻은 교훈이다. 그렇기 때문에 셀러들은 총구를 서로가 아닌 소비자를 향해 겨눠야 모두가 살 수 있게 된다.

2) 셀러 MBTI

장사 MBTI의 정확성

저자가 24년이 넘는 긴 시간동안 유통업계에 종사하는 동안 자연스럽게 얻게 된 독특한 장사의 노하우가 하나 있는데, 바로 사람을 만나 이야기해 보면 '이 사람은 어떤 종류의 장사를 하면 성공할 것 같다'라는 감을 가지게 됐다는 것이다. 물론 '감'이란 것이 언뜻 듣기엔 주관적인 느낌에 의존하는, 마치 과학적이지 않은 미신처럼 가볍게 여겨질 수도 있지만, 사주팔자가 오랜 시간에 걸쳐 쌓인 통계에 그 기반을 두고 있듯, 이 '감' 역시 24년 동안 저자가 바로 옆에서 경험한 수 천여 명의 셀러들의 구체적인 사례들을 바탕으로 얻어진 결과물이기 때문에 그 적중도에 스스로도 놀랄 때가 많았다. 그러다 보니 주변에서 본인은 어떤 장사를 하면 좋겠냐는 질문을 하는 분들이 너무 많다보니, 일일이 답을 해 드리기 곤란한 상황에까지 직면하게 되었다. 그래서 저자가 과거에 만나 본 사람들과, 그들과 주로 나눴던 대화의 내용들을 분석해, 셀러 각자의 성향이나 스스로 처한 상황들을 자문해 보면서 자신에게 더 적합한 장사의 비즈니스 모델을 찾아 낼 수 있는 나름의 가이드 라인을 만들게 되었다. 마치 요즘 유행하는 MBTI 테스트가 스스로의 성향을 분석해 본인에게 더 적합한 일하는 방식을 알려주듯, 이 가이드라인 역시 온라인 창업에 도전하는 많은 셀러들에게 본인이 남들보다 더 잘 할 수 있고, 더 효율적으로 일할 수 있는 구체적인 비즈니스 방향을 제시해 줄 수 있다는 점에서 '장사 MBTI'라고 부르기로 했다.

셀러가 선택할 수 있는 장사의 종류를 한가지 잣대로 구분하기는 상당히 어렵다. 모든 종류의 장사는 여러 가지 성격을 복합적으로 가지고 있기 때문이다. 장사는 상품을 소싱하는 형태에 따라서도 구분할 수도 있고, 소싱처의 종류에 따라서도, 판매하는 방식에 따라서도, 혹은 플랫폼의 종류에 따라서도 구분할 수도 있다. 그래서 우리는 이런 단편적인 잣대와는 무관하게 우리가 일반적으로 알고 있는 장사의 종류엔 무엇이 있는지를 최대한 직관적인 관점에서 나열해 보기로 하자.

개인 셀러가 선택할 수 있는 장사의 종류

위탁판매 - 남이 제조, 소싱한 상품을 본인이 전문성을 가진 플랫폼에서 선 판매한 후, 판매된 상품을 공급처로부터 구매해서 고객에게 배송하는 것.

국내사입 - 위탁판매와 내용은 같으나 상품을 위탁으로 받지 않고 선 사입해서 재고를 확보한 상태에서 파는 것.

리셀 - 제조사나 소싱처를 거치지 않고 소비자의 자격으로 세일, 할인점 등에서 시중 가격보다 싼 가격으로 상품을 구매해, 다른 플랫폼에서 마진을 붙여 파는 것.

해외구매대행 - 해외의 도매 사이트에서 팔고 있는 상품 정보를 국내 플랫폼에 올리고 판매가 일어나면, 입금된 금액으로 해외 도매 사이트에서 해당 상품을 구매해서 국내 소비자에게 바로 배송하는 것. 해외 도매 사이트가 아닌 해외 공장과도 같은 조건으로 거래할 수 있는데 이런 방식으로 공장과 거래하는 것을 드롭 쉬핑(DROP SHIPPING)이라고 부른다. 해외구매대행은 자동과 반자동, 수동이 있는데, 자동은 프로그램을 사용해서 해외 도매사이트에 있는 상품들을 대량으로 긁어와 자동으로 국내 사이트에 뿌리는 형태이고, 반자동은 프로그램을 사용하되 해당 상품들의 이미지나 상세페이지를 국내 소비자들이 선호하는 방식으로 살짝 변형시키는 과정을 거치는 것이다. 수동은 말 그대로 해외 도매사이트에서 긁어 올 상품을 셀러가 하나 하나 직접 골라, 상품 이미지나 상세페이지 작업에 더 많은 공수를 투입해서 판매하는 방식이다.

병행수입 - 현재 국내에 특정 해외 브랜드의 독점 수입 유통업체가 존재하는 경우, 해당 브랜드 제품을 현지 도매처나 할인점 등을 통해 재고를 확보한 후, 그 상품을 국내로 수입해서 판매하는 것이다.

해외소싱 - 해외에 있는 소싱처에서 물건을 수입해 국내에서 판매하는 형태인데 소싱처의 종류에 따라, 1688같은 온라인 도매 소싱, 알리바바같은 온라인 공장 소싱, 이우 시장, 광저우 시장같은 오프라인 도매 시장 소싱, 무역박람회를 통한 공장 소싱 등이 있고, 상품을 소싱처에서 파는 그대로 수입하는 ODM소싱이 있고, 기존 상품을 변형하거나 완전히 새롭게 만들어 소싱하는 OEM소싱이 있다.

브랜드 소싱 - 해외에서 유통되고 있는 브랜드 제품을 그대로 국내에 수입해서 파는 경우인데, 셀러가 국내 독점 유통 권한을 취득해 수입해 온 물건을 판매하는 경우와 그렇지 않은 경우로 나뉜다. 해외 브랜드의 독점권을 딴 셀러의 경우엔 단순히 상품을 소량 수입하는 경우와 비교해서 해당 브랜드로부터 훨씬 낮은 가격으로 제품을 공급받을 수 있고, 경우에 따라선 일정 부분의 마케팅 비용을 지원받을 수도 있으며, 해당 브랜드의 국내 독점 유통권을 권리금을 받고 제3자에 매각할 수 있게 되기도 한다.

브랜드 라이센싱 - 국내 또는 해외 공장에서 제조, 혹은 소싱한 상품에 다른 회사의 특정 브랜드를 붙여서 파는 경우이다. 라이센싱의 대상이 되는 브랜드명은 일반적으로 국내에 잘 알려진 해외 상품의 브랜드인 경우가 많고, 미술관이나 방송국, 잡지사 같은 기관의 이름일 수도 있으며, 대중들에게 잘 알려진 인물의 이름이 될 수도 있다.

이와 같이 여러 형태를 거쳐 소싱해 온 상품은 향후 셀러가 어떤 방식으로 그것을 판매하느냐에 따라서도 장사의 형태를 다음과 같이 구분해 볼 수 있다.

우선 제품을 판매하는 국가에 따라 아마존, 쇼피, 라쿠텐 등 해외 소비자들을 대상으로 하는 플랫폼에서 파는 경우와 국내 소비자들을 대상으로 판매하는 경우로 나눠 볼 수 있다. 요즘은 국내 브랜드들의 상품이 중국이나 다른 나라에서 소싱한 것이어도 그것이 한국 브랜드로 인지되어 현지에서 많은 인기를 얻는 경우도 많기 때문에 일정 수량 이상 재고가 확보된 상품은 판매처를 국내로만 한정 짓지 말고 해외로도 판로를 고민해 봐야 한다.

국내 시장을 주로 판매처로 삼는 경우엔, 쿠팡, 네이버, 종합몰, 오픈마켓, 버티컬(전문몰), 자사몰, 카카오 쇼핑, 카페 공동 구매, 인플루언서 공동 구매, 와디즈, 텀블벅, 유튜브, 라이브 방송, 중고 상품 거래 플랫폼 등 다양한 플랫폼들을 생각해 볼 수 있다.

오프라인의 경우엔 셀러가 직접 매장을 내는 경우도 있고, 기존에 존재하는 매장에 상품만 위탁 조건으로 입점시킬 수도 있고, 백화점이나 교보문고같이 편집샵 형태로 상품이 판매되는 곳에 인건비를 공동 부담하는 조건으로 여러 업체들과 같이 위탁 입점 방식으로 판매를 진행할 수도 있다.

또한 상품을 소비자에게 직접 판매하는 것이 아닌, 중간 도매상에게 도매 가격으로 판매하는 B2B방식도 있으며, 도매꾹이나 오너클랜 같은 도매 쇼핑몰을 통해 직접 도매로 판매할 수도 있다.

이상 언급된 장사의 종류들은 상품을 소싱하는 방식과 상품을 판매하는 방식에 따라 그 형태를 나눠 본 것이고, 본인이 판매하는 상품의 종류에 따라서도 보따리 장사, 메이커 장사, 브랜드 장사로 장사의 장르를 구분해 볼 수도 있다. 또한 본인이 취급하는 상품의 재고량이나 잠재 매출 크기에 따라 소 보따리, 왕 보따리, 소 메이커, 왕 메이커로 나눠 볼 수도 있고, 브랜드의 경우라면 마이크로 브랜드, 스몰 브랜드, 메이저 브랜드, 내셔널 브랜드로 나눠 볼 수도 있다.

그럼 지금부턴 위와 같이 나열된 여러가지 장사의 옵션들을 놓고, 셀러가 본인에게 가장 적합한 장사의 모델을 고르기 위해 필요한 장사 MBTI의 항목들에 대해 이야기해보자.

B 냐 R 이냐?

B와 R은 셀러가 처한 경제적 상황에 관한 항목이다. 단 이것은 셀러가 실제 소유하고 있는 자산의 크기와 상관없이 본인이 장사를 할 때 투자할 수 있는 자본의 상황에 관한 항목이다. 배우자나 부모가 돈이 많을 경우라도, 본인 스스로가 경제적 독립을 위해 장사가 급한 경우도 있기 마련이다. 그래서 본인이나 가족의 자산의 크기와는 별개로, 지금 당장 돈이 급해 장사를 해야 하는 셀러는 스스로를 B(Beggar)로 평가하고, 장사를 장기적으로 여유 있게 접근할 수 있는 경제적 상황을 가진 셀러의 경우는 스스로를 R(Rich)로 평가한다.

P 냐 G 이냐?

P와 G는 셀러가 특정 상품에 대해 가지고 있는 전문성에 관한 항목이다. 우리는 앞서 셀러가 다른 경쟁자들보다 특정 상품에 대해 전문성을 갖기 위해선 특별한 환경적 요소를 통해 얻게 된 남다른 안목이나 전문적인

상품 지식이 필요하고, 일정 기간 이상 해당 상품이 속한 카테고리에서 소비자의 입장에서 쇼핑을 해 온 유저 경험이 풍부해야 한다고 했다. 그래서 셀러는 이런 기준으로 스스로를 판단해 자신이 특정 상품에 대한 전문성을 가지고 있다고 판단하면 P(Professional), 반대로 전문성을 가진 분야가 특별히 없다고 판단하면 G(General)로 평가한다. 단 본인 스스로는 이런 전문성을 가지고 있지 않지만 장사를 해 나감에 있어 주변의 지인이나 가족이 직접적으로 장사와 관련되어 전문성을 제공해 줄 수 있는 경우, 혹은 전문 직원을 채용해 해당 업무를 주도적으로 진행해 줄 수 있는 조건을 가진 셀러는 스스로를 P로 판단해도 무방하다.

A 냐 E 이냐?

A와 E는 평소에 상품을 구매하는 셀러의 소비 성향에 관한 내용이다. 문과냐 이과냐, 혹은 아티스트냐 엔지니어냐, 연역적이냐 귀납적이냐와 같은 잣대로 사람을 구분하는 것과도 유사하다. A(Artist)는 이성적인 면보다 감성적인 면이 발달되어 있고, 세련미가 남보다 뛰어나고 선진국의 문화, 상류층의 문화, 고상한 문화, 이국적인 문화 등에 호기심이 있으며, 이런 세계에 속한 다른 사람들이 구체적으로 어떤 소비를 하는지에 대해 관심이 많다. 일을 할 때도 수치화 된 데이터를 통해 만들어진 확실한 명제들을 통해 점차 결론에 이르는 귀납적 방식보단 본인의 경험에 의한 가설들을 먼저 도출한 상태에서 데이터를 통해 그것을 검증해 가는 연역적 방식을 더 선호한다. E(Engineer)는 정반대이다. 매사에 이성적이며, 추상적인 꿈보단 작지만 확실한 현실을 더 중요시 여기고 쇼핑도 가성비 좋은 제

품을 더 선호한다.

Y냐 O이냐?

Y와 O는 셀러의 장사 나이이다. 스스로가 Y인지 O인지 가장 쉽게 구분하는 방법은 본인이 젊은 소비자들을 대상으로 장사를 잘 할 수 있는 사람인지, 그렇지 못한 사람인지를 판단하는 것이다. 그래서 본인이 그런 사람이라면 Y(Young), 그렇지 않은 사람이라면 O(Old)로 평가하면 된다. 장사를 잘 하기 위해 배워야 하는 여러 가지 항목들 중엔 아무리 노력해도 배워지지 않는 것들이 있다. 대표적인 것이 요즘 젊은 친구들의 감을 이해하는 것이다. 젊은 소비자들이 좋아하는 디자인은 무엇인지, 그들이 호감을 느끼는 말투는 무엇인지, 그들은 어떤 종류의 상세페이지와 어떤 카피에 더 반응하는지 등을 구분해 낼 수 있는 능력은 실제로 셀러 본인이 그런 나이 대의 사람이거나, 현재 본인이 그런 종류의 삶을 살고 있지 않는 경우라면 아무리 노력해도 쉽게 늘지 않는다. 젊은 고객층이 주요 구매 대상인 상품을 이런 종류의 감이 전혀 없는 셀러가 판매하는 것은 거의 불가능한 일이다. 또한 젊은 층을 이해하지 못하는 셀러는 젊은 층이 주로 활동하는 SNS에 아무리 시간과 돈을 들여 공부해도, SNS를 운영하는 매뉴얼만 배울 뿐, 어떻게 SNS을 활용해서 장사를 하는지까진 결코 배울 수 없다. 그래서 셀러는 본인 스스로가 소비자인 카테고리의 상품을 본인이 익숙한 플랫폼에서 팔아야 하는 것이다.

이처럼 장사 MBTI는 총 네 가지 변수로 구성된다. 그러므로 셀러는 총

4×4, 즉 16가지의 유형중에서 자신이 어디에 속하는지를 구분할 수 있게 된다.

BPAY	BPAO	BPEY	BPEO
BGAY	BGAO	BGEY	BGEO
RPAY	RPAO	RPEY	RPEO
RGAY	GRAO	RGEY	RGEO

1 BPAY

감성적으로 전문성 있는 상품 카테고리가 있고, 젊은 소비 감성을 가졌지만 돈이 급한 셀러이다. 이런 셀러는 감성적 포지셔닝이 강한 상품을 해외 구매대행으로 팔면서 샵포지셔닝 브랜드의 구색을 늘려가는 방법으로 장사를 시작하는 것이 좋다. 그 이후엔 1688이나 이우 도매시장을 통해 나만의 상품을 하나 둘씩 늘려가는 방법을 통해 샵포지셔닝을 진하게 만들어가며 단골 고객을 확보하고, 어느 정도 장사에 자신이 생긴 시점부턴 공장 소싱을 통해 앵커상품을 상품 브랜드로 터트리는 것이 좋다. 당장은 자본이 넉넉치 않은 상황이므로 사업 초기엔 와디즈나 텀블벅같은 펀딩사이트를 이용하는 것도 좋다.

2 BPAO

감성적으로 전문성 있는 상품 카테고리는 있는데, 소비 감성이 올드하고 돈이 급한 셀러이다. 감성적 제품에 대한 전문성은 있으나 막상 해당 상품을 소비해 줄 젊은 소비층을 알지 못하니 답답한 상황이다. 이런 상황의 셀러가 급하게 돈을 벌려고 하면 크게 실패하기 쉽다. 그래서 이런 셀러가 장사를 할 때 서두르지 말고 본인이 전문성을 가진 상품 카테고리에서부터 천천히 진행하는 것이 좋다. 돈이 없으니 소싱도 1688이나 이우에서 감각적인 상품 위주로 소량씩 사오고 자사몰, 인스타를 운영하면서 팬들도 천천히 모으고, 오프라인 위탁 판매도 병행하면서 어느 정도 소비층을 이해했다고 판단되는 무렵부턴 버티컬 플랫폼이나 네이버 스마트스토어에 입점하면서 소싱하는 상품의 수량과 구색도 늘려가며 사업의 규모를 천천히 키워간다. 다만 브랜드 전개는 해당 상품의 경우 젊은 층의 감을 이해하는 것이 필수이기 때문에 다소 진행이 어렵다고 판단된다. 규모 있는 메이커 정도가 지금 상황에서 기대해 볼 수 있는 미래의 청사진이 아닐까 싶다.

3 BPEY

이성적으로 전문성 있는 상품 카테고리가 있으며, 소비 감성은 젊은데 돈이 급한 셀러이다. 큰 초기 자본 없이 젊은 감성이 무기가 될 수 있는 대표적인 비즈니스 모델은 구매대행 반자동과 수동모델, 그리고 와디즈같은 펀딩 플랫폼이다. 상품 소싱을 하더라도 초반엔 재고 부담이 없는 1688 사입으로 시작하는 게 좋고, 이우 시장은 가성비적인 측면에서 경쟁력을 갖추고 있는 이성적인 상품을 소싱하기 어렵기 때문에 과감하게 패스한다.

향후 자본 여유가 생기는 시점에 캔톤페어를 통해 이성적 카테고리에서 상품 브랜드가 될만한 상품을 소싱해서 브랜드에 도전하는 것이 좋다. 본인이 가지고 있는 젊은 감성의 인스타그램 능력도 해당 상품을 브랜드로 키워가는 데 있어 도움이 될 것이다.

4 BPEO

이성적으로 전문성 있는 상품 카테고리는 있는데, 소비 감성이 올드하고 돈이 급한 셀러이다. 나이 든 소비자를 공략할 수 밖에 없는 상황이기 때문에 쿠팡 판매를 주 타겟으로 생각해야 한다. 하지만 돈이 없기 때문에 초반부터 공장 소싱을 하기 어렵다. 1688에서 소싱한 상품은 쿠팡에서 팔기 어렵기 때문에 힘들더라도 이우 시장을 뒤져서 쿠팡에서 팔릴만한 가성비 좋은 상품을 소싱해야 한다. 그러다 자본이 모여 여유가 되는 시점에 캔톤페어를 가서 파괴력있는 BTR 상품을 소싱해야 한다. 단 감성이 올드하기 때문에 브랜드 전개는 현실적으로 어렵다. 대신 본인의 올드한 감성이 오히려 협상적 차원에서 무기가 될 수 있는 해외 브랜드 상품 수입이나 브랜드 국내 독점 유통 쪽이 자신의 장점을 발휘할 수 있는 비즈니스 옵션이 될 수 있다고 판단된다. 자본의 여유가 생기면 해외 브랜드 라이센싱 또한 도전해 볼만한 분야이다.

5 BGAY

소비 감성은 젊은데 특별히 전문성 있는 상품 카테고리도 없고 돈도 급한 셀러이다. 막연한 경제적 독립을 꿈꾸는 젊은 아티스트 스타일의 셀러라고 봐도 무방하다. 불행히도 이런 유형의 셀러는 장사에서 가장 중요한 상품 전문성을 가지고 있지 않고, 돈도 없기 때문에 위탁이나 리셀, 대량구매대행 이외엔 딱히 경쟁력을 갖출 수 있는 비즈니스 모델을 찾기 어렵다. 방법이 있다면 주변에서 누군가 본인이 가지고 있지 않은 자본과 상품 전문성을 채워 줄 동업자나 서포터를 찾는 것이다. 이렇게 외부의 도움을 받아 경쟁력을 갖춘 상품을 확보할 수 있다면 이후 본인의 젊은 감성을 활용해 그 상품들을 브랜드로 키워가면 된다.

6 BGAO

감성은 아티스틱한데 전문성 있는 상품 카테고리가 없고, 소비 감성도 올드하고 돈도 급한 셀러이다. 이 경우는 바로 전 상황보다 장사의 미래가 더 암울한 경우이다. 주변에서 누군가 자본을 대주고 상품 선정까지 도와준다고 해도 BTR 이외엔 본인이 그 상품을 풀어 갈 방법이 없기 때문이다. 이런 셀러는 여러 강의들을 통해 쿠팡, 네이버 장사를 어뷰징을 포함해서 최대한 깊이 있게 배운 후, 이우 시장같이 소량으로 상품을 구매할 수 있는 곳에서 상품을 소싱해서 파는 것을 추천한다. 이후 만일 주변에서 자본적인 도움을 받을 수 있다면 소싱처만 공장으로 교체하고 어설픈 브랜드 런칭을 시도하는 것 보다는 본인이 잘 할 수 있는 쿠팡, 네이버 판매에 계속 매진하는 것이 좋다.

7 BGEY

돈은 급하고 전문성 있는 상품 카테고리도 없는데, 일하는 방식은 이성적인 젊은 셀러이다. 사실 이런 성향을 가진 사람은 대부분 장사에 취미가 없는 경우가 많다. 이런 경우엔 장사를 시작할 생각을 가지기보단 직장에 취직해서 조직으로부터 인정받는 길이 더 현명한 선택이라고 판단된다. 굳이 장사를 하려면 대량 구매대행이 적당하고, 동시에 꾸준히 한 분야에서 본인의 전문성을 키워가며 제대로 된 장사를 할 수 있을 때가 오기를 기다리는 것이 좋다. 이성적인 부분이 남들보다 발달한 경우이므로, 상품 선정도 이성적 난이도가 있는 분야, 인증이 어렵거나, 특별한 기술이 들어가 있는 제품이 유리하다고 생각된다.

8 BGEO

돈은 급하고 전문성 있는 상품 카테고리도 없는데, 일하는 방식은 이성적인 올드한 셀러이다. 이 경우는 나이가 많아 취직을 하기도 어려운 케이스이다. 돈도 없고 나이도 많아 취직이 어려우니 장사라도 해야 먹고 살 것 같은데 막상 전문 분야도 없고 장사에 대한 감도 없다 보니 장사로 성공하기도 녹녹치 않은 경우이다. 사실 이 유형이 지금 장사를 꿈꾸는 우리나라 대부분의 아저씨, 아줌마들의 전형적인 모습이다. 나이가 많고 감도 없어 구매대행조차 이들에겐 대안이 되지 못한다. 그럼에도 굳이 장사를 하겠다면 그나마 이성적 부분에선 나름 경쟁력이 있다 보니 키워드 분석 등을 통해 충분한 국내 시장조사를 통해 소싱 후보 상품들을 고른 후 이우 시장이나 캔톤페어같은 박람회를 가서 후보 상품과 유사한 상품을 찾아 해당 상품 카테고리에서 전문성이 있는 주변 사람들에게 상품을 검증해 달라고 부탁을 해서 본인의 자본 수준에 맞는 수량으로 제품을 수입을 한 후, 쿠팡이나 네이버에서 보따리로 장사를 시작하는 방법을 추천한다.

9 RPAY

자본적 여유가 있고 감성적으로 전문성 있는 카테고리가 있는 젊은 셀러이다. 이런 유형은 금전적으로 여유 있는 사모님이나 장사를 부업으로 삼고 싶어 하는 젊은 직장인들 사이에서 흔히 볼 수 있다. 감각이 젊기 때문에 브랜딩에서 경쟁력을 발휘할 수 있지만, 문제는 본인의 전문성이 감성적인 분야에 있다 보니 브랜드를 만들만한 상품을 선정하는 부분에서 곤란을 겪게 된다. 감성적인 영역에선 아주 특별히 세련되거나 부티나는 상품이라야 브랜드가 되기 용이한데, 이런 분야에서 브랜드가 되기 위해선 홈데코나 의류, 잡화처럼 대부분 여러 상품들이 구색있게 모여 있는 형태의 샵브랜드로 접근해야 하기 때문이다. 이런 카테고리는 경쟁도 심하고 무엇보다 상품 구색을 갖추기 위해 많은 자본이 투입되어야 하기 때문에 초보 셀러가 도전하기엔 적합하지 않은 분야이다. 결과적으로 상품브랜드가 될 수 있는 카테고리 중에서 이런 성향을 가진 개인 셀러가 본인의 장점을 발휘할 수 있는 카테고리는 가구와 의료, 식품 카테고리로 압축된다. 그래서 이런 성향의 셀러는 아티스틱하고 젊은 본인의 장점을 한껏 발휘해 박람회에서 경쟁력 있는 가구, 의료기기, 식품 카테고리 제품을 소싱한 후, 인스타 마케팅을 통해 꾸준히 성장시킨다면 향후 브랜드로 성장할 가능성이 크다고 본다.

10 RPAO

자본적 여유가 있고 감성적으로 전문성 있는 카테고리는 있는데, 소비 감성이 올드한 셀러이다. 돈도 있고 브랜드가 될 조건을 가진 상품도 고를 수 있는데 안타깝게도 소비 감성이 올드해서 브랜드가 되기 어려운 경우이다. 감성적인 경쟁력을 갖춘 제품은 샵 브랜드의 영역에선 그 힘을 발휘할 수 있지만 상품 브랜드로선 큰 매출을 일으키기 어렵다. 그래서 이런 성향을 가진 셀러는 상품 소싱을 보수적으로 접근해야 한다. 셀러가 전문성을 가진 감성적 상품성을 갖춘 상품은 쿠팡, 네이버에서 큰 매출을 올리기 어렵기 때문이다. 이런 셀러는 공장 소싱보단 이우 시장이나 1688에서 세련되고 부티나는 상품을 소량씩 사와 판매하는 것이 좋다. 단 운이 좋으면 무역 박람회에서 특정 금액 이상만 주문하면 아이템당 최소 주문 수량(MOQ) 없이 여러 종류의 상품을 소량씩 구매할 수 있는 조건을 가진 공장을 만날 수 있는데, 이런 조건을 가진 공장을 만난다면 특정 스타일의 상품들을 모아서 파는 샵 브랜드의 형태로 브랜드에 도전해 볼 수 있을 것이다.

11 RPEY

자본적 여유가 있고 이성적으로 전문적인 카테고리가 있는 젊은 셀러이다. 16개의 장사 MBTI 유형중 장사로 성공하기 가장 유리한 타입이다. 대부분의 성공한 젊은 창업가, 성공한 브랜드를 만든 파운더들이 이 유형에 속한다. 이들은 어떤 종류의 장사를 해도 크게 성공할 수 있는 조건을 가지고 있다. 그렇기 때문에 이런 유형을 가진 셀러는 서두르지 말고 본인이 제일 잘 할 수 있는 아이템을 신중하게 선택해 실수없이 한 번에 큰 성공을 거둘 수 있도록 노력해야 한다. 비극은 이렇게 크게 성공할만한 조건을 모두 갖춘 셀러가 애초에 장사의 길을 잘못 들어 구매대행이나 1688소싱같은 장사를 하며 아까운 시간과 기회를 낭비하는 경우이다. 그렇게 의미 없는 장사에 수년간 시간을 낭비하다 보면 본인도 나이가 먹고 감이 떨어져 경쟁력을 잃는 시점에 이르기도 한다. 그래서 본인이 이런 조건을 가진 셀러라면 이 책에서 이야기하고 있는 브랜드가 되는 길을 잘 따라 배워서 국내는 물론 여러 해외 국가에까지 수출 가능한 규모 있는 브랜드를 만드는 데 노력해야 할 것이다.

12 RPEO

자본적 여유가 있고 이성적으로 전문적인 카테고리는 있는데, 소비 감성이 올드한 셀러이다. 브랜드가 될만한 상품성을 가진 제품을 고를 줄도 알고, 공장 소싱을 통해 해당 제품을 대량으로 소싱할 수 있는 경제적 조건까지 갖췄는데, 막상 이 상품을 브랜드화 시킬 수 있는 후반 마케팅 작업에 경쟁력이 없는 경우이다. 이런 조건을 갖춘 셀러에겐 두가지 장사의 옵션이 있다. 브랜드를 과감하게 포기하고 해당 제품을 쿠팡, 네이버에서 규모있는 보따리, 메이커로 팔아 큰 매출을 도모하는 것이다. 이성적 상품력을 가진 가성비 좋은 상품은 쿠팡에서 제대로 터지면 월 매출액이 수 억원이 넘는 경우가 비일비재하다. 그래서 브랜드를 포기할 결정을 빠르고 과감하게 해야 한다. 아무리 브랜드가 될만한 경쟁력있는 상품을 소싱한다 해도 본인이 취약한 브랜딩의 영역에선 시간만 낭비할 수 있기 때문이다. 만일 이런 조건을 가진 셀러가 꼭 브랜드를 런칭하고자 한다면 반드시 그런 역량을 가지고 있는 직원을 채용하거나, 브랜딩을 제대로 이해하고 있는 마케팅 대행사를 쓰는 등 주변의 도움을 적극적으로 받아야 한다.

13 RGAY

자본의 여유는 있는데 전문성 있는 상품 카테고리가 없고, 감성은 아티스틱한 젊은 셀러이다. 집에 돈이 많거나 다른 업종에서 돈을 많이 벌었다든지, 연봉이 높은 좋은 직장을 다니는, 소비 취향면에선 평범하지만 낭만적 성향을 가진 젊은이가 장사에 뛰어드는 경우이다. 즉 돈도 많고 감성도 풍부한데 막상 뭐하나 전문적으로 내세울 만한 상품 카테고리가 없는 경우이다. 돈이 많다 보니 쇼핑을 할 때도 유명 브랜드 위주로만 사게 되고, 그 결과 실제 개인 셀러가 도전해 볼 법한 신규 브랜드 시장에 대해선 막상 무지한 경우가 많다. 이런 셀러는 줄곧 명품만 접해 왔다 보니 눈높이가 너무 높아 막상 캔톤페어에 가도 본인의 감성적 수준에 맞는 상품을 찾기도 어렵다. 그래서 결론적으로 이런 타입은 나만의 브랜드를 런칭하기 어려운 부류라고 봐야 한다. 이런 셀러는 해외의 멋진 브랜드를 국내에 유통시키거나, 만일 이것이 어렵다면 유럽이나 일본 시장의 브랜드 제품들을 반자동, 수동 구매대행 형식으로 판매하는 게 본인의 경쟁력을 발휘하는데 더 적합하다.

14 RGAO

자본의 여유는 있는데 전문성 있는 상품 카테고리가 없고, 소비 감성은 아티스틱한 올드한 셀러이다. 앞서 살펴본 RGAY의 경우는 비록 국내 쇼핑 경험은 적지만 젊고 세련된 감각을 가지고 있어서 세련된 해외 브랜드를 잘 골라 국내에 수입하거나 구매대행 방식으로 판매할 수 있지만, 이 경우는 이미 셀러가 나이가 많기 때문에 본인이 가지고 있는 세련된 감각이 이미 시대에 뒤떨어졌을 수 있다. 이런 셀러가 본인의 소싯적 감각만을 믿고 덜컥 해외 브랜드를 수입했다간 큰 사고가 날 가능성이 높다. 그나마 유행에 덜 민감한 식품, 의료, 가구가 이런 셀러들이 접근 가능한 상품 카테고리가 아닐까 싶다. 하지만 셀러가 올드한 관계로 온라인이나 인스타그램을 활용한 초기 마케팅을 하는 데는 애로사항이 있을 수 있어, 차라리 오프라인 매장을 내거나 다른 오프라인 매장에 본인이 수입한 상품을 위탁으로 입점시키는 등, 다소 전통적인 유통 방법을 모색해 보는 게 더 나을 수도 있다. 혹은 국내에 어느 정도 인지도가 있는 해외 유명 브랜드들을 평소 틈틈이 잘 컨택해서 기존의 국내 에이전시와의 관계가 소원해진 틈을 타서 해당 브랜드의 국내 판권을 따오는 것도 하나의 방법이라고 생각된다.

15 RGEY

자본의 여유는 있는데 전문성 있는 상품 카테고리는 없고, 일하는 방식은 이성적인 젊은 셀러이다. 대표적인 예가 공기업 엔지니어 출신 젊은 셀러이다. 이런 셀러는 본인이 특별하게 남보다 뛰어난 시장 카테고리가 없기 때문에 섣불리 해외 공장에서 상품을 수입해와 팔면 성공률이 떨어진다. 하지만 본인이 가진 이성적 성향과 젊음을 무기로 해외 브랜드 라이센싱에 적극적으로 뛰어들어, 다소 평범해 보이지만 이성적인 카테고리의 상품을 해외 공장에서 소싱한 후 국내 소비자들 사이에서 잘 알려진 해외 브랜드를 붙여 판다면 그 분야에서 탁월한 성과를 낼 수 있다.

16 RGEO

자본의 여유는 있는데 전문성 있는 상품 카테고리가 없고, 일하는 방식은 이성적인 올드 셀러이다. 바로 이전 셀러와 차이가 있다면 셀러가 올드하다는 것이다. 정년 퇴직한 엔지니어 출신 셀러 정도로 생각하면 이해하기 편할 것이다. 이 경우는 자본이 여유 있다는 점을 빼고는 사실 장사 분야에서 경쟁력을 가질만한 마땅한 부분이 없다. 앞서 BGEO 성향을 가진 셀러는 자본 또한 많지 않아 주변의 도움을 받아 이우 시장이나 1688같은 곳에서 본인의 이성적 성향과 맞는 상품을 소량씩 소싱해서 차차 시장감을 키우는 것이 좋다고 설명했지만, 자본의 여유가 있는 RGEO 성향의 셀러는 그런 소소한 장사 따위엔 큰 관심을 가지기 어렵다. 그렇기 때문에 이런 성향을 가진 셀러는 무리해서 장사에 뛰어드는 것보다는, 차라리 이성적인 분석력과 연륜이 경쟁력이 될 수 있는 부동산 투자나 주식 투자 쪽에 관심을 가지는 것이 더 올바른 방향이 아닐까 조심스럽게 판단해 본다.

여기서 한가지 간과해선 안 될 것은, 앞서 설명한 장사 MBTI를 구성하는 네가지 요소들은 시간이 흐르면서 그 내용이 바뀔 수 있다는 점이다. 개인의 자본 상황도 바뀔 수 있고 나이도 점점 먹게 마련이다. 그렇기 때문에 장사 MBTI는 현재 시점에서 각 셀러가 처해 있는 상황에 맞는 비즈니스 모델일 뿐이지, 그 내용이 영구적이고 절대적인 것은 아니다. 다만 셀러의 성향 만큼은 시간이 흐르고 환경이 바뀌어도 쉽게 변하기 어려운 부분이므로, 이 점을 잘 참고해서 각자 본인이 처한 상황에 맞는 가장 적합한 비즈니스 모델을 선택해 거기에 최선을 다하기 바란다.

3) 12가지 비즈니스 인사이트

장사의 숨은 지혜

　장사로 크게 성공한 사람에게 성공의 원인을 물어보면, 대부분 운이 좋았다는 말을 많이 한다. 하지만 시간이 더 지난 후 자신의 성공을 뒤돌아 보면, 그것이 비단 운 때문만은 아니었다는 것을 뒤늦게 깨닫는 경우가 많다. 이처럼 당시엔 뭐라 꼬집어 말할 수 없지만, 성공에 큰 영향을 끼쳤던 중요한 이유들을 나중에서야 비로소 깨닫게 되는 것을 우리는 한 분야에 지혜 혹은 인사이트가 생겼다고 말한다. 그래서 장사를 처음 시작하는 개인 셀러들이 이런 인사이트들을 조금이라도 미리 접하게 된다면 본인이 치러야 할 여러가지 시행착오들을 미리 예방할 수 있고, 보다 효율적인 장사의 플랜을 짤 수 있게 될 것이다. 이런 배경에서 지금부터는 저자가 지난 24년간의 실무 경험을 바탕으로 얻은 장사와 관련된 여러 가지 소중한 인사이트들을 여러분들과 공유해 보려고 한다.

장사는 불공평한 게임이다

　그것이 뭐든 간에, 한 분야에서 오랜 경험과 연륜을 쌓은 사람이라면 공통적으로 얻게 되는 한가지 깨달음이 있는데, 그것은 열심히 노력한다고 해서 모두가 원하는 성과를 얻을 순 없다는 사실이다. 학교에선 누구나 노력만 한다면 성공할 수 있다고 가르치지만, 저자의 지난 24년간 장사 경험을 돌이켜 볼 때 장사는 결코 모두에게 공평한 게임이 아니라는 결론에 이르게 되었다. 공평하지 않다는 의미는 공정하지 않다는 것과는 다르다. 공정하지 않다는 것은 정의롭지 않다는 뜻이다. 그래서 장사는 정의롭되, 다만 그 게임이 벌어지고 있는 땅이 평평하지 않고 어느 한 쪽에게만 유리하도록 불공평하게 기울어져 있다는 것이다. 즉 장사라는 게임의 룰은 누구에게나 공정하게 적용되지만, 플레이어들이 가지고 있는 각자의 조건에 따라 누구에게는 걷기 쉬운 길이 있고, 누구에게는 걷기 어려운 길이 있다는 의미이기도 하다. 다만 장사는 공정하기 때문에 플레이어마다 가진 여러 세부 역량들의 점수는 사람마다 서로 다를 수 있지만 역량을 모두 합친 종합 점수 측면에선 모두가 같은 능력치를 가졌다고 볼 수 있다.

이성적인 면이 강한 셀러는 감성적인 면이 약하고, 돈이 많은 셀러는 절박함이 부족하고, 예쁜 걸 좋아하는 셀러는 끈기가 약하고, 나이가 어린 셀러는 몇 수 앞을 미리 내다 보는 의사결정을 하지 못하고, 직관적인 면이 강한 셀러는 숫자를 꼼꼼하게 분석하는 일을 견디지 못한다. 그래서 이 세상엔 모두를 다 가진 사람도 없고, 반대로 아무 것도 못 가진 사람도 없는 것이다. 본인이 어느 한 분야에 부족한 면이 있다면 반드시 어딘가엔 남보다 뛰어난 면이 있기 마련이다.

모두가 추구하는 성공한 장사의 모습은 동일하다. 시간이 갈수록 더 큰 돈이 벌리는 안정적인 시스템을 만드는 것이다. 하지만 그 성공에 이르기 위한 길은 무수히 많이 존재한다. 그렇기 때문에 장사에서 가장 중요한 것은 셀러 스스로가 성공에 이르기 위해 본인에게 가장 유리한 길을 선택하는 것이다. 누구에겐 어려운 길이 또다른 누구에겐 쉬운 길이 될 수 있다.

그렇기 때문에 장사는 누구라도 성공할 수 있는 공정한 게임이지만, 동시에 아무나 성공할 수 없는 불공평한 게임인 것이다.

장사에 있어 셀러가 가진 조건을 우열적 개념으로 생각하기 쉽다. 물론 자본의 크기나 상품을 잘 고르는 역량, 마케팅 역량이나 브랜딩 감각, 인맥, 외국어 능력같은 조건들은 우열적 개념으로 평가될 수 있는 것들이다. 하지만 본인이 이성적이냐 감성적이냐, 귀납적이냐 연역적이냐, 젊으냐 늙으냐와 같은 조건들은 어떤 게 더 유리하고 불리한지를 따질 수 있는 성질의 개념이 아니다. 이것은 장사에 있어 스스로에게 더 유리한 길을 선택할 수 있게 만들어 주는 개인의 성향일 뿐이다. 그렇기 때문에 비록 절대적 조건 면에선 다소 불리한 여건을 가지고 있는 셀러일지라도, 자신이 남보다 뛰어난 상대적 성향을 십분 발휘할 수 있는 종류의 장사를 선택한다면 스스로 경쟁에서 이길 수 있는 조건을 갖출 수 있게 되는 것이다.

그렇기 때문에 대량 구매대행 장사에선 아무 것도 가지지 못한 자의 불굴의 끈기와 잔머리를 이기지 못하고, 쿠팡 보따리 장사에선 감각은 없지만 순발력 있고 요령 많은 셀러를 이기지 못하고, 네이버 스마트스토어에선 장사 재미, 매출 자체에 푹 빠져 있는 셀러들의 집요함을 이기지 못하고, 아마존에선 제공된 매뉴얼을 곧이 곧대로 따라하는 고리타분한 미국적 정서에 익숙한 너드(NERD)스러운 셀러들을 이기지 못하는 것이다.

장사는 까다로운 사람이 성공한다

개인이 가진 성향 중에 장사를 잘 하기 위해 절대적으로 유리한 것이 하나 있다면 그것은 바로 특정 분야에 대한 '까다로움'이다. 까다롭다는 건 사회적으론 부정적으로 평가되는 성향이지만, 장사를 할 때는 특정 분야에 대해 본인이 가지고 있는 까다로움은 경쟁자들을 압도할 수 있는 본인의 핵심 역량이 될 수 있다. 까다롭다는 건 본인의 평가 기준, 즉 눈높이가 남들보다 높다는 뜻이기 때문이다. 그래서 까다로운 사람들은 본인 눈높이에 못 미치는 상황이나 대상에 대해 일반인들보다 더 부정적인 느낌을 가지게 되는 것이다. 이 부정적 느낌이 사회적으로 표출되었을 경우엔 다른 사람들에게 불쾌감을 주지만, 이 불쾌감이 본인이 판매할 상품을 선정하거나 판매할 때에는 엄청난 경쟁력을 발휘하게 된다.

자신이 특정 분야에 있어 남들보다 까다롭다는 뜻은 자신이 대중들보다 그 분야에 대한 우성적 측면이 그만큼 더 개발되어 있다는 의미이다. 선진국에 사는 사람이 인도 같은 나라에 가면 그 나라 사람들은 당연히 여기는 위생 기준에 대해 더 까다로운 반응을 하게 된다. 그래서 까다롭다는 개념은 시대와 장소에 따라 달리 정의되는 것이다. 장사의 기본적인 원리가 시대와 장소의 차이를 통해 발생하는 서로 다른 집단 간의 소비 수준 격차에서 비롯된다는 점을 생각해 보면 까다로운 성향이 왜 장사에서 경쟁력으로 작용될 수 있는지를 쉽게 이해할 수 있을 것이다.

까다로움은 상품 선정 과정을 비롯해 장사의 거의 모든 분야에 있어서 경쟁력으로 작용한다. 다른 사람의 말투에 대해 유난히 까다롭게 구는 사람은 커뮤니케이션 감각이 일반인에 비해 발달된 경우가 많다. 남보다 높은 커뮤니케이션 감각으로 인해 형성된 자신의 기대치가 그만큼 더 높기 때문에 그 기준에 못 미치는 타인의 언행에 더 예민하게 반응하게 되는 것이다. 이런 사람은 고객을 대상으로 하는 여러 브랜드 커뮤니케이션 활동에서 남보다 높은 퍼포먼스를 발휘할 수 있다. 입맛이 까다로운 사람, 소음에 까다로운 사람, 옷의 소재에 까다로운 사람처럼 특정 카테고리에 대해 까다로운 성향을 가지고 있는 사람은 상품 선정 과정에도 탁월한 경쟁력이 있지만, 향후 상품을 판매할 때도 해당 제품에 대한 이해도가 남다르기 때문에 경쟁자들보다 인사이트 있는 관점으로 제품의 장점을 풀어 설명할 수 있게 된다. 그래서 본인이 남들보다 더 전문성이 있는 상품 카테고리가 무엇인지 판단하기 어려운 셀러들은 평소에 본인이 어떤 분야, 어떤 상품 카테고리에 있어서 남들로부터 까다롭다는 소리를 듣는지를 먼저 살펴봐야 한다.

진입장벽이 있는 상품을 팔아야 한다

본인에게 유리한, 불공평한 장사를 한다는 의미는 결국 내가 가진 조건을 가지지 못한 경쟁자들이 나를 넘어서지 못하게 만드는 진입장벽이 존재하는 장사를 선택한다는 의미이다. 이렇듯 셀러는 항시 진입장벽이 존재하는 곳 안에 터를 잡아야 하고, 이후에도 계속해서 적들이 장벽을 넘어오지 못하도록 진입장벽을 더 높고 두텁게 만드는 작업을 멈추지 않아야 한다.

장사에 있어 가장 손쉽게 진입장벽을 만들 수 있는 방법은 남들이 쉽게 소싱하지 못하는, 혹은 대다수가 그렇게 느끼고 있는 상품을 파는 것이다. 예를 들어 비용과 시간이 많이 드는 수입 인증을 필요로 하는 상품, 소싱처를 찾기 어려운 상품, 특허를 가진 상품, 보관이나 배송, 설치, AS (After Service)등을 필요로 하는 상품들이 여기에 속한다. 이런 상품들은 얼핏 보기에 일반인들이 쉽게 접근하기 어려워 보이기도 하고 실제로도 그 과정이 까다로울 수 있지만, 일정 수준 이상의 시간과 비용을 투자해 일단 해당 상품을 소싱하기만 하면 그것이 탄탄한 진입장벽으로 자리잡아 이후 남들보다 훨씬 수월하게 장사를 할 수 있게 된다. 그래서 장사 경험이 어느 정도 있는 셀러들은 오히려 이런 소싱 난이도가 있는 제품을 더 선호하게 되는 것이다.

그렇기 때문에 브랜드 런칭을 생각하고 있는 셀러라면 본인이 소싱하려고 하는 상품이 설령 소싱 난이도가 있더라도 지레 겁부터 먹지 말고 차분하게 관련 내용을 구체적으로 알아 볼 필요가 있다. 대부분의 경우 겉으로 보기에 소싱하기 어려워 보이는 상품도 실상 그 내용을 제대로 알아 보고 나면 별 게 아닐 때가 많기 때문이다. 요즘처럼 세계 어느 나라도 마음만 먹으면 갈 수 있는 시대엔, 소싱처를 찾기 어려워 보이는 상품들도 조금만 시간을 들여 세계 곳곳에서 열리는 무역박람회에 방문해 보면 유사 상품을 만드는 공장들을 쉽게 찾아 낼 수 있다. 수입 인증의 경우도 대부분 인증비가 비싼만큼 그만큼 해당 상품 판매를 통해 얻는 기대 수익이 큰 경우가 많기 때문에, 정작 인증비 때문에 수익이 안 나는 경우는 없다고 봐야 한다. 보관, 배송, 설치, AS 이슈가 있는 상품들도 시장조사를 조금만 해보면, 그런 서비스들을 대행해 주는 업체들이 이미 국내에 많이 존재한다는 사실을 알게 될 것이다. 그래서 상품 소싱을 할 땐 기존에 가진 선입견으로 인해 섣부른 의사 결정을 내리지 말고, 여러 경로를 통해 관련 내용을 구체적으로 알아 보는 것이 좋다.

극과 극의 법칙

앞서 우리는 셀러 본인이 가진 역량을 경쟁력 있게 발휘하기 위해선 자신에게 유리한, 즉 기울어진 운동장에서 장사를 해야 한다고 했는데, 만일 상품 소싱의 필드가 본인과 어울리는 않는 의외의 장소에서 벌어진다면 이 효과는 더욱 극대화 된다. 예를 들어 오랜 외국 경험을 통해 세련된 상품 소싱 감각을 가지고 있는 젊은 여성 셀러는 자신의 경쟁력을 발휘 할 수 있는 장사의 필드로 패션이나 홈데코 카테고리를 선택할 확률이 높을 것이다. 물론 이 여성 분이 해당 필드에서 본인의 장점을 잘 활용한다면 어느 정도 수준 이상의 성과를 얻을 순 있겠지만, 그 곳에는 이미 본인과 비슷한 배경과 경쟁력을 가진 다른 셀러들 역시 많이 존재할 가능성이 높기 때문에 향후 이들과의 치열한 경쟁을 피할 순 없을 것이다. 하지만 만약 이 여성분이 본인의 세련된 감각이 경쟁력으로 작용할 수 있는 의외의 카테고리, 예를 들면 건강 가전이나, 청소용품, 위생용품, 혹은 성인용품 카테고리를 선택한다면 그곳은 세련된 것과는 무관한 셀러들이 대다수를 이루고 있을 것이기 때문에, 그 여성 셀러는 그곳에서 독보적인 존재로 자리매김을 할 수 있게 될 것이다. 셀러의 경쟁력 측면을 놓고 볼 때, 패션이나 홈데코 필드에선 평범할 수 있었던 셀러가 의외의 카테고리에선 특별한 존재가 될 수 있는 것이다. 자신의 나라에선 평범했던 프랑스인이 한국에 오면 잘 나가는 프랑스어 강사가 될 수 있듯이, 이처럼 본인의 경쟁력은 자신이 위치한 장소에 따라 변하는 것이다.

소싱 환경이 열악한 광저우 도매 시장, 동관 가구 시장, 이우 시장, 혹은 환경이 낯선 인도 박람회, 베트남 박람회 같은 곳에선 자본적으로 풍요로우면서 감각이 세련된 셀러들을 좀처럼 보기 어렵다. 중국의 지저분한 도매시장에서 상품을 소싱하는 분들은 대부분 보따리 장사를 하는 영세 셀러인 경우가 많고, 인도, 튀니지 같은 오지의 장소에서 만나는 셀러들 역시 이국적인 라이프스타일을 추구하는 영세한 셀러분들이 대부분이다. 항시 그럴 법한 사람들이 그럴 법한 소싱처에서 고만 고만한 상품들을 사 와서 팔다 보니 결국 시장에서도 비슷한 부류의 사람들끼리 비슷한 상품을 놓고 경쟁을 하게 되는 것이다. 시장 파괴는 자본력 있고 세련된 감각을 가진 셀러가 지저분한 오지의 소싱처에서 상품을 소싱할 때 일어나게 된다. 미국의 OneKingslane, 일본의 F.O.B COOP 같은 유명 브랜드들 역시 자본력 있고 세련된 개인 셀러가 인도 같은 오지의 소싱처에서 상품을 소싱하면서 크게 성공한 사례이며, 이 외에도 최근 눈에 띄게 성장하고 있는 많은 개인 셀러 브랜드들 중에도 이처럼 웬만한 셀러들은 평생 가지 않을 것 같은 오지의 소싱처에서 소싱한 상품으로 해당 카테고리에서 강력한 경쟁력을 갖추게 된 경우를 자주 볼 수 있다.

일을 잘하는 방법

일을 남보다 잘하기 위해선 두 가지 종류의 능력을 필요로 한다. 첫째는 주어진 옵션들 중 최선의 것을 선택해서 그것에 집중하는 능력이고, 둘째는 주어진 옵션들을 조합, 보완하거나 전에 없던 새로운 옵션을 새롭게 만들어 내는 능력이다. 첫번째 과정은 이성적인 분석이 필요한 영역이고 두번째 과정은 창의력, 즉 아이디어를 필요로 하는 영역이다. 그런데 이성적 분석은 열심히 노력만한다면 잘 할 수 있는 부분이지만, 아이디어는 노력만으론 해결될 수 있는 것이 아니다. 아이디어는 장시간 책상에 앉아 고민한다고 해서 짜낼 수 있는 것이 아니기 때문이다. 아이디어는 짜낸다고 나오는 게 아니라 스스로 불현듯 떠오르는 것이다. 그렇기 때문에 아이디어를 얻기 위해선 아이디어가 스스로 떠오를 수 있는 환경을 조성하는 것이 중요하다.

좋은 아이디어가 잘 떠오르게 하기 위해선 무엇보다 먼저 충분한 양(Quantity)과, 양질(Quality)의 정보가 머리 속에 입력되어야 한다. 그리고 충분한 정보가 입력되었다면, 각자 과거의 경험을 반추해서 본인이 주로 어떤 환경에 처했을때 아이디어가 잘 떠올랐는지를 기억해 내, 본인 스스로를 그와 유사한 조건을 가진 환경으로 이동시키는 과정이 필요하다. 물론 이런 환경 조건은 사람마다 다르겠지만 대부분의 경우는 책상 앞에 앉아 머리를 싸매고 있을 때보단 일상적인 업무 루틴에서 벗어나 전혀 다른 일을 하고 있을 때 예를 들면 운전을 하거나 길을 걷거나 혹은 샤워를 하고 있을 때, 생각지도 않았던 아이디어가 떠오르는 경우가 많다.

이같은 인간의 뇌 작용에 대해선 이미 많은 과학적 연구가 이루어지고 있는데, 아이디어란 기존 개념들의 재조합이나 변형의 형태로 새로운 개념을 만들어내는 것이기 때문에 인간의 뇌는 기존의 익숙한 개념에 깊게 몰입되어 있을 때는 그 범위를 벗어나는 새로운 생각을 해내기 어렵다는 것이다. 그래서 새로운 아이디어를 떠올리기 위해선 필연적으로 외부의 자극이 필요하고, 이런 자극을 얻기 위해 예로부터 많은 사람들이 산책을 하고, 예술 작품을 감상하고, 낯선 환경의 여행지로 휴가를 떠나곤 했던 것이다. 실제로 아이디어를 도출하는 능력이 자신들의 핵심 역량으로 작용하는 광고 대행사들 중에서도 직원들이 좋은 아이디어를 쉽게 떠올릴 수 있도록 업무 시간의 일부를 할애해서 강제적으로 일과 거리를 두는 시간을 갖게 하는 곳도 많다.

그렇기 때문에 우리가 일을 더 잘하기 위해선 책상 앞에 앉아서 하는 일과, 사무실을 벗어나 외부 자극을 통해 새로운 아이디어가 떠오를 수 있는 환경 속에서 하는 일을 병행해야 한다. 물론 일과 관련된 사전 정보가 충분히 입력되지 않은 상태에서 밖으로만 나돌아 다니는 것은 말 그대로 노는 것에 불과하겠지만, 본인이 해결해야 할 과제들이 무엇인지 정확히 인지하고 있고 그것에 필요한 정보가 머리 속에 충분히 입력되어 있는 경우라면 비로소 생산적으로 놀 수 있는 준비가 된 것이다. 이런 조건을 갖춘 상태에서 잠시 머리를 비우고 편하게 휴식을 취하거나 색다른 환경 속에 스스로를 일정 시간 노출시키다 보면, 자신도 모르게 당면한 문제를 해결할 수 있는 번뜩이는 아이디어가 머리 속에 떠오르는 경험을 하게 될 것이다. 그래서 '아이디어는 준비된 자에게 불현듯 주어지는 행운'과도 같은 것이다.

환경을 이용하는 방법

환경을 바꾸는 것은 비단 아이디어가 잘 떠오르는 효과 뿐 아니라 일의 전반적인 능률 향상적 측면에도 큰 영향을 끼친다. 혹자는 한 인간의 운명을 결정짓는 요소가 네 가지 있다고 하는데, 그것은 사주팔자, 유전적 성향, 본인의 의지, 그리고 나머지 하나가 환경이라고 한다. 처음 두가지 부분은 본인이 아무리 노력해도 바뀌지 않는 부분이지만, 나머지 두 개는 본인의 의지에 따라 충분히 바뀔 수 있는 부분이다. 그래서 개인이 어떤 특정한 목표를 달성하기 위해선 무조건 노력만 할 것이 아니라, 본인이 목표를 달성하는데 있어 더 도움이 되는 방향으로 의지를 발휘해 환경을 바꿀 필요가 있다.

개인을 둘러싼 환경에는 장소와 사람, 두 가지가 있다. 우리는 어릴 적부터 공부는 정해진 장소에서 해야 한다는 고정된 사회적 관념에 젖어 있기 때문에, 일을 할 때도 전통적인 모습을 갖춘 사무실 안에서 해야 한다고 생각한다. 물론 그런 사무실 안에서 일을 하는 게 더 능률적인 사람은 상관없겠지만, 만일 본인이 그렇지 않은 경우라면 일을 보다 잘 할 수 있는 환경을 적극적으로 찾아 나서는 것이 더 현명한 일일 것이다. 더더군다나 주변 눈치 볼 필요 없이 언제든 본인 맘대로 의사 결정을 할 수 있는 조건을 가진 개인 셀러라면 사무 환경을 본인이 더 즐겁고 효율적으로 일할 수 있는 방향으로 바꾸는 것이 좋을 것이다.

사무실의 위치 또한 중요하다. 대부분의 개인 셀러들은 비용을 절약하기 위해 주변 환경을 따지지 않은채 값싸고 외진 지역에 사무실을 얻는 경우가 많다. 혼자서 일 하는데 주변 환경은 중요하지 않다는 고정 관념을 가지고 있기 때문이다. 하지만 개인 셀러는 출퇴근에 대한 강제성이 없기 때문에 그만큼 더 사무실의 위치와 환경이 중요하다. 만일 사무실 위치가 출 퇴근할 때마다 교통 체증에 시달리고 주변 환경도 열악한 곳에 있다면 아침마다 출근할 마음이 즐겁긴 어려울 것이다. 아무래도 주변이 온통 지저분한 간판들로 뒤덮힌 장소보단 출퇴근 할 때마다 계절의 변화를 체감할 수 있는, 그래서 점심 식사 후엔 가벼운 산책도 할 수 있는 자연 환경 근처에 위치한 장소라면 더 좋을 것이다. 막상 이런 곳을 알아보면 사무실 밀집 지역보다 임대료가 비싸지 않은 곳도 많고, 혹 임대료가 다소 비싸더라도 개인 셀러 입장에선 좀 더 열심히 일해서 그 이상 더 벌겠다는 마음을 가지고 조금이라도 더 즐겁게 일할 수 있는 장소를 과감하게 선택하는 게 좋다고 본다.

사무실 내부 환경도 마찬가지이다. 개인 셀러들이 일하고 있는 사무실을 가보면 대부분 전형적인 가구 배치의 형태에서 벗어나지 못하고, 그것도 비용을 절약하기 위해 싸구려 사무용 가구들로 대충 구색만 갖춘 경우가 많다. 무조건 좋은 사무실을 얻고 그 안을 비싼 가구로 채우라는 이야기가 아니라, 사무실은 이래야 한다라는 고정 관념에서 벗어나 본인이 보다 더 즐겁게 일할 수 있는 환경으로 사무실 세팅을 바꿔 보라는 뜻이다. 평소에 본인이 선호하는 스타일의 목재 식탁을 업무 책상으로 사용할 수도 있고, 컬러풀한 패브릭 소파와 멋진 러그를 갖다 놓을 수도 있고, 천장에 멋진 샹들리에 조명을 달아도 좋다. 그게 어떤 내용이든 간에 이런 변화를 통해 본인 스스로가 사무실에 더 자주 가고 싶게 되고, 그곳에 더 오래 머물고 싶은 마음이 들 수 있게 만드는 것이 중요하다.

평소에 자주 만나는 사람들 역시 일의 능률과 방향성에 영향을 끼치는 중요한 환경 요소 중 하나이다. 아무래도 사업을 처음 시작하는 초보 셀러들은 일하다 자주 마주치는 주변 사람들 역시 본인처럼 사업을 시작한 지 얼마 안 되는 분들이 많을 수 밖에 없다. 이렇게 매번 초보 셀러들하고만 어울리게 되면, 물론 사업 초기에 겪게 되는 자질구레한 시행착오들에 대해선 서로 도움될 수 있는 이야기를 나눌 순 있겠지만, 다들 비슷비슷한 상황을 겪고 있는 사람들이다 보니 대화 소재가 당장 눈 앞에 있는 일들을 해결하는 것으로 제한된다는 단점이 있다. 본인이 남보다 앞서 나가기 위해선 남보다 그 길을 먼저 가 본 사람, 남보다 몇 걸음 앞서 있는 사람들과 어울려야 장사의 긴 여정 속에 본인의 위치가 어디인지 알 수 있고, 앞으로 본인은 어떤 방향으로 가야 하며, 그러기 위해선 어떤 의사 결정들을 해야 하는지를 배울 수 있는데, 매번 고만 고만한 사람들끼리만 어울리면 당장 서로 위로는 되겠지만, 본인이 성장하는 데는 별 도움이 안 될 수 있다는 것을 알아야 한다. 그래서 사업을 시작하지 얼마 안되는 개인 셀러들은 주변의 크게 성공한 사업 선배들을 자주 만나는 것이 좋다. 사업은 퍼포먼스를 잘 내는 것도 중요하지만 시행착오를 덜 하는 것도 중요하기 때문이다. 이런 측면에서 나보다 먼저 매를 맞아 본 장사 선배들과 만나 자주 이야기를 나누는 것은 초보 셀러에겐 큰 도움이 될 것이다.

낚시대의 원리

사업에 성공한다는 것은 결국 성공에 영향을 끼치는 핵심 변수가 무엇인지를 알고, 그 변수들을 잘 통제하는 것을 의미한다. 그런데 만일 그 변수의 종류가 너무 많거나, 변수들을 통제하기 어려운 상황이라면 어떻게 해야 할까? 이때 필요한 것이 바로 낚시대의 원리이다. 즉 하나의 목표물을 향해 하나의 낚시대만 드리우지 말고 애초에 후보 목표물을 여러 개 두고, 거기에 여러 개의 낚시대를 동시에 드리우라는 것이다. 이것이 초보 셀러와 경험많은 노련한 사업가의 차이이다.

특히 변수가 무엇인지도 모르고, 변수를 알아도 그것을 극복할만한 자본과 경험이 부족한 개인 셀러는 낚시대를 여러 곳에 동시에 드리우는 것이 무엇보다 중요하다. 개인 셀러는 한 분야에서 남보다 더 잘하려고 노력하기 보단, 노력하지 않아도 일이 자연스럽게 풀리는 장소를 여러곳 찾아 그곳에 낚시대를 드리워야 한다. 그래서 확실치도 않은 일에 처음부터 돈과 노력을 쏟아 부을게 아니라, 최소한의 노력을 들여 여러 군데 낚시대를 드리워 놓고, 일이 잘 풀리는 곳, 즉 변수들이 스스로 알아서 본인에게 유리하게 작용하는 장소를 발견하게 되면, 그제서야 거기에 본인이 가진 모든 힘을 쏟아야 한다.

큰 기업에서 일하는 구성원들은 업무의 목표가 회사의 이윤보단 조직에서 사전에 정한 특정 목표를 달성하는 것인 경우가 많다. 그래서 이윤과는 무관하게 애초에 본인에게 정해진 일을 해내는 것의 여부만이 인사고과에 반영된다. 그렇기 때문에 조직원들은 비단 정해진 목표가 최선이 아니라고 판단될지라도 중간에 그 목표를 쉽게 변경하지 못하는 것이다. 하지만 본인의 이윤 자체가 최종 목표인 개인 셀러는 이윤만 달성할 수 있다면 그것에 이르기 위한 수단은 상황에 따라 얼마든지 바꿀 수 있다. 참치잡이를 위해 출항한 대기업 소속 어부들은 죽었다 깨도 참치 잡이에만 승부를 걸어야 하지만, 돈을 버는 것 자체가 목표인 개인 어부들은 참치가 잡히지 않는다고 판단되면 얼마든지 다른 어종을 잡아도 되는 것이다.

이와 같은 낚시대적 접근은 낚시대를 드리우는 데 소요되는 시간과 비용이 본인에게 큰 부담이 되지 않는다는 전제 하에 개인 셀러들이 직면하는 장사의 거의 모든 영역에 적용되어야 한다. 비즈니스 모델을 정할 때도, 소싱 상품을 결정할 때도, 생산 공장을 선정할 때도, 광고 매체를 결정하고 소재를 운영할 때도, 한 가지 방향만을 미리 정해 놓고 무조건 그 목표를 달성하기 위해 노력하기보단 최소한의 시간과 비용을 투자해서 최대한 여러 곳에 낚시대를 드리운 뒤, 나의 의도와는 무관하게 주변 변수들이 스스로 작용하며 일이 본인에게 유리하게 진행되는 장소가 어디인지를 관찰해야 한다. 대부분의 개인 셀러들은 애초에 본인이 정한 분야에서 계획했던 성과를 내지 못하면 마치 본인이 사업에 실패한 것 같은 생각에 빠지게 되는데 이것은 낚시대의 원리를 이해하지 못하는 사람들이 자주 겪는 착각에 불과하다.

국내 유통 총판권을 따기 위해 해외 브랜드들을 만나러 박람회에 참석할 때도 마찬가지이다. 물론 총판권을 따기 위해선 셀러가 갖춰야 할 기본적인 조건들을 갖춰야 하고, 담당자를 설득하기 위해 해당 브랜드에 대한 사전 정보 조사와 향후 마케팅 플랜 같은 준비들을 충분히 해야겠지만,

총판권을 따는 일은 그 과정 속에 여러 가지 예기치 못한 변수들이 수없이 존재하기 때문에 아무리 본인이 준비를 열심히 하고 성공적으로 협상을 해 낸다 하더라도 그 결과를 장담할 수 없는 일이다. 하지만 해외 브랜드 총판 사업은 해당 브랜드가 국내 소비자들 사이에서 인지도가 그리 높지 않은 경우라도 일단 독점권만 따와도 충분히 의미있는 비즈니스 모델이기 때문에 실상 아무 브랜드라도 독점권을 따오기만 하면 개인 셀러 입장에선 충분한 성공이라고 볼 수 있다. 이때 개인 셀러에게 필요한 태도가 바로 낚시대를 여러 곳에 드리우는 것이다. 마음에 드는 특정 브랜드를 꼭 집어서 어떻게 해서든지 해당 브랜드의 국내 총판권을 따오기 위해 거기에 본인이 가진 모든 노력을 모두 쏟아 붓는 태도 보단, 차라리 그 시간에 수십, 수백 개의 브랜드들을 중복 접촉해서 그 중 자연스럽게 일이 풀리는 곳을 찾아 본인에게 유리한 조건으로 총판권 협상을 하는 것이 훨씬 더 현명한 접근일 것이다. 이처럼 변수 통제가 어려운 게임은 본인의 시간과 노력을 한 낚시대에 집중하는 것보단 여러 개의 낚시대에 나눠서 분산 투자하는 것이 좋다.

상품을 소싱할 공장을 선정하는 과정에도 낚시대 원리가 적용되어야 한다. 무역박람회에서 본인이 소싱하려고 하는 제품을 가장 좋은 조건으로 공급할 수 있는 최고의 공장을 찾았다 하더라도, 그 공장 하나만 알아 놓고 한국에 돌아올 게 아니라 만일을 대비해서 유사한 제품을 제조하는 제2, 제3의 공장까지 복안으로 확보한 후에 한국에 돌아와야 한다. 처음엔 1순위였던 공장과 나중에 어떤 변수가 생겨 일이 틀어질지는 아무도 모르는 것이다. 상담 후 부스를 떠난 후에 한국에서 온 더 큰 브랜드가 같은 물건을 주문하겠다고 해서 갑자기 공장 측에서 상품 공급이 어렵다고 태도를 바꿀 수도 있고, 막상 상품을 주문하려고 하는 시점에서 공장 측에서 최초에 합의된 가격보다 더 높은 가격을 요구할 수도 있으며, 나중에 샘플 제품을 생산했는데 부스에서 본 것과는 전혀 다른 퀄리티의 상품이 나올 수도 있는 것이다. 이처럼 최초 상담 시점과 최종 주문 단계 사이에만 해도 수많은 돌발 변수가 발생할 수 있는 것이 해외 소싱이다. 그렇기 때문에 비록 1순위에 비해 조건이 다소 떨어지는 2순위, 3순위 공장이라도 그 자리에선 마치 상품을 주문할 것 같은 태도로 상담을 구체적으로 해 놓고, 만에 하나 1순위 공장에 문제가 생겼을 경우 바로 상품을 주문할 수 있도록 그들을 스탠바이 시켜 놓아야 한다.

낚시대의 원리는 브랜드를 운영할 때에도 동일하게 적용된다. 대부분의 개인 셀러들은 하나의 브랜드를 런칭하면 어떻게 해서든 그 브랜드를 성공으로 이끌기 위해 거기에 본인이 가진 모든 자본, 시간, 노력을 투자한다. 물론 이 브랜드가 예상대로 잘 성장해주면 다행이겠지만 그렇지 못할 수도 있는 것이다. 신규 브랜드가 시장에서 자리 잡기 위해선 절대적인 시간을 필요로 한다. 하지만 브랜드를 런칭해 놓고 상품이 저절로 잘 팔리기만을 마냥 기다릴 순 없는 것이 개인 셀러들의 현실이다. 그렇기 때문에 개인 셀러는 낚시대를 여러 군데 드리우듯이, 가능하면 여러 개의 브랜드를 동시에 혹은 순차적으로 런칭해서 진행하는 것이 좋다. 브랜드의 성공은 물론 셀러의 역량과 노력도 중요하겠지만 본인이 통제하지 못하는, 혹은 인지조차 하지 못했던 외부 변수에 의해 좌우되는 경우도 비일비재하기 때문이다. 그래서 개인 셀러는 하나의 브랜드에 목숨을 걸겠다는 태도를 가지는 것보단 여건이 허락하는 범위 내에서 복수의 브랜드를 운영하는 것이 성공 확률을 더 높일 수 있는 방법이다. 과거 오프라인 시절엔 브랜드를 전개하기 위해선 오프라인 매장을 오픈해야 했기 때문에 런칭한 브랜드를 접거나 브랜드를 새로 교체하기 위해선 기존 매장에 투자된 막대한 비용을 날려야 한다는 부담이 있었지만, 온라인 셀러는 이런 부담으로부터 한결 자유롭다. 기존 브랜드를 접고 새 브랜드를 런칭하기 위해선 자사몰 디자인을 바꾸고 인스타 계정만 새로 만들면된다. 물론 기회 비용이나 디자인, 마케팅 투자 비용 측면에서 어느 정도 손해를 보는 부분은 발생하겠지만, 오프라인 시절에 비하면 그 금액은 비교할 수 없을 정도로 미미한 것이다.

1.2.3.4의 법칙

초보 셀러들이 공통적으로 가지고 있는 큰 착각 중 하나는 장사의 성패를 자신이 런칭한 상품의 성공율과 동일시 여긴다는 것이다. 즉 본인이 소싱한 상품들 중에 나름 잘 팔린다고 판단되는 상품의 비율이 높을수록 본인이 장사를 잘하고 있다고 생각한다는 것이다. 그런데 재미있는 것은 대부분의 셀러들이 장사를 시작한 후 일정 시간이 지나고 나면 거의 비슷 비슷한 상품 타율을 기록하게 된다는 점이다. 프로 야구 선수가 리그에서 살아 남기 위해선 2할 5푼에서 3할 정도의 타율만 기록하면 된다. 장사란 게임도 이와 크게 다르지 않다. 셀러가 10개의 상품을 런칭했다고 가정하면, 대부분의 경우 이 중에 1개는 대박이 나고, 2개는 중박이 나고, 3개는 잘 안 팔리고, 4개는 쪽박이 난다고 보면 된다. 그렇다면 이처럼 필드에 있는 셀러들의 타율이 결국엔 모두 비슷해진다면, 성공해서 돈을 많이 번 셀러와 그렇지 못한 셀러의 차이는 도대체 어디에서 발생하는 것일까? 장사를 시작한 지 오랜 시간이 흐른 후 왜 누구는 돈을 많이 벌고, 왜 누구는 그만큼 돈을 못 벌게 되는 것일까? 그 이유는 바로 셀러가 시도한 열 번의 상품 중 단 한 번의 성공, 즉 제대로 대박이 났을 때 그 매출의 사이즈가 셀러마다 서로 달랐기 때문이다. 이것이 바로 장사가 여타 다른 비즈니스 업태와 가장 다른 점이다. 장사는 상품이 한 번 제대로 대박이 나면 그 사이즈가 이전 9번의 실패를 여러 번 덮고도 남을 만큼 엄청나게 클 수 있기 때문이다. 그래서 장사는 실패의 숫자를 줄이는 것, 즉 타율을 관리하는 게 중요한 게 아니라 열 번 중 한 번 터지는 대박, 그 잭팟의 사이즈를 얼마나 크게 터트리냐가 더 중요한 것이다.

이것은 여러가지 의미로 해석될 수 있는데, 첫째, 셀러는 처음 한 두 번의 실패에 개의치 않고 최소 열 번, 혹은 그 이상의 상품 런칭 시도를 할 마음으로 장사에 임해야 한다는 것이다. 대부분의 초보 셀러들은 첫 상품이 히트를 치고 돈을 벌어야만 그 돈으로 다시 두 번째 상품을 런칭할 수 있다고 생각한다. 하지만 런칭한 상품이 성공할 확률은 업계 평균적으로 30프로가 채 안 된다는 점을 알아야 하며, 무엇보다 셀러가 처음 런칭한 상품부터 초대박이 날 확률은 더더욱 희박하다는 사실을 인정해야 한다. 특히 잭팟은 셀러가 오랜 경험을 통해 축적된 능숙한 장사 실력을 가지고 있거나 이미 안정된 플랫폼 기반을 확보하고 있는 상태에서 터질 확률이 높다. 그렇기에 비록 소싱한 상품이 잭팟이 되고도 남을만한 뛰어난 상품성을 가진 제품이라 하더라도 그 상품을 초보 셀러가 팔았을 경우엔 대박을 터트리기가 더 어렵다는 것이다. 그래서 초보 셀러는 초기의 실패에 연연하지 말고 보다 긴 호흡을 가지고 장사에 임해야 한다. 초보 셀러이기 때문에 초반의 성공도 장기적 관점에선 별 의미가 없는 것이며, 초반의 실패 역시 앞으로도 그것을 만회할 기회가 많이 있기 때문에 크게 낙심할 필요가 없는 것이다.

둘째, 장사는 성공한 상품으로 벌 수 있는 돈이 실패한 상품으로 날린 돈보다 훨씬 크다는 점이다. 판매가 잘 안 된 상품, 혹은 쪽박이 난 상품으로 날릴 수 있는 돈은 그 하한선이 정해져 있다. 해당 상품을 구매하는 데 들어간 돈과 마케팅에 들어간 돈이 셀러가 날릴 수 있는 돈의 전부이다. 게다가 이미 판매된 상품으로 인해 번 돈도 있고, 남은 재고도 있기 때문에, 최악의 상황에선 재고를 원가 이하로 땡처리 하면 다만 몇 푼이라도 더 건질 수도 있다. 하지만 판매가 잘 되는 상품의 경우엔 그 상품을 통해 벌 수 있는 돈의 상한선이란 존재하지 않는다. 이런 이유에서 상품 성공 확률이 3할이 안되는 장사라는 게임을 통해서도 셀러는 결과적으로 돈을 벌 수 있게 되는 것이다.

소소대대의 법칙

앞서 장사의 타율을 설명하면서 장사는 실패를 피하려고 노력하기 보단 한 번 찾아오는 대박의 사이즈를 키우는 게 더 중요하다고 했다. 그렇다면 상품이 잘 팔렸을 때 그 대박의 사이즈를 키우기 위해 셀러가 해야 할 일은 무엇일까? 이를 위해 알아야 할 것이 바로 소소대대의 법칙이다.

상품은 조금 사면 조금 팔릴 가능성이 높아지고, 많이 사면 많이 팔릴 가능성이 높아진다는 특징이 있다. 혹자는 달걀을 한 바구니에 담지 말고 여러 바구니에 나눠 담아야 한다며, 가진 돈을 한 상품에 투자하지 말고 최대한 여러 종류의 상품을 조금씩 사와서 시장 반응이 좋으면 그제서야 해당 상품을 대량으로 사오라고 말한다. 이론적으론 그럴 듯해 보이지만 이것은 장사를 전혀 경험해 보지 못한 초보들이나 하는 말이다. 우선 상품을 소량으로 살 수 있는 소싱처는 도매처이고 대량으로 살 수 있는 곳은 공장이기 때문에 이 경우엔 소싱처가 서로 달라 특정 상품이 잘 팔렸을 때 동일한 물건을 나중에 공장에서 대량 소싱하기란 구조적으로 불가능하다. 그리고 상품을 조금씩 사오게 되면 해당 상품에 투자된 금액이 작기 때문에 상세페이지나 광고, 노출 등 마케팅에 투자할 예산 역시 그에 비례해 작아질 수 밖에 없다. 소비자 반응을 보기 위해 사온 물건들이지만 결과적으로 제대로 된 모습으로 소비자들에게 보일 기회조차 없기 때문에 소비자 반응을 얻기는 커녕 정상적인 매출도 내기 어려운 구조가 되는 것이다. 이렇게 소량 다품종으로 구입한 상품은 안 팔렸을 때 재고를 처분하기도 힘들다. 세일을 하더라도 다량 소품종이라야 광고도 효율적으로 돌릴 수 있는데 상품이 여러 종류다 보니 세일을 하더라도 그 내용을 소비자들에게 효과적으로 전달할 방법이 없는 것이다. 또한 상품을 소량으로 구입하게 되면 상품 선정 역시 깊은 고민 없이 이루어지게 된다. 아무것도 모르는 초보자들이 듣기엔 그럴 듯하게 들릴 진 모르겠지만 조금씩 여러 종류의 상품을 사와서 장사를 먼저 해보라는 건 셀러들로 하여금 돈만 낭비하게 만들고 그 과정을 통해서 아무것도 배우지 못하는 결과를 초래하게 될 뿐이다.

 그래서 상품이 많이 팔릴 확률을 높이는 가장 좋은 방법은 여러 상품을 살 돈을 모아 한 상품을 많이 사는 것이다. 한 상품에 큰 자금이 투자되는 것이니만큼 셀러는 소싱 의사 결정에 보다 더 신중해진다. 최종 소싱 결정에 앞서 국내, 해외 시장조사도 더 깊이 있게 하게 되고, 소싱처도 고르고 골라 전세계에서 해당 제품을 가장 좋은 퀄리티로 가장 저렴하게 살 수 있는 곳으로 선정하게 된다. 그리고 무엇보다 주문 수량이 많은 탓에 재고가 쌓이면 죽는다는 마음으로 마케팅에 온 힘을 기울일 수 밖에 없게 되며 공동 구매나 인플루언서 협찬 등 본인이 동원할 수 있는 모든 방법을 끌어 모아 최단 기간 내에 많은 매출을 발생시키려 노력하게 된다. 이렇게 되면 해당 제품이 가진 상품성은 논외로 하더라도 최소한 해당 상품이 시장에서 낼 수 있는 최고의 퍼포먼스를 발휘하게 되어 고객으로부터 확실한 반응을 얻을 수 있게 된다. 반응이 좋으면 그 성공의 크기는 클 것이고, 반응이 안 좋은 경우라도 셀러는 해당 상품에 대해 이 상품은 뭘 해도 안 된다는 확신을 얻을 수 있기 때문에 보다 **빠른** 의사 결정을 내릴 수 있게 된다. 만일 매출이 안 나오면 지체하지 않고 바로 세일에 세일을 거쳐 재고를 빠르게 처분해서 피해를 최소화 시킬 수 있다. 양이 많더라도 단일 상품 재고이기에 땡처리 하기도 손쉽기 때문이다. 이처럼 상품의 성패와 관계없이 다양한 루트를 통해 공격적으로 상품을 판매해 본 셀러는 이 경험을 통해 마케팅과 세일즈에 대해 많은 정보와 실력을 얻게 되고 이를 기반으로 다음 번 시도 때는 장사에 성공할 확률이 이전보다 훨씬 높아지게 되는 것이다.

흔히들 장사에는 운이 따라야 한다는 말을 많이 한다. 하지만 운은 모두에게 온다. 문제는 운이 본인에게 왔을 때, 자신이 운을 활용할만한 조건을 얼마나 갖추고 있느냐에 따라 그 운이 벌어다 주는 돈의 크기가 달라진다는 것이다. 소량 다품종의 상품을 제대로 된 상세페이지 작업도 없이 이곳 저곳에서 보따리처럼 팔고 있는 셀러에겐 아무리 대단한 운이 온들 매출이 고작 몇 백만원 오르는데 그칠 것이다. 하지만 앞서 설명한 대로 한 아이템을 몇 천만원, 몇 억원 이상씩 사와서 팔고 있는 셀러에게 운이 온다면 그 결과치는 엄청난 매출이 될 수 있는 것이다. 그래서 장사를 취미가 아니라 제대로 돈을 벌겠다는 목적으로 여기고 있는 셀러는 본인이 초보냐 중수냐를 떠나 무조건 한 상품에 집중해야 한다. 본인이 아직 그럴만한 자신이 없다면 그 셀러는 아직 장사를 할 준비가 안 된 것이다. 준비되지 않은 상태에서 이것 저것 소량 다품종 소싱을 하며 아무것도 배우지 못하는 장사에 시간과 돈을 낭비할 바엔 지금은 우선 시장조사와 소싱처 조사를 통해 자신의 장사 역량을 키우는데 시간과 돈을 쓰는 것이 훨씬 더 현명한 일일 것이다.

거츠(GUTS)

일부 초보 셀러들은 장사를 주어진 매뉴얼대로만 잘 따라하면 저절로 되는 것으로 착각하고 있다. 물론 장사의 과정 중엔 매뉴얼이 필요한 부분도 있다. 하지만 장사에 있어서 남이 잘 한 것을 그대로 따라하는 것이 도움이 되는 영역은 광고 세팅을 하거나, 인증을 받거나, 상품 키워드를 작성하는 것 같이 지극히 제한적이다. 장사를 잘 하기 위해 필요한 대부분의 나머지 영역엔 불행히도 매뉴얼이란 게 존재하지 않는다. 그래서인지 과거에 학교 생활, 직장 생활에서 두각을 나타냈던 사람들이 막상 장사의 세계에 뛰어 들면 좀처럼 감을 잡지 못하는 경우가 많다. 장사는 학교나 직장과는 달리 매뉴얼 없이 오로지 스스로의 힘만으로 성공을 이뤄 내야 하기 때문에, 주변에 물어볼 곳도 의지할 곳도 없는 초보 개인 셀러들은 마치 사방이 모래 밖에 없는 사막 위에 혼자 서 있는 듯한 막막한 느낌이 들 수밖에 없다.

장사의 세계에 처음 뛰어 든 초보 셀러는 무엇보다 장사를 해서 성공을 한다는 것이 무엇을 의미하는 지를 정확히 알아야 한다. 본인이 추구하는 성공의 모습이 명확해야 처음부터 방향 설정을 제대로 할 수 있기 때문이다. 장사로 성공한다는 뜻은 '의존적이지 않게 자본적인 평화를 쟁취하는 것'이다. 여기서 의존적이지 않다는 뜻은 나의 매출이 다른 외부 변수들, 특정 플랫폼이나 구매처, MD같은 외부 대상들에 휘둘리지 않는 자체 시스템을 갖추는 것을 의미한다. 또한 자본적인 평화를 쟁취한다는 뜻은 매출을 내기 위해 매번 아등바등 노력하지 않아도 되는 구간에 진입하는 것을 의미한다. 그렇기 때문에 회사의 매출 규모나 업무 시스템이 안정적인 궤도에 오르거나, 인지도가 탄탄한 브랜드를 소유했을 때 우리는 비로소 장사에 성공했다고 말할 수 있게 되는 것이다. 이것은 비단 장사 뿐 아닌 국가의 경우에도 동일하게 적용된다. 다른 나라에 의존적이지 않고 경제적으로 평화를 유지하고 있는 나라야말로 성공한 나라, 잘 사는 나라인 것이다. 그렇다면 이처럼 자주적인 평화를 쟁취한 나라들은 어떤 공통점을 가지고 있을까? 바로 그 평화를 얻기 위해서 그들은 반드시 과거에 치열한 전쟁에서 승리한 경험이 있다는 점이다. 그리고 평화를 쟁취한 이후에도 끊임없이 그 힘을 유지하고 있다는 것이다. 겉으론 전쟁 걱정 없어 보이는 선진국들이 천문학적인 금액의 돈을 국방비에 쓰고 있는 이유가 바로 여기에 있는 것이다.

장사의 세계도 마찬가지이다. 셀러가 성공을 하기 위해선 반드시 전쟁을 통해 승리를 쟁취해야만 한다. 그리고 승리 이후에도 평화를 유지하기 위해선 경쟁자들의 침략을 막기 위해 본인이 가진 힘을 끊임없이 유지해야 한다. 하지만 대부분 초보 셀러들은 장사가 전쟁이란 사실을 제대로 체감하지 못하고 있는 듯하다. 장사를 남이 알려준 대로만 하면 되는 것이라 생각하고, 성과를 제대로 내지 못하면 그 방법을 알려준 남을 탓하고, 경쟁사들이 내 상품을 따라 팔거나 나를 해코지하면 그게 무슨 큰 일이라도 된 것처럼 분개해 한다. 장사는 오로지 힘의 원리로 돌아가는 살벌한 전쟁터이다. 전쟁의 원리는 간단하다. 내가 남을 죽이지 않으면 내가 죽는 것이다. 직장을 다닐 때는 굳이 남을 이길 필요없이 지지만 않아도 월급이 나오지만 장사의 세계는 다르다. 장사의 세계에선 '최선을 다한다', '성실한 태도로 업무에 임한다'같은 이야기들은 아무런 의미를 가지지 못하고 그런 얘기를 들어줄 사람도 없다.

자본주의 사회에서 돈을 번다는 뜻은 누군가 벌 돈을 내가 대신 가져오는 것을 의미한다. 지구상에 존재하는 자본은 한정되어 있다. 그래서 누군가 잘 살게 된다는 것은 또 누군가는 그만큼 못 살게 된다는 의미이다. 잘 사는 나라가 존재하는 만큼 지구상 어딘가엔 못 사는 나라가 존재할 수밖에 없는 것이다. 언젠간 인류에게 혁신적인 시스템이 도입되어 모두가 잘 살 수 있는 세상이 도래할 순 있겠지만, 확실한 것은 여러분들이 살아서 장사를 할 동안 그런 세상은 결코 경험하지 못할 것이란 사실이다. 장사는 남을 죽여야 내가 살아 남는 전쟁이고, 전쟁에서 이기기 위해선 반드시 힘이 있어야 한다.

그렇기 때문에 장사에 뛰어든 셀러는 모든 의사 결정을 오로지 이기기 위한 목적으로 내려야 한다. 지지 않으려고만 하는 것과 반드시 이기려고 하는 것은 의사 결정 과정에서 그 내용이 확연히 달라진다. 장사의 업태를 결정할 때도, 소싱할 상품을 결정할 때도, 수량을 결정할 때도, 상세페이지를 만들 때도, 광고 시안을 만들고 광고를 집행할 때도, 모든 영역에서 '남들만큼만 하자', '지지 않을 정도로만 해보자'라는 마음으로 접근해선 안 된다. 강한 자만이 유일하게 살아 남는 전쟁터에선 지지 않을 정도라는 개념은 존재하지 않는다. 대량 구매대행이나 메이커, 보따리같은 장사를 하는 한이 있더라도 그 필드 내에서만큼은 내가 업계 탑이 되겠다는 목표를 가지고, 경쟁자들을 다 도륙해버리겠다는 마음으로 모든 의사 결정에 임해야 한다. 브랜드를 런칭할 때도 마찬가지이다. '대충 어느 정도 상품성 있는 상품을 소싱해서 그럴 듯해 보이는 로고를 붙여서 인스타에서 좀 팔아 보다 보면 브랜드가 되지 않을까' 같은 안일한 목표를 가져선 아무런 일도 생기지 않는다. 비록 원하는 만큼의 결과가 나오지 않을 순 있더라도, 시작할 때 만큼은 그 분야에서 탑 브랜드가 되겠다는 목표를 가지고, 이런 목표에 걸맞은 상품을 고르고, 브랜딩을 하고, 마케팅을 해야 그나마 성공을 기대해 볼 수 있게 되는 것이다.

　장사의 세계에서 지지 않는 장사란 결국 실패를 의미한다. 장사에서 망했다는 의미는 본인이 사 온 물건이 잘 안 팔렸다는 뜻이 아니다. 물건이 안 팔리면 빨리 재고를 처분하고 다시 시작하면 된다. 장사에서 진짜 망한 것은 셀러가 이러지도 저러지도 못하는 상황에 처하는 것이다. 많은 셀러들이 지지 않을 정도의 장사만을 추구하다 이런 상황에 빠지게 된다. 특정 업태를 비하할 의도는 전혀 없지만 동네마다 있는 작은 분식집같은 유형의 가게들이 이런 좋은 예이다. 분명 돈은 벌리는데 큰 돈은 아니고, 그렇다고 장사를 접자니 마땅한 대안도 없고, 이런 상황 속에서 시간은 흐르고 나이는 점점 들어가면서 다른 장사에 도전해 볼만한 스스로의 경쟁력도 잃어가는, 진퇴양난에 처하는 경우이다. 온라인 셀러 역시 마찬가지이다. 오늘날 정말 많은 온라인 셀러들이 이런 작은 동네 분식집 같은 장사를 하며 본인이 가진 소중한 시간과 기회를 날리고 있다. 오프라인의 경우엔 상권이란 나름의 진입 장벽이 존재하기 때문에 중간만 가도 먹고 살만한 정도의 수익을 창출할 수 있지만, 상권이란 개념이 아예 존재하지 않는 무한 경쟁의 온라인 생태계에선 작은 동네 분식집같은 종류의 장사로는 절대 돈을 벌 수 없다. 애초부터 사업 모델을 잘못 잡은 것이다. 물론 본인의 역량이 그런 종류의 장사 외엔 마땅히 다른 대안을 찾기 어려운 분들이라면 이처럼 지지 않을 정도의 장사라도 하며 근근이 하루하루를 버티는 상황을 이해할 수 있지만, 가장 안타까운 것은 남을 이길 수 있는 충분한 역량을 가지고 있는 셀러들이 이런 종류의 장사를 하고 있는 경우이다. 이것은 정보의 부재 탓도 있겠지만, 가장 큰 원인은 본인 스스로가 장사에 대해 가지고 있는 스피릿(SPIRIT)에 있다고 본다.

　개인 셀러가 장사라는 전쟁에서 이기기 위해선 무엇보다 남을 이기고자 하는 스피릿을 가지고 있어야 한다. 군대에서 정훈 교육을 강조하는 것도 이와 같은 이유에서이다. 개인 셀러는 장사란 남을 죽여야 내가 이기는 전쟁터라는 것을 이해하고 그에 걸맞은 스피릿을 탑재해야만 한다. 이 스피릿을 영어권에서는 거츠(GUTS)라는 단어로도 부른다. 장사에 임하는 개인 셀러가 반드시 가져야 하는 게 바로 이 GUTS로 충만한 '창업 정신'인 것이다.

　GUTS는 마치 타오르는 용광로와도 같은 것이다. 힘에 대한 욕망, 이기고자 하는 열정이다. GUTS를 가진 사람은 조금만 같이 이야기를 나눠 봐도 바로 그 스피릿을 느낄 수 있다. 캔톤페어 같은 해외 무역박람회에 가면 한국에서 온 많은 개인 셀러들을 만나게 되는데, 그 중 GUTS가 있다고 느꼈던 분들은 정말이지 얼마 시간이 흐르지 않아 커머스에서 멋진 모습을 보여주는 경우가 많다. 물론 개중엔 태어날 때부터 GUTS가 충만한 사람도 있지만 대부분의 현대인들은 인생 대부분의 시간을 학교와 직장에서 보내왔기 때문에 애초에 본인이 가지고 있던 공격적 성향들이 이 과정을 통해 상당 부분 거세되어 있는 경우가 많다. 그래서 개인 셀러가 장사에 필요한 GUTS를 갖기 위해선 본인 마음 속 어딘가 꽁꽁 숨어있는 GUTS의 불씨를 살려내어 그것이 활활 타오르게 만들어야 한다. GUTS가 충만한 사람을 만나 보면 마치 화약 냄새같은 것을 맡을 수 있다. 마치 사냥을 많이 한 사람들에게 느껴질 것 같은 동물의 피 냄새와도 같은 것이다. 이런 사람들은 좋아하는 것도 많고, 먹고 싶은 것도 많고, 갖고 싶은 것도 많고, 가보고 싶은 곳도 많고, 욕심도 많고, 연애도 좋아하고, 낭만이 넘친다. 음식을 먹더라도 단순히 배를 채우기 위해 먹는 것이 아니라 맛과 경험을 추구한다. 그래서 이들은 식당을 고를 때도, 메뉴를 고를 때도 진지하다. 전통적인 유교적 관점에선 바람직한 인간상이 아닐지 몰라도 장사의 세계에서만큼은 반드시 필요한 것이 바로 GUTS이다.

내 안에 숨어 있는 GUTS, 이 불씨를 다시 활활 타오르게 만드는 방법 중 하나는 GUTS로 충만한 다른 대상을 찾아 그것에 나를 공명시키는 것이다. 음악들 중에도 이런 GUTS 느낌으로 충만한 곡들이 있다. 그래서 매일 아침 출근길에, 혹은 일 하는 동안 이런 음악들을 반복해서 듣다 보면 본인도 모르게 GUTS 필링으로 가득 차 있는 자신의 모습을 발견하게 된다. 이런 음악에는 메탈이나 ROCK처럼 시끄러운 곡 뿐 아니라 잔잔하고 부드럽지만 동시에 잔인하고 살기가 풍겨나는 곡들도 있다. 그래서 셀러들은 본인의 업태에 맞게, 이런 창업 정신을 활활 불태울 수 있게 만들어 주는 곡들을 스크랩해서 본인이 하고 있는 장사의 주제곡처럼 듣는 것을 추천한다.

Metallica	'Master of Puppets'
Megadeth	'Tornado of Souls'
50 Cents	'P.I.M.P'
Leonard Cohen	'You Want It Darker'
Elton John	'Rocket Man'
Guns N' Roses	'Welcome to the Jungle'
ZZ Top	'Sharp Dressed Man'

이런 음악들을 듣다 보면 장사라는 전쟁터에서 경쟁자들을 무참히 도륙하고 성공을 향해 한걸음 한걸음 나아가는 자신의 모습이 구체적으로 형상화되면서, 일을 할 때도 전보다 훨씬 더 미래 지향적이고 공격적으로 임할 수 있게 된다.

GUTS로 충만한 인물들이 캐릭터로 등장하는 영화나 드라마를 보는 것도 스스로를 GUTS 느낌과 공명시키기 위한 효과적인 방법이다. 직접적으로 전쟁을 소재로 한 영화나 드라마도 좋지만 그 효과적인 측면으로 보자면 헤지 펀드를 소재로 한 '빌리언즈'처럼 전쟁터같이 살벌한 비즈니스 세계를 배경으로 한 작품들을 더 추천한다. 이런 작품을 보다 보면 나도 모르게 극중 인물에 스스로가 빙의되는 느낌을 받게 되어, 일을 할 때도 마치 본인이 영화 속에 등장하는 주인공의 입장에서 판단하고 의사 결정을 내리는 경험을 할 수 있게 된다.

장사하는데 적정한 나이란?

장사는 반드시 셀러 본인이 소비자인 필드에서 해야 한다. 셀러는 모든 의사 결정을 소비자의 입장에서 판단할 줄 알아야 하기 때문이다. 소비자가 특정 상품이나 상세페이지, 각종 마케팅 커뮤니케이션을 어떻게 판단하는지는 배운다고 알아지는 게 아니다. 이는 본인 스스로가 해당 상품 카테고리의 소비자인 경우라야 가능한 일이다. 특히 단발성 상품이 아니라 긴 시간동안 여러 상품들로 브랜딩을 해 나갈 생각을 가지고 있는 셀러라면 더더욱 본인이 열성 소비자였던 필드에서 장사를 시작해야 한다.

개인 셀러가 런칭하는 브랜드는 태생적으로 신규 브랜드일 수밖에 없고, 전 인구 중에서 신규 브랜드 제품을 구매하는 성향을 가지고 있는 주요 고객층은 아무래도 새로운 상품에 호기심이 많고, 모험적인 구매 성향을 가진 젊은 고객들일 수밖에 없다. 사람마다 차이는 있겠지만 아무래도 나이가 들다 보면 소비 성향이 보수적으로 변하고, 결과적으로 자신에게 익숙한 기존 브랜드 제품들을 더 선호하게 되기 때문이다. 그렇기 때문에 젊은 고객을 대상으로 브랜드 장사를 잘 하기 위해선 셀러 역시 젊어야 한다. 특히 오프라인이 아닌 온라인 커머스에서 장사를 하는 경우라면, 온라인 커머스를 이용하는 주 고객층이 오프라인 고객층보다 더 젊기 때문에 더더군다나 셀러의 나이가 문제가 될 수 있는 것이다. 물론 나이가 들더라도 젊은 소비자들을 이해할 수 있는 젊은 마음을 가질 순 있다. 하지만 나이가 들수록 본인의 실제 나이대와 맞지 않는 정신 세계를 유지하는 것이 점점 어려워지고 그에 따른 피로도도 높아지기 마련이다. 즉 셀러의 나이가 많아질수록 다른 경쟁자들보다 더 잘 할 수 있는 장사의 영역이 점점 좁아질 수밖에 없게 되는 것이다.

그렇기 때문에 온라인 커머스에 본격적으로 뛰어들 마음을 가지고 있는 셀러는 하루라도 빨리 장사를 시작해야 한다. 하지만 이미 본인이 나이가 너무 많아 스스로 경쟁력을 가진 장사의 영역이 무의미할 정도로 좁아진 상황이라면, 이때는 본인 스스로 장사의 모든 영역을 직접 해 보겠다고 무리해서 나서지 말고 적극적으로 주변의 도움을 받아야 한다. 본인이 가진 경험이나 연륜이 발휘될 수 있는 일부 부분만을 제외하곤 나머지 업무는 그것을 대행해 줄 업체를 찾아서 맡기거나, 그런 업무를 담당할 직원을 채용하거나, 아니면 주변의 가족이나 지인들의 도움을 청해야 한다. 본인이 경쟁자들보다 더 잘 할 수 없다고 판단되는 일은 스스로 하지 않겠다는 마음을 가지는 것이 좋다.

하루라도 빨리 자녀들에게 장사를 가르쳐라

과거엔 장사가 어느 정도 나이가 차고 사회적으로 경험이 있는 사람들만 할 수 있는 영역으로 여겨졌지만, 장사의 주요 필드가 오프라인에서 온라인으로 옮겨진 지금은 상황이 완전히 달라졌다. 상품 소싱에 대한 진입 장벽도 낮아졌고, 인스타그램 쇼핑이 활성화된 덕에 마케팅과 판매도 나이와 경험에 관계없이 누구라도 할 수 있는 시대가 되었다. 최근 중 고등학생들이 1688에서 엄마 카드로 물건을 구매해서 인스타나 당근에서 장사를 하는 것을 보면 이런 변화를 체감할 수 있다. 십대 아이들도 이미 유통의 원리를 이해하고 있는 것이다. 그래서 본인 나이가 너무 많아 장사에 걸림돌이 된다고 생각하는 셀러들이 특히 관심을 가졌으면 하는 내용이 바로 주변의 조카나 혹은 자식들에게 어릴적부터 장사를 가르치는 것이다.

   요즘 젊은 세대들이 성인이 되었을 때 그들이 경험할 사회의 모습은 지금과는 많이 다를 것이다. 과거에는 정해진 사회적 통념에 따라 학교에 진학하고, 취직을 해서 본인의 능력에 맞는 급여를 받고, 각자 수준에 맞는 소비를 하며 사는 것이 자연스러운 모습으로 여겨졌지만, 앞으로의 젊은 세대들은 자기 분수에 맞게 사는 삶에 결코 만족하지 못할 것이다. SNS 환경은 점점 더 개방적으로 발전할 것이고, 이처럼 잘 사는 사람들이 사는 모습이 모두에게 공개됨과 동시에 본인들이 사는 모습 역시 모두에게 공개되는 환경 아래선 사회 전체의 소비 분위기가 상위 지향적으로 변할 것이기 때문이다. 그래서 앞으론 모두가 자신의 수준보다 더 고급스럽게 소비하고 싶어하고, 더 사치스러운 것들을 누리며 살고 싶어질 것이다. 하지만 직장에서 받는 급여만으로는 이런 욕구를 절대로 충족시키지 못할 것이기 때문에, 아마도 지금보다 훨씬 더 많은 젊은이들이 취직 대신 장사를 선택하려는 마음을 가지게 될 것이다. 그렇기 때문에 주변 가족 중에 장사에 재능이 있거나 관심을 보이는 어린 친구들이 있다면 어릴 때부터 적극적으로 그들에게 장사를 가르쳐서 장사 경험을 쌓도록 해주는 것이 좋다. 이 경험이 그들에게 향후 본인의 커리어를 장사로 이어갈 수 있는 좋은 계기가 될 수 있기 때문에 이는 그들을 위해서도 큰 의미가 있는 일이라고 생각된다.

미래에는 직장의 네임 벨류보단 실제적으로 본인이 돈을 얼마나 버는지가 더 중요하게 여겨질 것이다. 좋은 직업이나 좋은 직장을 얻기 위해선 학교 공부가 중요하겠지만, 사실 장사를 잘 하는데 있어선 학교 공부가 차지하는 역할은 그리 크지 않다. 학교 생활은 좋은 인간 관계를 형성하는데는 도움이 되지만, 사실 요즘엔 돈이 많으면 인간 관계는 자연스럽게 좋아지게 마련이다. 또한 과거에는 장사를 해도 인간 관계가 좋아야 돈을 벌었지만 요즘은 타인의 도움에 의지해서 돈을 버는 시대가 아니다. 그래서 최근 직장을 그만 두고 느지막이 장사를 시작한 많은 셀러들 중엔 '왜 내가 조금 더 빨리 장사를 시작하지 않았을까'라는 뒤늦은 후회를 하는 사람들이 많은 것이다.

이런 분들은 본인의 자녀들 역시 자신과 같은 전철을 밟을 수 있다는 것을 알아야 한다. 물론 자녀들이 학교 공부에 잘 적응해서 좋은 직장, 좋은 직업을 가질 확률이 높아 보이는 경우라면 굳이 그들에게 어릴 적부터 장사를 가르칠 필요는 없겠지만, 혹시 그렇지 않은 경우라면 좀 더 과감한 결정을 해 볼 가치가 있다고 생각된다. 학교 공부를 잘하기 위해선 성실, 끈기, 순종, 암기, 응용력같은 역량들이 필수적이다. 하지만 장사를 잘 하기 위해선 이와는 다른 영역이 발달되어야 한다. 그것은 본인이 가진 특별한 취향일 수도 있고 특정 분야에 관한 덕후 기질 일수도 있고, 혹은 까다로움일 수도 있다. 학교 공부엔 그닥 도움이 안 돼 보였던 부분들이 장사의 세계에선 성공하는데 치명적인 역할을 할 수 있게 된다. 그래서 우리 주변에 보면 친구들 중, 과거 학교 공부는 못했지만 나중에 사업을 해서 크게 성공한 사람들이 많은 것이다. 그렇기 때문에 자녀들이 학교 공부만으론 성공하기 어렵다고 판단되는 경우, 하지만 남다른 개성이나 취향을 가지고 있다고 판단된다면 그들에게 장사하는 법을 하루라도 빨리 가르치는 것이 보다 더 현명한 판단이라고 생각된다.

장사를 가르친다는 것은 비단 상품을 소싱하고, 상세페이지를 만들고, 광고를 집행하는 실무적인 내용만을 가르치는 것이 아니다. 장사의 기본은 소비자를 이해하고 그들의 잠재 욕망을 파악하는 것이다. 그래서 장사라는 학문은 인간을 이해하는 인문학과도 같은 것이다. 인간을 제대로 이해하기 위해선 음악, 미술, 문학, 역사 같은 인문학적인 학문들과 친해져야 한다. 그렇기 때문에 자녀들을 경쟁력있는 셀러로 키워내기 위해선 그들에게 장사와 관련된 직접적인 실무를 가르치는 것 이외에도 그들로 하여금 더 많은 음악을 듣게 하고, 영화를 보게 하고, 책을 읽게 해야 한다. 또한 해외소싱의 필수인 영어를 가르쳐야 하고, 소비수준이 앞선 나라로 여행을 가서 선진 국민들의 문화를 보고 느끼며, 그들이 무엇에 열광하고 무엇을 소비하는지 알게 해야 한다.

SUPPLEMENT

Epilogue

관점이 결과를 바꾼다

이 책을 여기까지 읽은 대부분의 독자들은 아마도 지금쯤 '브랜드가 되기란 결코 쉽지 않다'라는 결론에 이르렀을 것이다. 그렇다. 누구나 원한다고 브랜드가 될 수 없고 브랜드가 되기 위해선 갖춰야 할 조건들도 많다. 하지만 반대로 생각해 보면, 그 조건들이 무엇인지를 제대로 이해한 사람은 그것을 모르는 사람에 비해 브랜드가 될 수 있는 훨씬 더 유리한 위치를 선점한 것일 수도 있는 것이다. 그렇기에 조건이 까다로울수록 그 조건과 방법을 아는 사람들에겐 그것이 더 큰 경쟁력으로 작용하게 되는 것이다.

물이 반쯤 차 있는 컵을 보고 어떤 사람은 물이 반 밖에 안 남았다고 낙담하는 반면 어떤 사람은 물이 반이나 남아 있다고 긍정적으로 생각하듯이, 우리에게 중요한 것은 브랜드가 되기 위한 조건들을 대하는 태도이다.

개중엔 이같이 까다로운 조건들 앞에 낙담하고 브랜드를 포기하는 셀러들도 있겠지만, 반면 스스로 부족한 조건들을 하나씩 갖춰 가며 브랜드를 차근 차근 준비해야겠다는 마음을 먹은 셀러들 역시 적지 않으리라 생각된다. 사실 가장 안타까운 비극은 이미 이런 조건들을 충분히 갖추고 있는 셀러들이 그런 조건들을 장사에 활용하지 못하고, 브랜드와는 무관한 보따리나 메이커 장사를 하면서 아까운 시간과 재능을 허비하고 있는 경우이다.

　우리는 앞서 낚싯대 기술을 배웠다. 만일 본인이 지금 당장 브랜드를 전개할 만한 조건을 갖추지 못한 상태라면, 한 쪽에선 보따리나 메이커 장사를 열심히 하면서, 또 한 쪽에선 브랜드가 되기 위한 조건들을 차근차근 갖춰가는 과정을 밟아 갈 수도 있다. 또 이와는 반대로 이미 브랜드가 될 수 있는 조건을 갖춘 셀러의 경우라면 한 쪽에선 브랜드를 전개하고, 또 한쪽에선 지금 당장 쉽게 진행할 수 있는 보따리나 메이커 장사를 하면서 브랜드 전개에 필요한 현금 흐름을 보충할 수도 있을 것이다.

　이 책은 브랜드를 꿈꾸고 있는 개인 셀러들이 가지고 있는 브랜드에 대한 희망의 싹을 잘라 버리기 위해 쓰여진 것도 아니고, 브랜드가 될 수 있는 조건을 갖추지 못 했음에도 불구하고 브랜드를 무리하게 전개하고 있는 기성 셀러들의 바지 가랑이를 잡아 내리기 위해 쓰여진 것도 아니다. 비록 그 문턱이 다소 높아 보일 순 있지만, 이 책은 개인 셀러가 브랜드가 되기 위해 반드시 갖춰야 할 조건들과 방법들을 최대한 현실적이고 자세하게 알려주기 위해 쓰여졌다. 그래서 결과적으로 책의 내용이 다소 어렵고 크리티컬하게 보일 수도 있을 것이다. 물론 여타 브랜드 관련 책들처럼, 우리 주변의 멋진 브랜드들의 사례들을 분석하는데 대부분의 페이지를 할애하며, 누구나 브랜드가 될 수 있을 것 같은 희망 에너지로 독자들을 현혹시킬 수도 있겠지만, 브랜드가 되기 위해 개인 셀러들이 갖춰야 할 필수적인 조건을 언급하지 않은 채 이미 성공한 브랜드들의 사례만 구경하는 것은 마치 가난한 사람이 백화점 명품관에서 윈도우 쇼핑을 하는 것과 별반 다르지 않다. 성공한 브랜드들의 멋진 마케팅 사례들을 보면 모두가 다 그럴 듯해 보이고, 나도 그들처럼 할 수 있을 것 같다는 기분은 들겠지만 정작 본인 스스로가 브랜드가 될 수 있는 조건을 갖추지 않은 상태라면, 그런 멋진 사례들은 신기루에 불과하다.

개인 셀러가 적은 자본으로 온라인커머스에서 성공할 수 있는 날이 앞으로 과연 얼마나 남았을까?

장사를 하는 셀러들은 미래를 내다볼 줄 알아야 한다. 현 시점에만 초점이 맞춰진 비즈니스 모델은 사업 초반에는 문제가 없어 보이지만, 시간이 조금만 흐르면 곧 그 효용성을 잃기 마련이다. 긴 준비 과정을 마치고 막상 본격적으로 장사를 시작할 즈음엔 이미 시장 상황이 변해 버려 애초에 계획했던 비즈니스 모델로는 경쟁에 뒤처지게 되는 경우가 많다.

지금 당장은 브랜드 없이도 큰 돈을 버는 셀러들이 우리 주변에 많이 있는 것 같이 보여도, 과연 그들 중 몇 년 후에도 살아남은 자들이 얼마나 될지는 알 수 없는 일이다. 이미 해외 공장을 통해 상품 소싱을 시작한 셀러들의 숫자는 점점 늘어나고 있으며, 플랫폼들은 지속적으로 저가 상품들 간의 경쟁을 부추기는 정책을 강화하고 있다. 이런 환경 속에서 유일하게 살아 남을 수 있는 셀러는 막대한 자본을 무기로 저마진, 대량 판매가 가능한 기업형 보따리 셀러들과 비싼 가격으로도 상품을 판매할 수 있는 브랜드를 가진 셀러들 뿐일 것이다. 이미 시장은 가격 경쟁을 피해 달아난 개인 셀러들이 런칭한 브랜드 상품들로 넘쳐나고 있다. 하지만 소비자들은 시간이 갈수록 똑똑하게 진화하기 때문에, 무엇이 근본 있는 진짜 브랜드이고 무엇이 브랜드 흉내만 내는 가짜 브랜드인지를 이미 손쉽게 구분해 내고 있으며, 그 결과 커머스 시장은 진짜 브랜드가 될 조건을 갖춘 상품들만 살아 남는 곳으로 빠르게 변해갈 것이다.

브랜딩이란 앞서 정의 내린 대로, '명확한 용도를 가진 상품을 선정해서 소비자들의 선입견을 이용해 그것을 강력하게 포장하는 것'이다. 즉 브랜드가 되기 위해선 물론 상품도 브랜드스러워야 하지만, 해당 상품이 소비자들에게 브랜드처럼 보이기 위한 '연기 활동' 역시 수반되어야 한다. 하지만 어디까지나 연기는 소비자들이 만만했을 때나 가능한 일이다. 소비자들이 지금보다 더 똑똑해지면 더 이상 연기가 통하지 않는 시점이 올 것이다. 어찌 보면 영세한 개인 셀러가 해외 소싱 한 상품이 연기 활동을 통해 소비자들의 인식 속에 브랜드로 인식될 수 있는 시점이 앞으로 얼마 남지 않았을 수도 있다는 것이다. 그 때의 온라인커머스 시장은 강자만이 살아남는, 즉 개인 셀러가 비집고 들어갈 틈이 남아 있지 않는 곳으로 변해 있을지도 모르는 일이다. 그렇기 때문에 개인 셀러는 현재 시장의 기회가 열려 있는 지금, 서둘러 그 기회를 잡아 시장 상황이 변하기 전에 영세한 개인 셀러의 신분에서 벗어나 규모 있는 브랜드로 성장해야 한다. 앞으로의 몇 년 간이 개인 셀러들에게 남은 마지막 기회가 될 수도 있기 때문에.

브랜드 창업 마스터

초판 1쇄 인쇄 2025년 6월 13일
　 2쇄 인쇄 2025년 7월 16일

지은이　　이종구
발행인　　이종구
발행처　　마스터클라스
주소　　　서울시 중구 퇴계로 36 나길2, 씨에스N빌딩 302호
이메일　　jaycay@naver.com

출판신고 2025.02.26.
ISBN 979-11-991469-1-4 (13320)

정가 23,000원

이 책은 저작권 법에 따라 보호받는 저작물이므로, 무단전재와 복제를 금지하며
이 책 내용 전부 또는 일부를 강의 또는 다른 목적으로 이용하려면
반드시 저작권자의 사전 서면 동의를 받아야 합니다.